세계는 지금 어디로 가고 있나

세계는 지금
어디로 가고 있나

이케가미 아키라(Ikegami Akira) 지음_ 민성원 옮김_ 한병우(MBC 보도국 인터넷뉴스센터 센터장) 감수_

종문화사

| 머리말 |

우리가 만들어 가야 할 세계는?

　우리가 하루도 거르지 않고 매일 접하는 신문과 텔레비전의 뉴스에서는 세계 여기저기의 크고 작은 나라들과 도시들에서 벌어지는 일들을 끊임없이 전해 주고 있다.

　2002년은 북한을 둘러싼 뉴스가 잇단 1년이었다. 2001년이 저물어 갈 무렵 동지나해에서 발견된 수상한 배를 일본 해상보안청의 배가 추적하여 격렬한 총격전이 벌어졌고 급기야 수상한 배는 침몰했다. 그런데 2002년 이 수상한 배가 다름 아닌 북한의 것이었음을 북한의 최고위자인 김정일 총서기가 인정했다.

　그리고 북한에 납치되었던 일본인 가운데 5명이 귀국하여 24년 만에 고향으로 돌아온 모습은 우리의 감동을 불러일으키기에 충분했다. 그러나 북한이 사망했다고 발표한 일본인들이나 여전히 소식을 알 길 없는 사람들에 관한 문제는 남아 있다.

　죄 없는 사람들을 납치해 놓고도 '납치 따위는 없다'라는 주장을 거듭해 온 북한에 대한 불신감은 더욱 커져 갈 뿐이다. 이 불신감은 북한이 핵무기 개발을 추진하고 있음을 미국에 인정하자 정점에 달했다. 북한은 핵확산금지조약, 즉 핵무기를 만들지 않겠다는 세계의 약속에 가입하고 있으면서 한쪽에서는 이 약속을 파기한 것이다. 북한은 1994년 핵무기를 만들지 않겠다고 미국에 약속하는 대신 미국이 원자력 발전소를 건설해 주고 매년 중유를

---

1. 핵확산금지조약 NPT : Non-Proliferation Treaty of Nuclear Weapon
1968년 7월 미국·소련·영국 등 핵보유 3개국과 비핵보유국 53개국 등 총 56개국이 핵무기 보유국의 증가를 방지할 목적으로 체결하여 1970년 3월 발효된 다국 간 조약. 핵보유국으로부터 핵무기와 핵무기 생산 기술 이전을 금지시키고 있는 핵확산금지조약은 비핵보유국이 평화적 목적의 핵 물질을 군사용으로 전환하지 않을 것을 분명하게 하기 위해 국제원자력기구(IAEA)의 핵 사찰을 수용할 것을 의무화하고 있다. 핵보유국인 중국은 1992년 3월, 프랑스는 1992년 8월에 가입했으며 가입국은 2002년 말 현재 156개국에 이르고 있다. 한편 탈퇴 의사를 밝힌 북한은 1985년에 가입했고 1992년 1월에는 핵 사찰을 수용하는 보장조치협정에 조인했다.

◀2002년 10월 15일, 일본의 하네다공항에 내려선 5명의 납치 피해자(사진 고히야마 다케히코).

원조한다는 약정을 맺고 있었으나, 이 약속마저 깨뜨린 것이다.

북한이 약속을 일방적으로 파기하는 일은 종종 있었지만, 핵 개발 사실을 인정한 것 자체는 북한의 방침 전환을 상징하는 것이 아닐까 하는 관측이 나오고 있다.

북한을 어떻게 다루면 좋을까? 한반도에 평화가 찾아오지 않는 한 중국·일본을 비롯한 주변 국가들에서는 불안감을 씻을 수 없다.

2001년부터 계속되고 있는 미국의 조지 부시 대통령에 의한 강경 군사 노선 또한 세계의 이목을 끌고 있다. 2001년 9월 11일의 동시 다발 테러 사건 이후 부시 대통령은 '테러와의 전쟁'을 선언하고 오사마 빈 라덴을 은닉한 아프가니스탄의 탈레반 정권을 공격했다. 그러나 그후에도 테러 사건은 세계 각지에서 뒤를 잇고 있으며, 더욱이 인도네시아나 필리핀 등 동남아시아로 테러 사건의 무대가 번진 것은 특기할 만한 일이다. '테러와의 전쟁'은 끝나지 않았고 세계는 한층 불안정한 양상을 띠고 있다.

2003년 3월 부시 대통령이 이번에는 중동의 이라크를 공격하여 이라크 전쟁이 발발했다. 대량 살상 무기를 개발·소유하고 있는 독재 국가는 미국이 공격받기 전에 먼저 공격하겠다는 방침에 따른 행동이었다.

2. 조지 부시 George W. Bush, 1946~ 18쪽에서 설명.
3. 2001년 9월 11일의 동시 다발 테러 사건 18쪽 '2001년 9월 11일에 발생한 동시 다발 테러 사건'에서 설명.
4. 오사마 빈 라덴 Osama Bin Laden, 1957(?)~ 19쪽에서 설명.
5. 탈레반 Taleban, Taliban 19쪽에서 설명.
6. 이라크전쟁 Iraq War 21쪽에서 설명.
7. 대량 살상 무기 WMD : Weapons of Mass Destruction 19쪽에서 설명

◀◀유엔에서 이라크 공격의 필요성을 호소하는 부시 대통령. ◀취임 연설을 하는 아프가니스탄의 하미드 카르자이 대통령.

부시 대통령의 이라크 공격 방침에 프랑스와 독일은 반발하고 나서며 국제연합(유엔) 사찰단에 의한 이라크 사찰을 요구했다. 미국은 어쩔 수 없이 사찰의 실시를 인정했고 2002년 12월부터 유엔에 의한 이라크 사찰이 이루어졌다. 하지만 부시 대통령은 2003년 3월 이라크가 사찰에 협력하지 않는다고 주장하며 공격에 착수했던 것이다.

제2차 세계대전 이후 세계 각국은 유엔을 결성하여 자위를 위한 전쟁 이외의 전쟁은 인정하지 않는다는 국제 상식을 구축해 왔다. 부시 대통령은 이 상식을 하루아침에 내동댕이친 것이다. '저 나라는 내버려 두면 무슨 짓을 할지 모르니까 선제 공격을 해야 한다'라는 논리가 인정되면 국제 분쟁을 막을 제동 장치가 없어지고 만다.

그러나 이라크의 사담 후세인이 남의 나라를 침략한 인물이라는 것 역시 분명한 사실이다. 게다가 정권에 반대하는 사람이라면 무차별 탄압과 대량 살인을 반복해 온 인물이자 자국민을 독가스로 죽이는 것조차 주저하지 않는 인물이다. 이런 독재자의 존재 자체가 중동 지역을 불안에 떨게 만들고 있었던 것 또한 부정할 수 없는 사실이다. 그렇다고 해서 타국이 군대의 힘으로 몰아내는 것은 허용되는 일일까? 미국 대 이라크의 구도는 우리 모두에게 새로운 국제 질서의 바람직한 모습을 묻고 있다.

이스라엘과 팔레스타인의 숙명적인 대결 관계는 20세기에 시작되어 21세기로 넘어왔고 2003년 이후에도 계속될 것이다. 이스라엘의 아리엘 샤론

8. 하미드 카르자이 Hamid Karzai, 1957~ 44쪽 중요 인물.
9. 국제연합(유엔) UN : United Nations 89쪽에서 설명.
10. 사담 후세인 Saddam Hussein, 1937~ 41쪽 중요 인물.
11. 아리엘 샤론 Ariel Sharon, 1928~
이스라엘의 군인이자 정치가. 1948년 독립 전쟁 때 육군 정보 장교로 참전하기 시작하여 시나이 전선 사령관을 지낸 후 국회의

▲ 복면을 쓰고 사담 후세인을 찬양하는 행진을 하는 이라크 특수 부대.

총리는 지금까지의 정권이 쌓아 온 팔레스타인 주민과의 신뢰 관계를 단번에 무너뜨렸고 이스라엘이 점령한 팔레스타인 땅을 팔레스타인 주민에게 단계적으로 반환한다는 화평의 과정은 완전히 멈추었다.

절망한 팔레스타인 젊은이들은 자폭 테러로 이스라엘을 공격하고, 이에 대해 샤론 정권은 즉각 군사 행동을 펼쳐 보복하여 이번에는 팔레스타인 주민에게 엄청난 피해가 발생하는 악순환이 되풀이되고 있다. 과연 해결책은 없는 것일까? 세계는 유혈이 낭자한 싸움 앞에 무기력할 뿐이다.

중국에서는 2002년 11월 공산당의 최고위 직인 총서기 자리가 장쩌민으로부터 후진타오에게로 넘어갔다. 중국으로서는 59세라는 파격적인 젊은 나이였다. 노대국 중국에서는 현재 세대 교체의 움직임이 활발하게 일

원으로 변신했다. 베긴 내각에서 농업장관을 거쳐 1981년 국방장관에 취임했으나, 1983년 베이루트에서 있었던 팔레스타인 난민촌 학살 사건의 책임자로 사임했다가 2001년 다시 총리가 되었다.

12. 장쩌민 江澤民, 1926~
현재 중국의 국가 주석이자 당 중앙군사위원회 주석을 맡고 있는 정치가. 1946년 중국 공산당에 가입했으며 1953년경 선진 기술을 습득하기 위해 소련으로 유학 갈 때까지 여러 공장에서 근무했다. 그 뒤 전국에 있는 여러 분야의 기술 연구 기관을 이끌었고 국가수출입관리위원회의 차관, 국가전자공업부의 부부장을 지냈으며, 1985년에는 상하이 시장으로 임명되었고 1987년에는 정치국원이 되었다. 1989년 민주주의를 옹호하는 대규모 학생 시위(톈안먼 사태)가 일어났을 때 이를 강제적으로 진압한 당국을 옹호했다. 당시 상하이시 당 서기이던 그는 시위 사태가 발생하자 강경 대응을 보임으로써 중국의 최고 실권자 덩샤오핑과 총리 리펑의 호감을 샀으며 이를 계기로 당 총서기 직에 올랐다. 이어 1990년 국가중앙군사위 주석에 선출되었고 1993년 국가 주석에 취임했다. 이후 경제 개방, 개혁 노선을 견지하며 중국을 이끌어 왔으며 2002년 11월 후진타오에게 당 총서기 직을 물려주었다.
•톈안먼 사태 195쪽에서 설명.
•덩샤오핑 鄧小平, 1904~1997 79쪽에서 설명

▶▶ 야세르 아라파트 의장에 대한 충성을
외치는 팔레스타인의 청년. ▶ 차기 국가
주석으로 지목받은 후진타오당 총서기.

어나고 있음을 보여 주는
사건이었다.

세계는 영토 문제로,
종교 문제로, 그리고 민
족 문제로 복잡다단하게
얽혀 있어 한시도 조용할 때가 없이 숨 가쁘게 돌아가고 있다. 그리고 우
리는 안방에서, 사무실에서 각종 매체를 통해 이런 일들을 보고 듣는다.
매스컴에 수없이 오르내리는 많은 분쟁들과 나라들, 각종 단체들을 그저
이름만 알 뿐 왜 그런 일들이 벌어질 수밖에 없었으며 앞으로 어떻게 전개
될지, 왜 그런 단체들이 생겨났으며 무슨 목적을 가졌는지를 제대로 이해
하지 못하는 사람들이 태반이다.

나는 이 한 권의 책이 뉴스를 이해하는 데, 우리가 발 딛고 살아가는 이
세계를 이해하는 데, 그리고 미래의 세계를 생각하는 데 도움이 되기를 간
절히 바라는 바이다.

지은이 이케가미 아키라

---

*리펑 李鵬, 1928~
부모가 모두 중국 공산당원으로 국민당에 체포되어 처형당해 1939년 '열사의 아들'로 지정되었다. 1945년 중국 공산당에 입당
했고 1975년 전력공업부 부부장을 거쳐 1981년 부장이 되면서 중앙 정계에 진출했다. 1987년 중앙정치국 상무위원이 되면서
최고 지도자 대열에 올라섰고 1988년 국무원 총리가 되었다.
13. 후진타오 胡錦濤, 1942~
현재 중국 공산당 총서기 겸 국가 주석. 1964년 공산당에 입당하며 정치 이력을 시작했다. 1982년 간쑤성 공산주의청년단 성
위원회 서기로 발탁된 뒤 탁월한 조직 능력을 발휘했으며, 1992년 10월에 49세로 최연소 정치국 상무위원에 올랐다. 1998년
국가 부주석으로, 1999년에 중앙군사위 부주석으로 임명되었다. 그리고 2002년 11월 16차 전국대표대회에서 공산당 총서기
로 선출됨으로써 중국 공산당 제4세대 지도자의 세대 교체를 이루어 냈다.
14. 야세르 아라파트 Yāsir Arafāt, 1929~ 38쪽 중요 인물.

차 례

지 도 차 례

세계의 이목이
집중되고 있는 나라들

지금 세계의 어디에서

무엇이 문제가 되고 있는가?

그리고 무엇 때문에 많은 사람이

고통받고 있는가?

전쟁 · 정치 · 경제 등의 분야별로 살펴보기에 앞서

대략적인 설명으로 세계의 쟁점을 이해한다.

북한의 움직임으로 일촉즉발의 기운이 감도는 한국 · 중국 · 일본

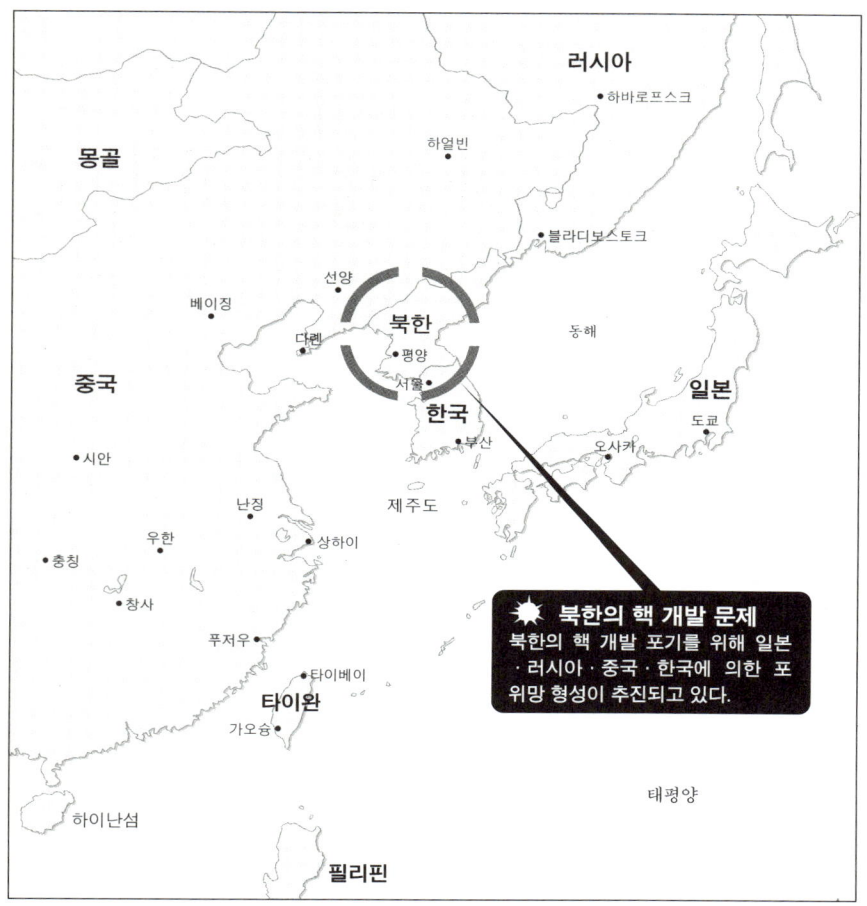

러시아

몽골

하바로프스크

하얼빈

블라디보스토크

선양

베이징

다롄

북한

동해

평양

중국

서울

한국

일본

시안

부산

오사카

도쿄

난징

제주도

우한

상하이

충칭

창사

푸저우

타이베이

타이완

가오슝

하이난섬

태평양

필리핀

☀ **북한의 핵 개발 문제**
북한의 핵 개발 포기를 위해 일본
· 러시아 · 중국 · 한국에 의한 포
위망 형성이 추진되고 있다.

1. 한반도에너지개발기구 KEDO : Korean Peninsula Energy Development Organization
북한이 흑연 감속형 원자로 2기를 동결하는 대가로 미국이 제공하기로 한 경수로 2기를 건설하기 위해 한국 · 미국 · 일본 3개
국이 1995년 3월 설립한 국제 컨소시엄. 경수로 제공 외에 미국과 북한 간의 합의문 이행 및 경수로 1호기 완성 때까지 매년 중
유 50만t 등 대체 에너지 제공, 폐연료봉 처리, 기존 핵 시설 해체 등을 활동 목표로 하고 있다. 본부는 뉴욕에 있으며 조직은 총
회, 집행이사회, 사무국, 총회, 자문위원회로 구성되어 있다. 2001년 현재 회원국은 한 · 미 · 일 · 유럽연합(EU)을 비롯해 아르
헨티나 · 오스트레일리아 · 캐나다 등 13개국이며, 경수로 제공이 끝나면 즉시 해체된다.

북한의 핵 개발을 멈출 방법은 있을까?

현재 동아시아의 안전 보장에 있어 최대의 난제는 북한의 동향으로, 핵 개발을 한시라도 빨리 중지시키는 것이다. 그리고 2002년에는 일본인 납치 문제가 불거져 나와 한동안 곤욕을 치렀고 아직 완전한 해결을 보지 못하고 있다. 사실 북한에 관해서는 핵 개발을 중지시킬 국제적인 기틀이 마련되어 있었는데, 그것이 바로 1995년에 발족한 한반도에너지개발기구(KEDO)이다.

핵무기의 연료가 되는 플루토늄을 추출하기 쉬운 타입의 원자로 건설을 추진하던 북한이 건설 중지와 핵 개발 포기를 약속하는 대신, 미국이 플루토늄을 추출하기 어려운 타입의 원자로인 경수로 건설을 지원하고 이 원자로가 완성되는 동안 북한의 에너지 부족을 해결하기 위해 화력 발전소용 중유를 매년 50만t씩 원조한다는 것이 KEDO의 계획이다. 이를 위한 비용은 한국·미국·일본·유럽연합(EU) 등이 부담하고 있다.

그러나 북한이 핵 개발을 인정함으로써 KEDO는 제 기능을 하지 못하게 되었다. 대수롭잖게 약속을 파기하는 북한을 어떻게 다룰지 국제 사회가 곤혹스러워하고 있는 한편, 최근 다자간 회담을 통해 그 해결점을 찾고 있다.

2. 경수로
원자력 발전소에 있는 원자로의 종류 중 하나로, 고속 증성자의 속도를 낮추어 주는 역할을 하는 감속제에 경수를 사용하는 경수로형 원자로를 이르는 말. 세계에서 가동중인 발전용 원자로의 80%가 경수로이다.
*대북 경수로 사업
원래 2003년까지 북한에 경수로 2기를 지어 주기로 했으나, 공사가 지연되어 2003년 6월 현재 전체 공정의 31.1%가 진행되어 2007년 11월경 1호기가 완공될 예정이며 2008년까지 경수로 2기를 완공할 예정이다. 경수로 건설에 있어 원자로 건설은 두산중공업이, 원자로 설계는 한국전력기술주식회사(KOPEC)가, 경수로 터빈과 제너레이터 제작은 일본의 도시바와 히타치가, 시공은 현대·동아·대우·두산중공업이 맡아 공사를 진행중이다. 건설 현장에는 KEDO 직원 6명과 한국인 근로자 682명, 우즈베키스탄 근로자 351명 등 모두 1100여 명이 체류하고 있다. 그러나 미국은 2002년 12월 북한의 핵 개발 의혹을 이유로 중유 공급을 중단했으며, 미국 내에서 경수로 건설 지원도 중단해야 한다는 주장이 제기되고 있다.
3. 유럽연합 EU : European Union
유럽공동체(EC) 12개국 정상들이 1991년 12월 네덜란드 마스트리히트에서 경제 통화 통합 및 정치 통합을 추진하기 위한 유럽연합조약(일명 마스트리히트조약)을 체결하기로 합의하고 각국의 비준 절차를 거쳐 1993년 11월부터 발효됨에 따라 생긴 유럽의 정치·경제 공동체. 주권 국가는 아니나 일반적인 국제 기구와 달리 독자적인 법령 체계와 입법부, 사법부, 행정부가 있어 유럽의회는 입법부, 집행위원회(EUC)는 행정부, 사법재판소는 사법부 역할을 한다. 여기에 회원국 간 문제를 해결하기 위해 각국 장관들의 회의체인 각료이사회(CEU)가 있다. 우리 나라의 감사원 같은 옴부즈맨도 있고, 회원국 중앙 은행의 협의체인 유럽연합중앙은행(ECB)도 있다. 또한 통상, 산업, 농업 등 주요 정책을 결정하는 것은 물론 정치, 경제, 사법, 내무 분야에까지 공동 정책을 확대하고 있다. 즉 전통적 의미의 주권 국가와 국제 기구의 중간 형태를 취하지만 초국가적 기능을 강화하고 있다. 2002년 10월 현재 EU 회원국은 프랑스·독일·이탈리아·벨기에·네덜란드·룩셈부르크·영국·아일랜드·덴마크·그리스·스페인·포르투갈·핀란드·오스트리아·스웨덴 등 15개국이나, 2002년 12월에 열린 EU 정상 회담에서 10개 후보국의 가입이 공식 결정되었다. 일정이 순조롭게 진행될 경우 오는 2004년에 폴란드·헝가리·슬로바키아·체코·에스토니아·리투아니아·라트비아·슬로베니아·키프로스·몰타 등 10개국이 신규 회원으로 가입할 것으로 보인다.
* 유럽공동체 EC : European Community 107쪽에서 설명.

불안정이 계속되는 중동 · 서아시아

몰도바
키시네프
루마니아
•부쿠레슈티
불가리아
우크라이나
러시아
카자흐스탄
흑해
이스탄불
앙카라
터키
카스피해
그루지야
아르메니아
에레반
바쿠•
아제르바이잔
우즈베키스탄
타슈켄트•
투르크메니스탄
•아슈가바트
두샨베•
키프로스
시리아
레바논
베이루트•
다마스쿠스
이스라엘
예루살렘•
암만
요르단
이라크
•바그다드
쿠웨이트
테헤란•
이란
카불•
아프가니스탄
파키스탄
리야드•
바레인
•도하
카타르
아랍
에미리트
무스카트•
오만
아라비아해
사우디아라비아
예멘
사나•

☀ **이라크**
미국 · 영국에 의한 이라
크 공격으로 후세인 정권
은 붕괴했다.

☀ **아프가니스탄**
전란은 수습되어 가고 있
으나 앞으로도 민족 간
세력 다툼 등 치안 악화
가 우려된다.

몽골

알마티

비슈케크

키르기스스탄

베이징

타지키스탄

중국

☀ 인도 · 파키스탄
카슈미르 지방의 귀속 문제를 둘러싸고 양국의 긴장 상태가 계속되고 있다.

이슬라마바드

카슈미르 지방

청두

뉴델리

네팔

부탄

카트만두

팀푸

방글라데시

다카

홍콩

캘커타
(콜카타)

미얀마

하노이

인도

라오스

비엔티안

뭄바이
(봄베이)

벵골만

양곤

타이

남지나해

방콕

마드라스
(첸나이)

캄보디아

베트남

스리랑카

프놈펜

이라크전쟁은 끝났지만……

2002년 11월 국제연합(유엔)의 안전보장이사회는 이라크에 대해 유엔에 의한 사찰을 무조건 전면적으로 받아들일 것을 요구한다는 결의를 채택했다. 이에 이라크의 사담 후세인 대통령은 유엔의 사찰을 받겠다고 발표하여 사찰단이 이라크에 들어갔다. 그러나 미국의 조지 부시 대통령은 이라크 정부가 사찰에 협력하지 않는다며 2003년 3월 이라크 공격에 나섰다. 미국은 2001년 9월 11일에 발생한 동시 다발 테러 사건 이후, '테러와의 전쟁'이라는 방침을 내세웠고, 그 첫 번째 대상이 테러의 배후로 지목된 오사마 빈 라덴과 그를 은닉해 준 아프가니스탄의 탈레반이었다.

아프가니스탄의 탈레반 정권이 붕괴하자, 미국은 '테러와의 전쟁'의 제2단계에 돌입하며 '미국을 공격한 적은 괴멸시켰으나, 앞으로 미국을 공격할 가능성이 있는 존재는 또 있다. 미국의 안전을 위해 걱정의 씨앗을 없애겠다'라고 생각했고, 다음 목표로 선택된 것이 이라크이다.

1991년 이라크는 걸프전쟁(페르시아만전쟁)에서 패배했을 때, 유엔의

1. 이라크전쟁 Iraq War 21쪽에서 설명.
2. 국제연합(유엔) UN : United Nations 89쪽에서 설명.
3. 안전보장이사회 Security Council 89쪽에서 설명.
4. 사담 후세인 Saddam Hussein, 1937~ 41쪽 중요 인물.
5. 조지 부시 George W. Bush, 1946~
미국의 43대 대통령. 아버지에 이어 대통령이 되어 미국에서 두 번째 부자 대통령이라는 기록을 세웠으며 주지사 출신 대통령이 되었다. 공화·민주 진영의 보수주의자 및 온건주의자, 양당 모두를 지지하지 않는 사람들, 히스패닉계 및 흑인 등 사회의 다양한 계층의 공감을 불러일으켜 당선되었다.
6. 2001년 9월 11일에 발생한 동시 다발 테러 사건
2001년 9월 11일 오전 9시부터 오후 5시 20분 사이에 일어난 항공기 납치 동시 다발 자살 테러로 인해 미국 뉴욕의 110층짜리 세계무역센터 쌍둥이 빌딩이 무너지고 워싱턴의 국방부 청사(펜타곤)가 공격을 받은 대참사. 사건은 4대의 민간 항공기를 납치한 이슬람 테러 단체에 의해 동시 다발적으로 벌어졌는데, 오전 8시 45분 아메리칸항공의 AA11편이 세계무역센터 북쪽 건물과 충돌한 것을 시작으로 연달아 일어났다. 10시 29분 세계무역센터 북쪽 건물이 완전히 붕괴되고, 이 여파로 오후 5시 25분 47층짜리 세계무역센터 부속 건물인 7호 빌딩이 힘없이 주저앉았다. 미국은 순식간에 아수라장으로 바뀌었고, 세계 경제의 중심부이자 미국 경제의 상징인 뉴욕은 하루아침에 공포의 도가니로 변하고 말았다. 사건이 일어나자마자 CNN 방송망을 타고 시시각각 사건 실황이 전 세계에 생중계되면서 전 세계인은 경악을 금치 못했다. 세계 경제도 테러 앞에서는 전혀 손을 쓰지 못해 국제 금리가 단숨에 하락하고 세계 증권 시장이 동요했다. 미국은 사건 직후 1주일 간 증권 시장을 열지 못했고 모든 국제 항공선이 차단되었다. 미국은 국제 테러리스트인 오사마 빈 라덴과 그의 추종 조직인 알카에다를 주요 용의자로 결론지었고, 그 밖에 팔레스타인해방기구(PLO) 산하의 무장 조직인 하마스(HAMAS), 이슬람원리주의 기구인 지하드, 레바논의 헤즈볼라 등 다른 이슬람 테러 조직들이 관여했을 것으로 보고 있다. 부시 대통령은 9월 12일 테러 개입자들에 대해 사전 경고 없이 보복할 것을 천명하고, 9월 15일 빈 라덴이 숨어 있는 아프가니스탄에 대한 지상군 투입 결정을 내리는 한편, 작전명을 '무한 정의 작전'으로 명명한 뒤 보복 전쟁에 들어갔다. 같은 해 10월 7일, 미국은 '테러와의 전쟁'이라는 명분을 내세워 영국과 함께 아프가니스탄의 주요 시설과 알카에다의 훈련 캠프와 탈레반 정부의 군사 시설 등에 선별 공격을 감행함으로써 전쟁의 포문을 열며 이른바 테러 말살 전략에 돌입했다. 이 사건으로 인한 인명 피해는 4대의 항공기에 탑승한 승객 266명 전원 사망, 워싱턴 국방부 청사 사망 또는 실종 125명, 세계무역센터 사망 또는 실종 4600~5900명 등이다. 경제적인 피해는 화폐 가치로 환산하기 어려울 정도로 엄청나다.
* 알카에다 Al-Queda 25쪽에서 설명.
* 팔레스타인해방기구 PLO : Palestine Liberation Organization 37쪽에서 설명.

사찰단을 받아들였다. 사찰단이 이라크가 보유하는 대량 살상 무기의 상황을 조사하여 발견되면 파괴하도록 양해한 것이다. 사찰을 실시한 결과, 대량의 화학 무기(독가스)와 생물 무기(세균 무기)가 발견되어 폐기 처분했으며, 핵무기를 제조하고 있다는 사실이 밝혀졌다. 하지만 이라크는 사찰이 장기화됨에 따라 군대를 동원하여 사찰을 방해하기 시작했고, 사찰단은 사찰을 포기하고 1998년 12월 이라크에서 철수했다. 그후 이라크 국내에서 어떤 일이 벌어지고 있는지 전혀 알 수 없게 되었던 것이다.

　미국의 이라크 공격으로 후세인 정권은 어이없이 붕괴했지만, 정작 대량 살상 무기는 발견되지 않았다. 이 상황으로는 미국은 이라크 공격의 명분을 추궁당하지 않을 수 없게 되어 가고 있다.

---

7. 오사마 빈 라덴 Osama Bin Laden, 1957(?)~
사우디아라비아 출신으로 미국의 적을 자임하고 대미 이슬람교 저항 운동을 주도해 왔으며 2001년 미국의 9·11테러를 자행한 것으로 추정되는 인물. 부호 가문에서 태어나 학창 시절 이슬람 단체에서 활동했으면 한때 건설 회사를 운영했으나, 확고한 종교적 신념에 따라 곧 아프가니스탄으로 건너가 저항 운동을 주도하며 영웅으로 부상했다. 1979년 구소련이 아프가니스탄을 침공하자 이슬람구제기금(알카에다)을 설립하여 탈레반에 자금 및 훈련을 지원했으면 1988년 무장 조직으로 재정비했다. 미국은 사실 이때까지만 해도 빈 라덴을 지원했다. 1991년 걸프전쟁 이후 빈 라덴은 이슬람 성지인 메카 근처에 군대를 주둔시킨 미국을 이슬람의 적으로 간주하여 미국 세력에 대한 성전(지하드)을 선포했다. 이후 여러 번의 폭탄 테러의 배후 인물로 지목되어 왔으며 체첸 반군을 지원한 혐의로 러시아 당국의 추적도 받고 있다. 그는 아프가니스탄 탈레반의 보호 아래 은신하면서 주로 무자헤딘(이슬람 전사) 출신의 테러리스트들을 훈련시키고 아프가니스탄아와 예멘에서 운영하는 비밀 사업체를 통해 자금을 공급받아 온 것으로 알려졌다. 9·11테러에 대한 미국의 보복 공격으로 탈레반 정권과 알카에다 조직은 거의 붕괴되어 빈 라덴의 행방은 아직 밝혀지지 않고 있으나, 최근에는 아랍어 방송에서 생존해 있다는 주장을 담은 녹음 테이프가 방송되기도 했다.
* 이슬람교 136쪽에서 설명.
* 무자헤딘 Mujaheddin 43쪽에서 설명.
8. 탈레반 Taleban, Taliban
이슬람교 원리주의, 즉 수니파가 1994년 아프가니스탄 남부 칸다하르주에서 결성한 무장 이슬람 정치 단체. 페르시아어로 '구도자' '학생'을 뜻하는 탈레반 또는 탈리반은 이슬람 이상 국가 건설을 목표로 아프가니스탄 국토의 대부분을 장악하고 랍바니 대통령 정권을 수도 카불에서 몰아냄으로써 실질적 지배 세력이 되었다. 그러나 이들에 의해 축출된 시아파가 북쪽을 근거지로 반군(북부동맹)을 결성하여 내전을 벌이자, 지역 지휘관들과 전략적 협정을 맺어 지역에서 일어나는 심각한 위법 사항과 인권 침해를 도외시하여 많은 문제가 발생했다. 더욱이 이슬람교에 대한 엄격한 해석으로 인해 사회 차별이 심해지고 여학교 폐쇄, 여성의 고등 교육과 취업 및 자유로운 외출 규제, 텔레비전 금지, 가혹한 이슬람식 처벌 제도 부활, 아동 학대 등의 부작용을 낳아 국제 사회의 비난을 샀다. 게다가 2001년 3월 우상화 배격 운동의 일환으로 모든 불상을 파괴하도록 명령하여 세계문화유산으로 지정받은 바미안석불을 파괴하기도 했다. 그리고 9·11테러 사건의 배후자인 오사마 빈 라덴과 그 추종 조직인 알카에다를 숨겨 둔 채 인도하지 않아 미국과 동맹국들의 반발을 사, 결국 아프가니스탄을 전쟁의 도가니로 몰아넣었다. 2001년 10월 말 현재 아프가니스탄에서는 150만 명의 난민이 발생했으며, 미국과 동맹국들의 지원을 받은 북부동맹의 반격도 치열해 탈레반 정권은 결국 무너지고 말았다.
* 수니파 136쪽에서 설명.
* 시아파 136쪽에서 설명.
9. 걸프전쟁 Gulf War 46쪽에서 설명.
10. 대량 살상 무기 WMD : Weapons of Mass Destruction
핵이나 미사일, 생화학 무기 등 많은 사람을 희생시킬 수 있는 전략 무기. 유엔재래식군축위원회는 대량 살상 무기를 '핵폭발 무기, 방사능 무기, 치명적인 화학·세균 무기 및 상기 언급한 무기와 파괴 효과에 있어서 필적하는 특징을 갖는 장래에 개발될 무기'로 정의했으며, 운반 수단인 미사일은 포함되지 않았다. 그러나 일반적으로 대량 살상 무기를 운반하는 데 쓰이는 미사일을 대량 살상 무기에 포함시키기도 한다. 미국은 특히 이라크·이란·북한 등을 대량 살상 무기 개발 국가로 지적하고 있다.

이라크를 포위한 페르시아만 지역의 미군 기지

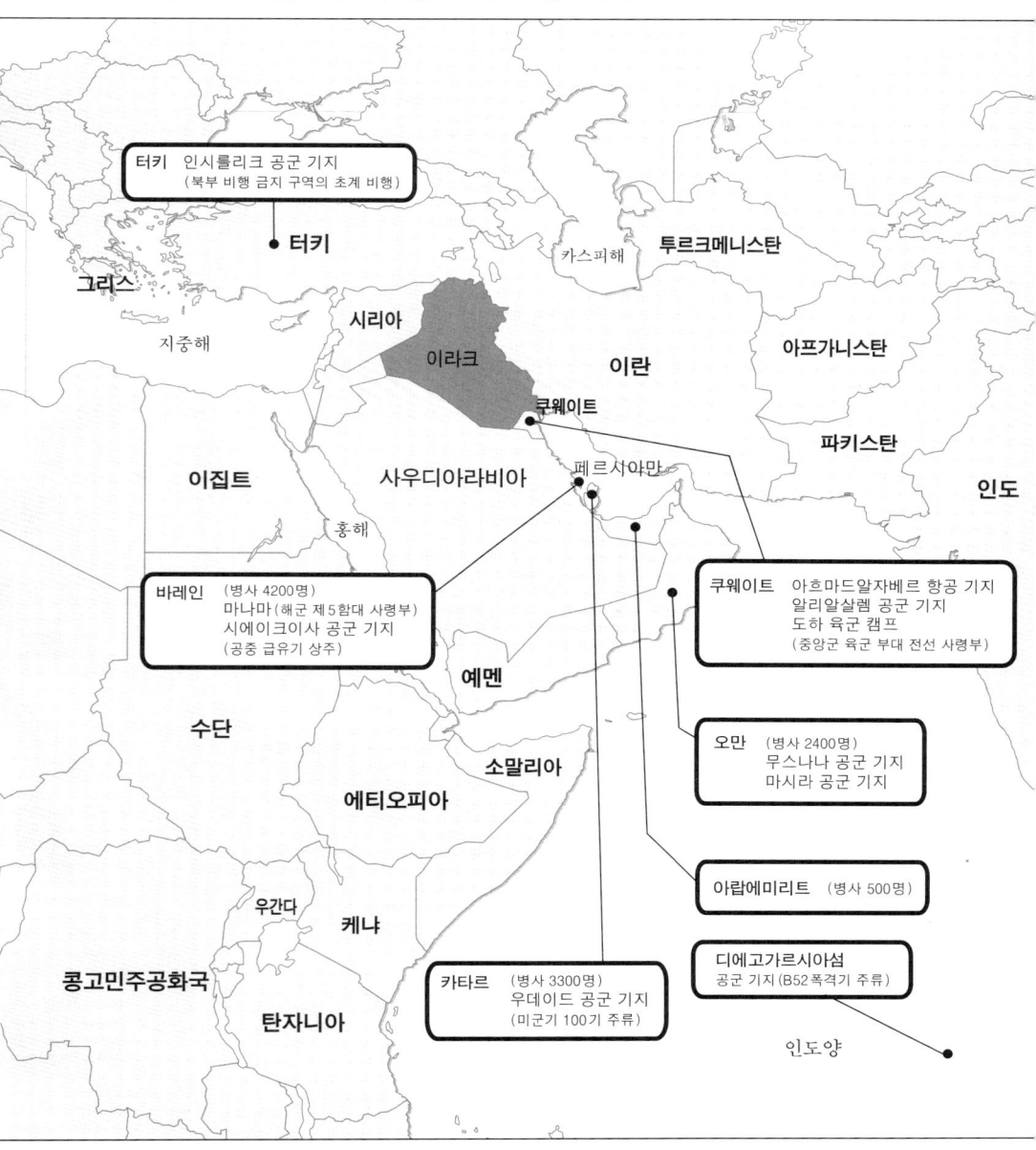

이라크를 에워싸고 공격한 미군

미군은 이라크전쟁에서 사우디아라비아에 있는 미군 기지의 사용을 사우디아라비아 정부로부터 거부당했다. 또한 이라크 북부의 공격 거점으로 고려하고 있던 터키 역시 미군 기지의 사용을 거부했다. 이 때문에 미국의 지상군은 쿠웨이트로부터 북상할 수밖에 없었다.

그러나 페르시아만 지역에는 쿠웨이트 외에 바레인과 카타르·아랍에미리트·오만 등 친미 국가가 많아 이라크를 공중 폭격할 때 미군기는 이 나라들의 기지를 사용했다. 페르시아만 연안에 있는 친미 국가들은 오랫동안 이라크의 위협에 노출되어 왔기 때문에 반이라크의 입장에서 친미의 자세를 취하고 있다. 다만 이 국가들은 국민 대부분이 이슬람교도이어서 미국에 대한 반감 또한 뿌리 깊어 정부가 미국에 기우는 입장을 계속 취한다면 국민의 반감이 고조될 것이라는 우려를 안고 있는 것이 사실이다.

---

1. 이라크전쟁 Iraq War

2003년 3월 20일부터 4월 14일까지 미국과 영국이 이라크를 상대로 벌인 전쟁. 2001년 9·11테러가 일어나자, 2002년 1월 미국은 북한·이라크·이란을 '악의 축'으로 규정하며 이라크의 대량 살상 무기를 제거하여 자국민을 보호하고 세계 평화에 이바지한다는 대외 명분을 내세워 동맹국인 영국·오스트레일리아와 함께 2003년 3월 17일 최후통첩을 한 뒤 3월 20일 새벽 5시 30분 전쟁을 개시했다. 작전명은 '이라크의 자유'였다. 4월 14일 미군이 이라크 최후의 보루이자 후세인의 고향인 북부 티크리트 중심부로 진입함으로써 26일 만에 전쟁은 사실상 끝이 났다. 동원된 병력은 총 30만 명이며 인명 피해는 미군 117명, 영국군 30명이 전사했으며 400여 명이 부상당했다. 또 민간인 1253명 이상이 죽고 5100여 명의 부상자가 나왔다. 그리고 이라크군은 1만 3800여 명이 포로로 잡히고 최소 2320명이 전사했다. 그러나 전쟁을 전후하여 반전 시위가 세계 곳곳에서 이어졌으며, 오폭 등으로 인해 민간인 사상자가 늘어나면서 비난의 강도는 더욱 거세졌다. 게다가 미국이 전쟁을 벌인 실질적인 목적이 첫째 이라크의 원유 확보, 둘째 중동 지역에서의 친미 블록 구축, 셋째 미국의 경기 회복을 위한 돌파구 마련, 넷째 중동 지역 정치 구도 재편 등에 있다는 이유로 비난이 끊이지 않았다. 더욱이 전쟁 명분으로 내세운 대량 살상 무기가 사실상 발견되지 않았을 뿐 아니라 2003년 5월 1일 공식적으로 종전을 선언한 이후 테러 등에 의해 전쟁 수행 당시보다 오히려 많은 사상자가 속출하고 있어 미국 정부는 곤경에 처해 있다. 또한 전후 처리는 유엔의 이라크 관할을 요구해 온 러시아·프랑스·독일이 미국 주도의 재건을 반대하고 있다.

• 대량 살상 무기 WMD : Weapon of Mass Destruction 19쪽에서 설명.

국민이 부시 공화당을 지지한 미국

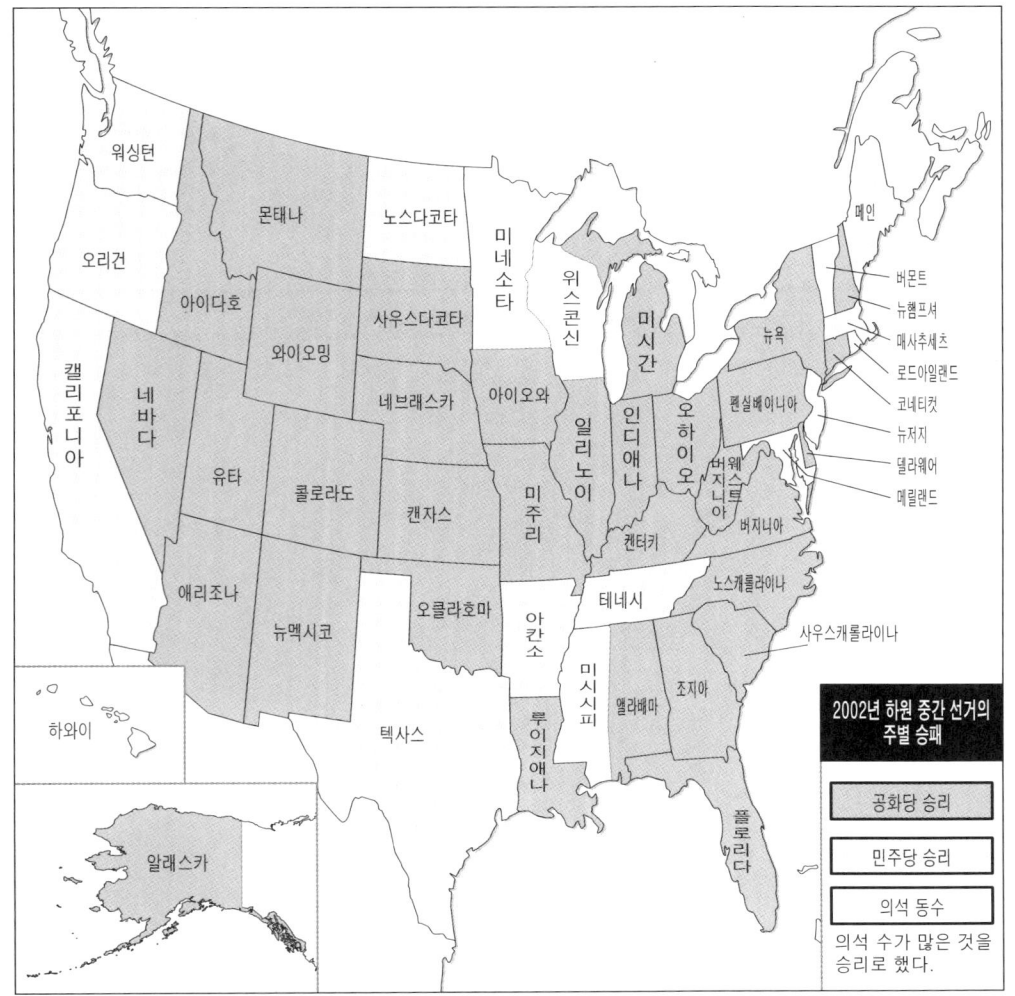

공화당의 약진으로 보수화가 진행되는 미국

2002년 11월 실시된 미국의 중간 선거에서 공화당이 약진했다. 미국의 의회 의원 선거는 2년마다 실시되는데, 대통령 선거는 4년마다 치러지기 때문에 대통령 선거의 중간이 되는 해에 실시되는 의회 선거를 '중간 선거'라고 부른다.

미국은 공화당과 민주당의 2대 정당이 정치를 이끌고 있다. 중간 선거에서는 대통령이 소속하고 있는 정당과는 다른 정당이 승리를 거둔다는 징크스가 있었다. 이 징크스는 미국 국민이 대통령과는 대립하는 정당을 의회의 다수파로 만들어 균형을 잡으려 한다는 것으로 풀이되어 왔다. 이에 따르면 부시 대통령은 공화당 출신이므로 중간 선거에서는 민주당 의원이 증가하는 것이 당연했을 테지만, 이번에는 공화당 의원이 증가했다.

일반적으로 민주당은 진보파, 공화당은 보수파(예외도 있다)로 불리고 있으며, 공화당은 국제 정치에 대해서도 강경한 입장을 취하는 의원이 많은 것이 특징이다. 중간 선거에서 공화당의 의석 수가 증가한 것은 미국 국민이 부시 정권의 대외 강경 노선을 지지하는 것으로 풀이되고 있다.

*미국의 정당
미국에는 민주당과 공화당이 있는데, 일반적으로 민주당은 중도 진보적 성향의 상류층이 지지하는 정당이고 공화당은 중산층과 저소득층이 지지하는 중도 보수적 성향의 정당으로 알려져 있다. 미국은 우리 나라처럼 대통령이 당을 지배하지 않으며 소속 의원들이 당에 구속되지 않은 채 의정 활동을 벌이므로, 미국에서의 정당은 인재를 배출하는 창구 역할을 하는 것으로 볼 수 있다. 일례로 이라크전쟁에 대해서도 당론보다는 의원 개인의 생각이 중시되어 정당별 입장이 비중 있게 받아들여지지 않았다.
*이라크전쟁 Iraq War 21쪽에서 설명.

테러의 공포에 휩싸인 동남아시아 · 오세아니아

타이베이

타이완

미얀마
라오스 • 하노이
• 비엔티안
필리핀

양곤
타이
마셜제도

캄보디아
방콕 • 마닐라
프놈펜
팔라우
베트남

브루나이

말레이시아
미크로네시아

쿠알라룸푸르
나우루

파푸아
뉴기니
인도네시아

자카르타
솔로몬제도
싱가포르
동티모르
포트모르즈비

바누아투

오스트레일리아

• 퍼스

뉴질랜드
시드니
캔버라
멜버른
웰링턴

✹ 발리 폭탄 테러
2002년 10월 14일, 인도네시아 발
리에서 외국인을 노린 폭탄 테러가
발생하여 187명이 사망. 그후 알카
에다가 범행 성명을 냈다.

과격파 테러의 공포에 노출된 동남아시아

2002년 10월 인도네시아의 발리에서 폭탄 테러 사건이 일어났다. 외국인 관광객으로 혼잡한 디스코테크는 흔적조차 없이 사라졌고 인근 국가인 오스트레일리아인을 중심으로 다수의 희생자가 나왔다.

'남국의 낙원'이라고 불리는 발리는 관광객에게 인기 높은 휴양지로, 인도네시아 관광 수입의 40%는 발리에서 벌어들이고 있다고 한다. 그러나 테러 사건 후 관광객의 모습을 찾아볼 수 없게 되어 인도네시아 경제는 타격을 받았다. 인도네시아의 경찰은 오사마 빈 라덴이 이끄는 알카에다와 관계 있는 이슬람 과격파 조직의 범행으로 보고 있다. 인도네시아는 세계 최대의 이슬람교도 국가이지만 발리는 예외적으로 힌두교도가 많은 섬이라는 점이 이슬람 과격파의 표적이 된 이유 중 하나이다.

필리핀에서도 휴양지를 찾은 외국인 관광객을 노린 이슬람 과격파의 테러 사건이 발생하고 있다. 이제는 동남아시아의 낙원조차 국제 테러와 무관하지 않은 상황이 되었다.

---

1. 오사마 빈 라덴 Osama Bin Laden, 1957(?) ~ 19쪽에서 설명.
2. 알카에다 Al-Queda
미국에서 발생한 9 · 11테러 배후 세력으로 지목된 오사마 빈 라덴이 이끄는 테러 조직. 1979년 구소련이 아프가니스탄을 침공하자 오사마 빈 라덴이 이슬람구제기금, 즉 알카에다를 설립하여 탈레반에 자금 및 훈련 등을 지원했고 1988년 무장 조직으로 재정비했다. 아랍어로 '근거지'라는 의미를 지닌 알카에다의 당초 창설 목적은 구소련과의 항전이었으나 소련군이 물러간 이후에도 계속 테러 요원을 양성했다. 알카에다의 주축은 소련군에 맞서 아프가니스탄 내전에 참전한 아랍인들이다. 9 · 11테러에 대한 미국의 아프가니스탄 보복 공격으로 탈레반 정권과 알카에다 조직이 거의 붕괴되었다고 미 정보 기관은 추정했으나 이 조직의 술레이만 아부 가이트 대변인은 2002년 6월 알자지라 방송을 통해 '지도부의 98%가 살아 있다'라고 주장했다.
• 9 · 11테러 18쪽 '2001년 9월 11일에 발생한 동시 다발 테러 사건'에서 설명.
• 탈레반 Taleban, Taliban 19쪽에서 설명.
3. 이슬람교 136쪽에서 설명.
4. 힌두교 136쪽에서 설명.
• 발리 테러 이후의 동남아시아 테러 사건
2002년 10월 발리 테러 사건 이후 2003년만 해도 7월 28일에는 인도 뭄바이의 번화가에서 이슬람 반군의 소행으로 보이는 버스 폭탄 테러가 발생하여 4명이 숨지고 31명이 부상했으며, 8월 5일에는 인도네시아의 자카르타 메리어트호텔 앞에서 자살 차량 폭탄 테러가 발생하여 14명이 숨지고 148명이 부상했다. 또 8월 14일 인도의 동북부 마니푸르주에서는 분리주의 단체 소속으로 보이는 괴한들이 지뢰로 버스를 폭파시켜 6명이 숨졌으며, 8월 25일 인도의 뭄바이에서 또다시 차량 폭탄 테러 사건이 일어나는 등 동남아시아도 테러 사건으로 조용할 날이 없는 지역이 되었다.

미국의 이라크 공격에 찬반 양론으로 나뉜 유럽

독일 소극 지지파
처음에는 반대했으나 미군기의 영공 통과를 인정하는 등 입장에 변화가 생겼다.

영국 적극 지지파
발리 폭탄 테러 후 한층 부시 대통령을 지지하는 쪽으로 기울었다.

프랑스 신중파
무력 행사가 아니라 유엔에 의한 평화적 해결을 주장했다.

스웨덴
핀란드
노르웨이
에스토니아
라트비아
러시아 리투아니아
덴마크
벨로루시
아일랜드 영국 네덜란드
폴란드
벨기에 독일
룩셈부르크
우크라이나
체코
슬로바키아
오스트리아
프랑스 스위스 헝가리 몰도바
슬로베니아
이탈리아 크로아티아 루마니아
보스니아
헤르체고비나 유고
슬라비아
불가리아
포르투갈 스페인
알바니아 마케도니아
그리스
터키
말타
키프로스

강경한 미국에 반해 의견이 나뉜 유럽

유럽은 유럽연합(EU)으로서 미국에 대항할 만한 경제력을 지니고 있으며, 국제 정치의 장에서 미국과 상이한 대응을 보이는 경우가 종종 있다. 이라크를 둘러싼 문제에서도 유럽 각국은 미국을 억제하는 역할을 해냈다. 미국은 애초부터 대량 살상 무기를 갖고 있는 독재 국가 이라크에 대해서는 선제 공격을 불사하겠다는 강경한 입장을 취했으나, 이에 독일은 강력하게 반대를 했고 프랑스는 신중한 자세를 보이며 유엔에서 평화적인 길을 모색해야 한다고 제언했다.

러시아마저 이에 동조하자 미국의 조지 부시 대통령은 이라크에 사찰단을 받아들일 것을 요구하는 유엔 결의를 제안하지 않을 수 없었다. 미국 단독으로라도 이라크를 공격하겠다고 공언하던 부시 대통령이 일단 후퇴하는 것처럼 보였다.

그러나 그후 독일은 소극적이나마 부시의 방침을 용인하는 자세로 변화했고, 영국은 미국을 적극 지지하고 나서며 이라크전쟁에 동참했다.

---

1. 유럽연합 EU : European Union 15쪽에서 설명.
2. 대량 살상 무기 WMD : Weapons of Mass Destruction 19쪽에서 설명.
3. 유엔 UN : United Nations 89쪽 '국제연합(유엔)'에서 설명.
4. 조지 부시 George W. Bush, 1946~ 18쪽에서 설명.
5. 이라크전쟁 Iraq War 21쪽에서 설명.

통화 위기가 확대되는 남미

아르헨티나의 통화 위기
아르헨티나에서 발생한 경제 위기의 영향이 우루과이와 브라질에 번졌을 뿐 아니라 남미 전체, 나아가 미국에까지 확대될 가능성이 있다.

앞날이 불투명한 아르헨티나 경제

현재 남미의 국가들은 아르헨티나 경제 파탄의 영향권에서 벗어나려 필사적으로 노력하고 있다. 경제 위기가 계속되는 아르헨티나에서는 국가나 주(州)가 거액의 재정 적자를 안고 2001년 마침내 1400억 달러에 이르는 대외 채무의 지불 정지(디폴트)를 선언했다. 다시 말해 채무를 갚을 수 없다고 세계에 선언한 것이다.

물가와 실업률이 상승하고 금융 불안이 발생하여 예금자가 예금을 인출하러 은행에 몰려드는 사태가 벌어지자, 대도시에서는 군대가 출동할 정도의 혼란이 빚어지기까지 했다. 이미 국가의 형태를 갖추고 있다고 할 수 없을 상태로 경제는 파탄에 이르고 있다. 이 금융 위기는 이웃 나라 우루과이와 브라질에 번져 남미 전체가 아르헨티나의 경제 상황에 위협받고 있다.

아르헨티나는 100년 전에는 세계에서 가장 부유한 나라로 불렸었으나, 포퓰리즘(대중 영합) 정권의 선심 정책이 계속되어 서서히 쇠퇴 일로를 걸었다. 국민에게 고통을 요구하는 개혁에는 반대가 거세고 어느 날 문득 정신을 차리고 보니 국가 존망의 위기에 직면해 있게 된 것이다. 앞날을 내다보기 힘든 위태로운 상황이다.

---

1. 디폴트 Default
채무 불이행. 디폴트는 채무의 지급을 거부하고 상환하지 않는 채무 불이행 상태를 뜻한다. 만기가 도래한 채무의 원금과 이자를 갚지 못하는 상황이 디폴트로서, 기업에서 디폴트가 발생하면 부도 처리된다. 국가 또한 외환 보유고가 부족하여 정부가 직접 빚을 지거나 지급 보증한 빚을 갚지 못하면 디폴트, 즉 국가 부도 상태가 된다. 이렇게 되면 모든 대외 거래가 중단된다.
*디폴트와 모라토리엄
기본적으로 디폴트는 공·사채에 대한 이자 지불이나 원금 상환이 불가능한 상황을 이르며, 모라토리엄(moratorium)은 부채를 갚을 시기가 되었지만 부채가 너무 많아 일시적으로 상환을 연기하는 것으로 상환할 의사가 있다는 점에서 디폴트와 다르다. 최근 아르헨티나가 디폴트를 선언한 것이나, 모라토리엄을 선언한 것이냐를 놓고 의견이 분분하다. 디폴트의 대표적 사례는 1979년 가을 미국의 상업은행이 이란에 대해 디폴트를 선언한 것이며, 모라토리엄의 대표적 사례는 1982년 멕시코가 국제 수지 적자가 심화한다는 이유로 모라토리엄을 선언한 것이다. 디폴트든 모라토리엄이든 해당 국가는 국제적인 신용을 잃어 대외 거래에서 불이익을 받게 되고, 결국 국제통화기금(IMF)과 같은 기관에 도움을 요청할 수밖에 없는 상황에 처하게 된다.
*국제통화기금 IMF : International Monetary Fund 121쪽에서 설명.
2. 포퓰리즘 Populism
일반적으로 '대중영합주의' 혹은 '민중주의'로 불린다. 현대적 의미의 포퓰리즘은 정치·경제·사회·문화면에서 본래의 목적을 위해서라기보다 대중의 인기를 얻기 위한 것을 말한다. 포퓰리즘은 1870년대 러시아의 브나로드 운동에서 비롯되었는데, 당시의 포퓰리즘은 '민중 속으로'라는 슬로건을 내건 급진주의의 정치 이데올로기였고 청년 귀족들과 학생들이 농민을 주체로 한 사회개혁사상의 중심이었다. 그러나 현대의 포퓰리즘은 단순히 대중화에 초점이 맞추어진 것이다. 특히 정치적인 목적 하에 일반 대중, 저소득층, 중소 기업 등의 지지를 확보하기 위해 취하는 경제 정책에서 자주 볼 수 있다. 정치에 있어 포퓰리즘이란, 1890년대 미국의 양대 정당인 공화당과 민주당에 대항하기 위해 탄생한 인민당이 농민과 노조의 지지를 얻기 위해 경제적 합리성을 도외시한 정책을 표방한 것이 그 근원이다. 아르헨티나의 페론 정권이 대중을 위한 선심 정책으로 국가 경제를 파탄시킨 일로 포퓰리즘은 세계적으로 널리 알려지게 되었다.

국가는 파탄에 이르렀으나 테러 조직이 있는 아프리카

모로코
튀니지
이스라엘
텔아비브
사하라아랍민주공화국
(서사하라)
알제리
리비아
이집트
모리타니
말리
니제르
차드
에러트레아
세네갈
지부티
기니
부르키나파소
베냉
나이지리아
수단
에티오피아
감비아
코트디부아르
소말리아
기니비사우
상투메프린시페
중앙아프리카공화국
케냐
시에라리온
가나
토고
적도기니
카메룬
콩고
르완다
우간다
라이베리아
가봉
콩고민주공화국
부룬디
탄자니아
몸바사
코모로
앙골라
잠비아
말라위
짐바브웨
모잠비크
마다가스카르
나미비아
보츠와나
스와질란드
남아프리카공화국
레소토

☀ 케냐 동시 테러
케냐 몸바사의 호텔에서 자폭 테러가 발생함과 동시에 텔아비브행 이스라엘 여객기가 몸바사를 이륙한 직후 미사일 공격을 받았다.

이스라엘을 표적으로 한 테러가 발생한 케냐

하나의 국가가 더 이상 국가로서 존재할 수 없을 만큼 파탄했을 때, 그 곳에는 테러 조직이 번식하게 된다. 그 예가 아프가니스탄이다. 탈레반은 극단적인 계율을 강요하는 반면에 국가로서의 경영은 전혀 하지 않았다. 그리고 탈레반 정권 하에서 오사마 빈 라덴이 이끄는 테러 조직 알카에다 가 탄생했다.

아프리카의 수단과 소말리아는 마찬가지로 테러 조직의 거점이 되어 온 파탄 국가이다. 수단은 1956년 영국으로부터 독립을 성취했지만, 북부의 이슬람교도와 남부의 그리스도교도 사이에서 내전이 끊이지 않아 국가 기 능은 마비되어 있다. 1989년 이슬람 원리주의 정권이 탄생하여 과격파 조 직의 거점이 되었으나, 동시 다발 테러 이후 수단 정부는 미국에 급속하게 접근하고 있다.

소말리아 또한 내전이 계속되고 있으며 알카에다의 구성원이 숨어들어 테러 조직이 존속하고 있다. 이뿐 아니라 2002년 11월에는 케냐의 몸바사 에서 이스라엘 관광객을 노린 테러가 발생하여 16명이 사망하는 사건이 발생하기도 했다.

---

1. 탈레반 Taleban, Taliban 19쪽에서 설명.
2. 오사마 빈 라덴 Osama Bin Laden, 1957(?)~ 19쪽에서 설명.
3. 알카에다 Al-Queda 25쪽에서 설명.
4. 이슬람교 136쪽에서 설명.
5. 그리스도교 136쪽에서 설명.
6. 동시 다발 테러 18쪽 '2001년 9월 11일에 발생한 동시 다발 테러 사건'에서 설명.

제 1장
세계의 분쟁 · 전쟁

세계의 어디에서 전쟁이 일어나고 있는가?

평화는 언제 찾아올 것인가?

미국은 드디어 이라크를 공격했다.

북한은 예측을 불허하는 태도를 보이고 있다.

지역 분쟁과 테러는

팔레스타인 · 소말리아 · 체첸 · 필리핀 · 발리로 확대되어

눈에 보이지 않는 공포로

우리의 생활을 끊임없이 위협하고 있다.

왜 그곳에서 문제가 발생해야 하는가?

그 진상에 다가간다.

한눈에 알 수 있는 요점

- 팔레스타인 문제
- 이라크 문제
- 아프가니스탄 내전
- 쿠르드족 문제
- 카슈미르 문제
- 체첸 문제
- 유고슬라비아 민족 문제
- 한반도 문제
- 중국·타이완 문제
- 티베트 독립 운동
- 신장웨이우얼 독립 운동
- 난사군도 영유권 문제
- 인도네시아 독립 운동
- 민다나오 분쟁
- 소말리아 내전
- 일본의 영토 문제

냉전이 끝났지만 세계에 평화는 찾아오지 않고 도처에서 지역 분쟁이 계속되고 있다. 다음 페이지의 지도에 나타낸 것은 분쟁의 일례로, 매스컴에 자주 등장하는 곳도 있고 그다지 알려지지 않은 곳도 있다. 종교, 민족, 이권을 둘러싸고 세계 각지에서 피비린내 나는 싸움이 벌어지고 있는 것이다.

냉전 시대에는 '미국 대 소련'이라는 대결 구도 속에 각국이 편입되어 있어 민족과 종교의 차이에 의한 분쟁이 억제되고 있었으나, 그 벽이 무너짐으로써 종교 분쟁과 민족 분쟁이 빈발하게 되었다. 구유고슬라비아의 내전이나 걸프전쟁 등은 냉전 종식에 의해 시작된 전쟁이었다.

분쟁 가운데 특히 심각한 것이 중동 지역의 분쟁이다. '영토와 종교, 민족'이라는 대의를 둘러싼 싸움은 점점 수렁에 빠져 들어갈 뿐이다. 평화를 향해 나아가기 시작했던 시계의 톱니바퀴가 반대 방향으로 나아가고 있는 것이다. 더욱이 2001년에 있었던 9·11테러 이후에는 '테러와의 전쟁'이 키워드가 되었고, 아프가니스탄에 대한 미군 등에 의한 공격이 그 예이다.

지역 분쟁은 저마다 나름대로의 역사와 이유를 갖고 있다. 그럼 여기에서 세계의 어디에서, 왜 분쟁이 일어나고 있는지를 살펴보자.

세계의 분쟁 · 전쟁 지역

한반도 문제

일본의 영토 문제

중국 · 타이완 문제

민다나오 분쟁

난사군도 영유권 문제

인도네시아 독립 운동

팔레스타인 잠정 자치구

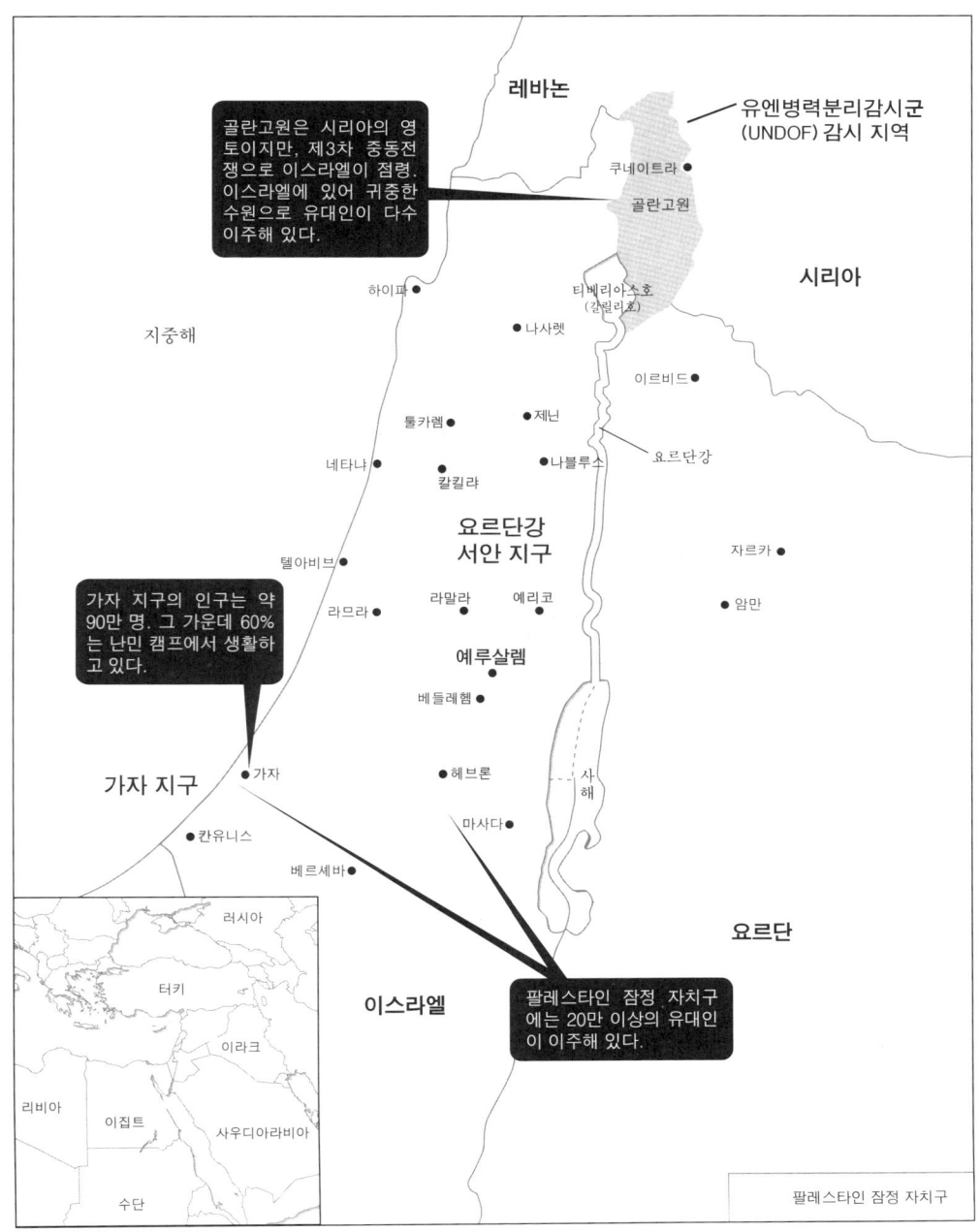

골란고원은 시리아의 영토이지만, 제3차 중동전쟁으로 이스라엘이 점령. 이스라엘에 있어 귀중한 수원으로 유대인이 다수 이주해 있다.

유엔병력분리감시군 (UNDOF) 감시 지역

레바논

쿠네이트라

골란고원

시리아

하이파

티베리아스호 (갈릴리호)

지중해

나사렛

이르비드

툴카렘

제닌

요르단강

네타냐

나블루스

칼킬랴

요르단강 서안 지구

자르카

텔아비브

라말라

에리코

암만

가자 지구의 인구는 약 90만 명. 그 가운데 60%는 난민 캠프에서 생활하고 있다.

라므라

예루살렘

베들레헴

가자 지구

가자

헤브론

사해

칸유니스

마사다

베르세바

요르단

이스라엘

팔레스타인 잠정 자치구에는 20만 이상의 유대인이 이주해 있다.

러시아

터키

이라크

리비아

이집트

사우디아라비아

수단

팔레스타인 잠정 자치구

'신의 땅' 예루살렘을 둘러싼 끝없는 보복 테러

비참한 분쟁이 계속되고 있는 이스라엘 · 팔레스타인 대립의 근본적인 원인은 '예루살렘은 과연 누구의 것인가?'라는 데에 있다. 예루살렘은 유대교와 이슬람교 양쪽 모두에게 성지이기 때문이다. 1949년 유엔이 팔레스타인을 유대 국가와 아랍 국가로 분할할 것을 결의하면서 예루살렘만은 국제 관리 지역으로 지정했다. 하지만 거듭된 중동전쟁의 결과, 현재 예루살렘 전역을 이스라엘이 지배하고 있다.

성지가 모여 있는 곳은 예루살렘의 구시가지이다. 유대 국가의 성전이 있었던 유적지에 남아 있는 통곡의 벽, 이슬람교의 창시자 마호메트가 천국을 보러 갔다 올 때 지나갔다는 바위돔, 그리고 예수가 십자가에 걸린 장소에 세워졌다는 성묘교회가 불과 사방 1km의 시가지에 모여 있다.

▼예루살렘 구시가지

이슬람교도 지구
그리스도교도 지구
성묘교회
비위돔사원
통곡의 벽
아르메니아인 지구
유대교도 지구
알아크사 사원

1. 유대교 137쪽에서 설명.
2. 이슬람교 136쪽에서 설명.
3. 유엔 89쪽 '국제연합(유엔)'에서 설명.
4. 중동전쟁 Arab-Israeli Wars
1) 제1차 중동전쟁 : 제2차 세계대전 이후 유대 난민에 대량 유입되어 분쟁이 격화되던 중 1948년 5월 14일 영국군이 물러나자, 유대인은 이스라엘의 독립을 선언했다. 그러자 5월 16일 이집트를 비롯한 아랍 측의 2만 병력이 팔레스타인을 침입했으나 아랍 측은 패퇴를 거듭했고 1949년 유엔의 조정으로 휴전이 성립되었다. 이 전쟁으로 100만의 팔레스타인 난민이 발생했고 아랍 게릴라가 조직되었다.
2) 제2차 중동전쟁 : 1956년 이집트의 초대 대통령 나세르는 수에즈운하를 국유화하여 이스라엘로 향하는 선박의 통행을 거부했다. 이에 이스라엘은 1956년 10월 29일 시나이반도를 침공했고 곧이어 영국과 프랑스가 수에즈운하를 공격했다. 유엔은 같은 해 11월 14일 이스라엘군의 즉시 철수와 유엔군 파견 결의를 채택했고, 이스라엘은 1957년 점령지에서 철수했다.
3) 제3차 중동전쟁 : 제2차 중동전쟁 이후 아랍 게릴라가 활동하기 시작했는데, 이스라엘은 게릴라의 기지가 된 시리아에 1967년 4월 대규모 공격을 감행했다. 이에 이집트는 대군을 시나이반도에 투입하여 전투가 개시되었고 전장은 확대되었다. 이스라엘은 시나이반도를 점령했으며 요르단강 서안 지역, 골란고원을 공략했다. 1967년 6월 유엔의 안전보장이사회가 정전을 결의했고 양측이 이를 수락하여 정전되었다.
4) 제4차 중동전쟁 : 이집트의 대통령이 된 사다트는 1973년 10월 6일 이스라엘에 기습 선제 공격을 가해 서전에서 승리를 거두었으나, 시리아군이 패퇴하여 전선은 고착화되었다. 유엔은 즉시 1967년 정전의 이행을 내용으로 하는 결의안을 채택했고 당사국이 수락하여 정전되었다. 이 전쟁중에 아랍석유수출국기구(OAPEC)가 석유의 생산 제한과 수출 금지를 실시하여 세계는 심각한 석유 파동을 겪으며 막대한 타격을 입어야 했다.
* 안전보장이사회 Security Council 89쪽에서 설명.
* 아랍석유수출국기구 OAPEC : Organization of Arab Petroleum Exporting Countries 119쪽에서 설명.
* 석유 파동 91쪽에서 설명.
5. 팔레스타인해방기구 PLO : Palestine Liberation Organization
팔레스타인 독립 국가의 건설을 목표로 1964년 결성된 비밀 저항 조직. 1969년 아라파트가 PLO 의장으로 선출되면서 항공기 납치, 뮌헨올림픽 대학살, 자살 특공대 차량 폭탄 테러 등 서방 국가에 대한 무차별 테러를 자행해 악명을 떨치며 팔레스타인 문제를 국제적 이슈로 부상시켰다. 1973년 10월 제4차 중동전쟁 이후 아라파트는 PLO가 테러에 개입하지 않는 대신 국제 사회가 PLO를 인정해 줄 것을 요청, 1974년 10월 아랍 정상 회담에서 PLO를 400만 팔레스타인인의 유일한 합법 기구로 인정했고 12월 유엔도 PLO를 정식 옵서버로 인정했다. 1988년 11월 PLO는 팔레스타인 독립 국가의 수립을 선언했는데, 모든 테러를 중지하고 평화를 지키겠다는 조건을 내세워 팔레스타인 자치 정부 수립을 요구하여 70개국의 승인을 얻었다. 현재는 팔레스타인 자치 정부로 변신해 합법적으로 존속하고 있으며, 100개국 이상에 대표부 또는 사무소를 설치하고 있다.

역사의 흐름 팔레스타인 문제

1947년	유엔이 팔레스타인 분할안을 결의	1973년	제4차 중동전쟁
1948년	이스라엘 독립 선언	1979년	팔레스타인 잠정자치협정 체결
	제1차 중동전쟁	1981년	안와르 엘 사다트 이집트 대통령 암살
1956년	이집트, 수에즈운하를 국유화	1987년	이스라엘 점령 지역에서 인티파다(팔레
	제2차 중동전쟁		스타인인의 저항)
1964년	팔레스타인해방기구(PLO) 결성	1988년	PLO가 팔레스타인 국가 수립을 선언
1967년	이스라엘이 가자, 골란고원, 요르단강 서	1995년	이츠아크 라빈 이스라엘 총리 암살
	안을 점령(6일전쟁)	1996년	팔레스타인 잠정 자치 정부가 성립
	제3차 중동전쟁	2001년	아리엘 샤론이 이스라엘 총리에 선출
1969년	아라파트가 PLO의장에 선출		

중요 인물 **야세르 아라파트 의장**

1929년 팔레스타인에서 태어나 이집트의 카이로대학을 졸업했다. 팔레스타인 땅에 팔레스타인인의 국가를 세우는 것을 목표로 하는 PLO의 의장이자 팔레스타인 주민의 자치를 인정하기 위해 성립한 자치 정부의 의장이다. 과거에 자주 궁지에 빠지면서도 부활했기 때문에 '불사조'라고 불린다. 최근에는 지도력이 저하하고 있다는 지적을 받고 있기는 하다. 그러나 이스라엘에 대한 팔레스타인 과격파의 테러 사건이 발생할 때마다 이스라엘군은 아라파트 의장을 감금하는데, 그 결과 아라파트 의장에 대한 팔레스타인 주민의 지지율이 상승하는 아이러니한 사태가 되풀이되고 있다. 2004년 11월11일 지병으로 사망했다.

6. 안와르 엘 사다트 Anwar el-Sadāt, 1918~1981
이집트의 군인이자 정치가. 1951년 국무장관을 시작으로 아랍사회주의자연합의 서기장, 국민의회 의장을 거쳐 1970년 10월 제3대 대통령으로 취임하여 사망할 때까지 대통령을 지냈다. 현실주의적인 온건 노선을 취하여 1977년 이스라엘을 방문하고 중동 평화의 길을 열어 이 공로로 1978년 이스라엘의 메나헴 베긴 총리와 함께 노벨 평화상을 수상했으며, 1979년 이스라엘과의 평화 조약에 조인했다. 이처럼 중동 평화의 주역을 담당하던 그는 1981년 10월 6일 카이로 근교에서 열린 한 기념식장에 참석했다가 총격을 받고 사망했다.
*메나헴 베긴 Menachem Begin, 1913~1992 166쪽에서 설명.
7. 인티파다 Intifadah
'봉기'라는 뜻의 아랍어로, 팔레스타인인의 반이스라엘 민중 투쟁. 1987년 12월 8일 이스라엘 군용 트럭과의 사고로 팔레스타인인 4명이 사망하는 사고가 일어나자 팔레스타인인들은 며칠 전에 있었던 유대 청년의 죽음에 대한 보복이라고 주장했는데, 이를 계기로 이스라엘의 차별 정책에 대한 불만이 폭발하며 확산된 민중 주도의 저항 운동이다. 팔레스타인인들은 무기 사용을 억제하고 맨손과 돌로 저항했으며 투쟁은 7년 간 이어졌다. 이후 2000년 샤론 당시 이스라엘 리쿠드당 당수(현재 이스라엘 총리)의 알아크사원 방문에 저항하는 팔레스타인인의 항의 시위를 이스라엘이 강경 진압하며 유혈 충돌로 확산되어 제2차 인티파다가 일어나 현재까지 계속되고 있다.
8. 이츠아크 라빈 Yitzhak Rabin, 1922~1995
이스라엘의 정치가. 1967년 제3차 중동전쟁에서 6일 만에 아랍 군대를 대파함으로써 전쟁 영웅으로 부상한 후 1968년 정치에 입문. 메이어 내각이 제4차 중동전쟁으로 무너지자 그해 6월 이스라엘 최초의 본토 출신 총리로 선출되나 1977년 퇴임했다. 1992년 다시 총리로 당선되어 1993년 PLO 의장 아라파트와 팔레스타인자치원칙선언을 체결하고, 요르단 국왕과의 정상 회담을 가져 46년 간의 적대 관계를 청산하여 중동의 긴장 완화 시대를 열었다. 이 공로로 1994년 아라파트와 이스라엘 외무장관 시몬 페레스와 함께 노벨 평화상을 공동 수상했으나 1995년 극우파에게 암살당했다.
9. 아리엘 샤론 Ariel Sharon, 1928~ 7쪽에서 설명
10. 야세르 아라파트 Ysirā Arafāt, 1929~

제2차 걸프전쟁이 벌어진 이라크

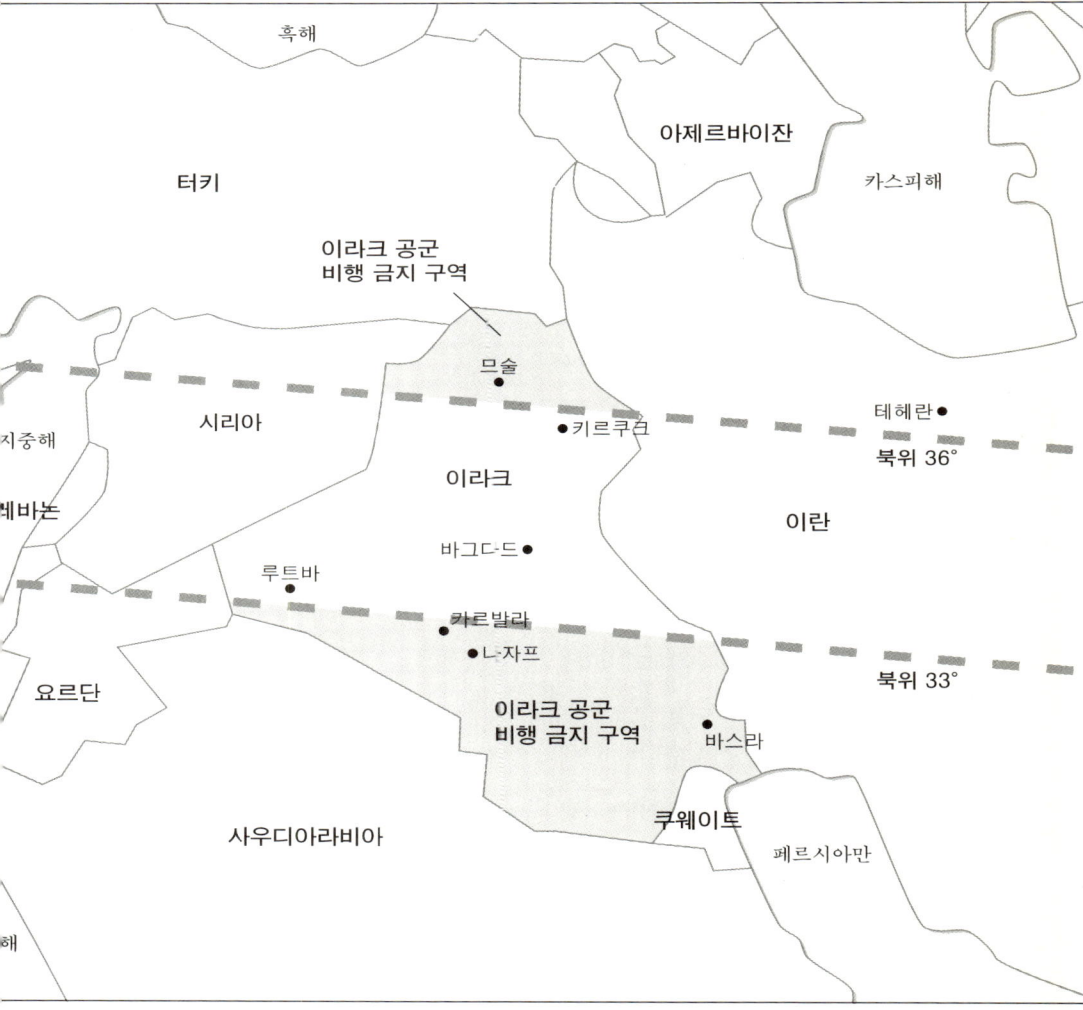

흑해

아제르바이잔

카스피해

터키

이라크 공군
비행 금지 구역

시리아

모술

지중해

키르쿠크

테헤란●

북위 36°

레바논

이라크

바그다드●

이란

루트바

카르발라
●
●L-자프

북위 33°

요르단

이라크 공군
비행 금지 구역

바스라●

사우디아라비아

쿠웨이트

페르시아만

---

1. 걸프전쟁 Gulf War 46쪽에서 설명.
2. 유엔 UN : United Nations 89쪽 '국제연합(유엔)'에서 설명.
3. 시아파 136쪽에서 설명.
4. 비행 금지 구역 No Fly Zone
1991년 걸프전쟁 종결 후 미국·영국·프랑스가 이라크 남부와 북부 영공에 설정한 2곳으로 이라크가 주권을 행사할 수 없는
구역. 비행 금지 구역은 엄연한 이라크 영공이지만 이라크가 아닌 미국 등이 주권을 행사한다. 이라크 공군기가 날 수 없을 뿐
아니라 레이더 추적 등 공격적이라고 간주되는 행위는 일체 금지된다. 북부 비행 금지 구역은 쿠르드족 보호를 명분으로 설정되
었고, 남부 비행 금지 구역은 걸프전쟁 뒤 이라크가 남부 시아파 이슬람교도에게 보복하자 설정되었다. 이곳에는 미국·영국·
사우디아라비아·쿠웨이트 전투기들이 정찰중이며 프랑스는 정찰 비행 임무에서 탈퇴했다. 이라크 측은 비행 금지 구역에 대한
인정을 거부하고 비행 금지 구역 상공을 초계중이던 영국군 소속 전투기에 대공포를 발사하는 등 문제를 일으켰다.

미국은 왜 이라크를 공격했을까?

미국은 이라크의 사담 후세인을 적으로 삼아 왔다. 그것은 1991년에 있었던 걸프전쟁의 연장이라고 할 수 있다. 1990년 8월 이라크의 병력이 돌연 국경을 넘어 남동쪽의 인접 국가인 쿠웨이트에 침공했다. 풍부한 석유 자원이 목표였다. 유엔은 이라크군의 무조건 철수를 요구하는 결의를 채택했고 1991년 1월 15일까지 철수하지 않을 경우, 이라크군을 배제하기 위한 모든 수단을 강구할 것을 인정했다. 미군이 중심이 된 다국적군은 이 결의를 근거로 이라크를 공격했는데, 이것이 걸프전쟁이다.

▼ 레프트 훅 펀치

1991년 2월 미군을 중심으로 한 다국적군의 이라크군 공격

미군은 1991년 1월 17일부터 한 달 이상 공중 폭격으로 이라크군을 두들긴 다음 2월 24일 지상전에 돌입했다. 공중 폭격으로 혼줄이 난 이라크군은 전의를 상실하고 차례로 항복해 와 지상전은 100시간 만에 싱겁게 끝났다. 이때 미군은 이라크군이 점령한 쿠웨이트에 해상으로 상륙할 것 같은 작전을 전개하다 실제로는 사우디아라비아를 통해 육로로 들어갔다. 이라크 육군은 사우디아라비아와의 국경을 따라 방어 진지를 쌓고 있었으나, 다국적군은 진지를 정면으로 공격하지 않고 우회하여 서쪽을 진공했다. 이 공격은 왼쪽에서 들어가는 펀치처럼 보인다고 '레프트 훅 펀치 공격'이라고 불렀다.

---

5. 대량 살상 무기 WMD : Weapons of Mass Destruction 19쪽에서 설명.
6. 바트당 Arab Social Renaissance Party
단일 사회주의 국가 건설을 목표로 하는 아랍권의 정당. 아랍사회주의부활당이라고도 한다. 1943년 시리아의 다마스쿠스에서 창설되었고 시리아와 이라크의 집권당이었으나, 이라크에서는 이라크전쟁 이후 괴멸되었다.
7. 안전보장이사회 Security Council 89쪽에서 설명.
8. 쿠르드민주당 KDP : Kurdistan Democratic Party
이라크 북부 터키 접경 지역에서 활동하는 쿠르드족 무장 단체로, 미국과 영국 공군의 보호 아래 경쟁 단체인 PUK와 함께 이라크 북부 지역을 공동 관할하고 있다.
9. 쿠르드애국동맹 PUK : Patriotic Union of Kurdistan
이란 접경 지역을 활동 무대로 하는 쿠르드족 단체. 좌파 이데올로기에 편향되어 왔지만 최근 들어 미국과의 관계를 점차 강화하고 있다. KDP와 PUK가 보유하고 있는 무장 민병 조직 규모는 총 8만 명으로, 이들은 후세인 제거 후 쿠르드족 자치가 보장

　　이라크 국내에서는 다국적근의 공격에 호응하여 북부에서 쿠르드족이, 남부에서 시아파가 반란을 일으켰다. 이라크군이 이들을 가혹하게 탄압했기 때문에 북위 36°로부터 북쪽과 북위 33°로부터 남쪽을 이라크 공군의 비행 금지 구역으로 지정하고 기군과 영국군이 상공을 초계 비행했다.

　　그후 유엔의 사찰 결과, 이라크가 대량 살상 무기를 개발하고 있었음이 밝혀져 시설은 파괴되었으나, 사찰은 중단되었다. 이 때문에 부시 대통령은 대량 살상 무기의 개발을 재개했다며 이라크를 공격한 것이다.

역사의 흐름　이라크 문제

1932년	이라크왕국 성립	1997년	쿠르드족 자치구에서 쿠르드민주당(KDP)과 쿠르드애국동맹(PUK)이 교전
1963년	바트당에 의한 쿠데타		
	사담 후세인의 대두	1998년	유엔의 대량 살상 무기의 사찰 거부에 대해 미국 · 영국이 공습
1979년	사담 후세인이 대통령에 취임		
1980년	이란 · 이라크전쟁	2002년	유엔이 이라크에 대량 살상 무기의 사찰을 요구
1988년	이란 · 이라크전쟁 정전 합의		
1990년	이라크, 쿠웨이트에 침공	2003년	3월 20일 이라크전쟁 개전
	안전보장이사회, 경제 제재를 결으		5월 1일 이라크전쟁 종전 선언
1991년	다국적군의 압도적 승리로 정전		

중요 인물　사담 후세인

유복자로 태어나 외삼촌의 손에 성장했다. 생모는 재혼하여 3명의 의붓 형제가 있는 등 복잡한 가정 환경 속에서 성장했으며 20세에 '아랍의 통일'을 목표로 하는 바트당에 입당했다. 1958년 카셈 장군이 쿠데타로 정권을 잡자, 바트당원으로서 카셈 암살을 기도했다가 실패하여 시리아를 거쳐 이집트에 망명했다. 1963년 바트당이 정권을 잡자 귀국, 정적을 차례로 쓰러뜨리며 권력의 계단을 올랐다. 고대 왕국 신바빌로니아의 영웅 네브카드네자르(느부갓네살)의 재래를 자임하고 있다. 2003년11월에 미군에게 체포되어 이라크 특별 법정에서 사형선고를 받고 2006년 12월 30일 사형당했다.

하고 있다. KDP와 PUK가 보유하고 있는 무장 민병 조직 규모는 총 8만 명으로, 이들은 후세인 제거 후 쿠르드족 자치가 보장되어야 한다고 요구하고 있다. 1970년대 들어 터키의 쿠르드노동자당(PKK)과 함께 PUK 등이 주도하는 독립 운동으로 각국에 내전이 빌발, 약 10년 간 4만 명 이상이 죽고 250만 명 디상의 난민이 발생했다.
* 쿠르드노동자당 PKK : Kurdistan Workers Party 47쪽에서 설명.
10. 이라크전쟁 Iraq War 21쪽에서 설명.
11. 사담 후세인 Saddam Hussein, 1937~
12. 카셈 Kassem, 1914~1963
이라크의 정치가. 1958년 왕정을 종식시키고 공화국을 선언하며 스스로 총리 겸 국방장관이 되었으나 국민의 지지를 얻지 못하던 중 쿠데타로 살해당했다.

동시 다발 테러로 국제무대에 재등장한 아프가니스탄

아프가니스탄에 과연 평화는 찾아올까?

2001년 미국에서 일어난 9 · 11 동시 다발 테러는 '잊혀진 나라' 아프가니스탄을 국제무대에 재등장시키는 계기가 되었다.

아프가니스탄은 국민 대부분이 이슬람교도인 조용한 왕국이었으나, 1973년 자히르 샤 국왕이 요양을 위해 이탈리아에 머물고 있을 때 모하마드 다우드 칸 전 총리가 쿠데타를 일으켜 국왕을 추방하고 공화제를 선언했다. 다우드 칸은 친소련계인 인민민주당을 탄압했고, 소련은 이에 분노하여 인민민주당을 지원했으며 그에 힘입은 인민민주당이 쿠데타로 권력을 잡았다. 그러나 이번에는 인민민주당이 분열하여 당 내 친소련 그룹은 탄압을 받기에 이르렀다. 이에 위기감을 느낀 소련은 1979년 2월 군대를 동원하여 무력으로 친소련 정권을 수립했는데, 이것이 바로 소련군의 아프가니스탄 침공이다.

소련군이 침공해 오자, 미국의 지원을 받은 이슬람교도는 게릴라 투쟁을 펼쳤다. 게다가 이슬람 세계의 각지로부터 소련군과 싸우려는 무자헤딘(이슬람 성전의 전사)이 몰려들었는데, 이들 가운데 9 · 11테러의 배후 인물이라고 미국이 지명한 오사마 빈 라덴도 있었다.

소련군은 게릴라의 저항에 고전하여 1만 5000명의 사망자를 낸 채 1989년 물러갔으며, 소련군이 물러가자 소련의 지원을 받던 정권 또한 붕괴될 수밖에 없었다. 이슬람교도 게릴라가 정권을 잡았지만, 이번에는 게릴라

---

1. 9 · 11 동시 다발 테러 18쪽 '2001년 9월 11일에 발생한 동시 다발 테러 사건'에서 설명.
2. 이슬람교 136쪽에서 설명.
3. 자히르 샤 Zahir Shah, 1914~
아프가니스탄의 국왕(재위 1933~1973). 외유중 사촌인 모하마드 다우드 칸 대장이 쿠데타로 정권을 장악하고 왕정을 폐지하자, 이탈리아로 망명했다. 이라크전쟁 후 복위 논란이 있었으나, 소련의 침공으로 아프가니스탄 국민이 고생하는데도 망명 생활중 호화로운 생활을 누렸으며 고령이라는 이유로 일부 국민으로부터 반감을 사 복위하지 못했다.
*이라크전쟁 Iraq war 21쪽에서 설명.
4. 모하마드 다우드 칸 Mohammad Daud Khan, 1909~1978
5. 무자헤딘 Mujaheddin
'성스러운 회교 전사'라는 뜻으로, 종교를 지키기 위해 지하드(성전)에 뛰어든 이슬람 전사를 가리킨다. 대개의 경우 이슬람 국가의 반정부 단체나 무장 게릴라 조직이 자신들을 일컫는 말이다. 예를 들어 이라크 내부에 근거지를 둔 이란 반정부 단체의 이름은 무자헤딘할크이다. 아프가니스탄에서는 침공한 소련군에 맞서기 위해 전 세계에서 모여든 이슬람 전사들을 가리키는 말로도 쓰였는데, 아프가니스탄에 공산 정권이 들어선 1979년 이래 산악 지방을 근거지로 한 반정부 이슬람교 저항 전사들의 활약이 두드러지면서 널리 알려졌다.
6. 오사마 빈 라덴 Osama Bin Laden, 1957(?)~ 19쪽에서 설명

끼리의 내전이 시작되었다. 하지만 미국은 소련군이 물러간 아프가니스탄에 흥미를 잃었고 아프가니스탄은 '잊혀진 국가'가 되어야 했다.

내전의 결과 정권을 장악한 것은 이슬람교를 극단적으로 해석하는 신학생 집단 탈레반으로, 국민에게 엄격한 계율을 강요하고 바미안대불을 파괴했다. 탈레반에 대항하는 북부동맹은 아메드 샤 마수드 장군이 군사 지휘를 잡았으나, 9·11테러 직전 탈레반의 테러리스트에 의해 암살당했다. 그러나 그후 탈레반은 미군의 공격에 의해 괴멸했다.

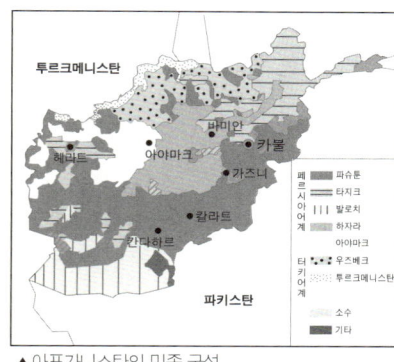

▲ 아프가니스탄의 민족 구성

▲ 카불 시가지

중요 인물   하미드 카르자이 대통령

2002년 6월, 아프가니스탄 잠정 정부의 대통령에 선출된 하미드 카르자이는 아프가니스탄 남부의 우르즈간주(州)에서 1957년에 태어났다. 아프가니스탄 국내 최대 민족인 파슈툰족 출신으로, 조부와 부친 모두 왕국 시대의 국회의장을 지낸 명문 출신이다. 수도 카불의 고등학교를 졸업한 후 인도의 대학에서 수학했고 소련군이 침공했을 때 무자헤딘으로 싸웠다. 소련군 철수 후 이슬람 정권의 외무차관에 취임했으나, 탈레반이 정권을 잡고 나서는 파키스탄과 미국에서 망명 생활을 했다.

---

7. 탈레반 Taleban, Taliban 19쪽에서 설명.
8. 아메드 샤 마수드 Ahmed Shah Massoud, 1953~2001
아프가니스탄의 반군 북부동맹을 이끌던 지도자로, 기자를 사칭한 괴한들의 자살 폭탄 테러로 9·11테러가 있기 이틀 전 사망했다. 정확한 배후는 밝혀지지 않았으나, 9·11테러 후 미국이 보복해 올 것을 예상한 빈 라덴이 미국과 강력한 동맹을 맺을 가능성이 농후한 조직인 북부동맹의 마수드 사령관을 사전에 제거한 것이라는 추측이 있다.
9. 하미드 카르자이 Hamid Karzai, 1957~

분열되어야 했던 비극의 민족 쿠르드족 거주 지역

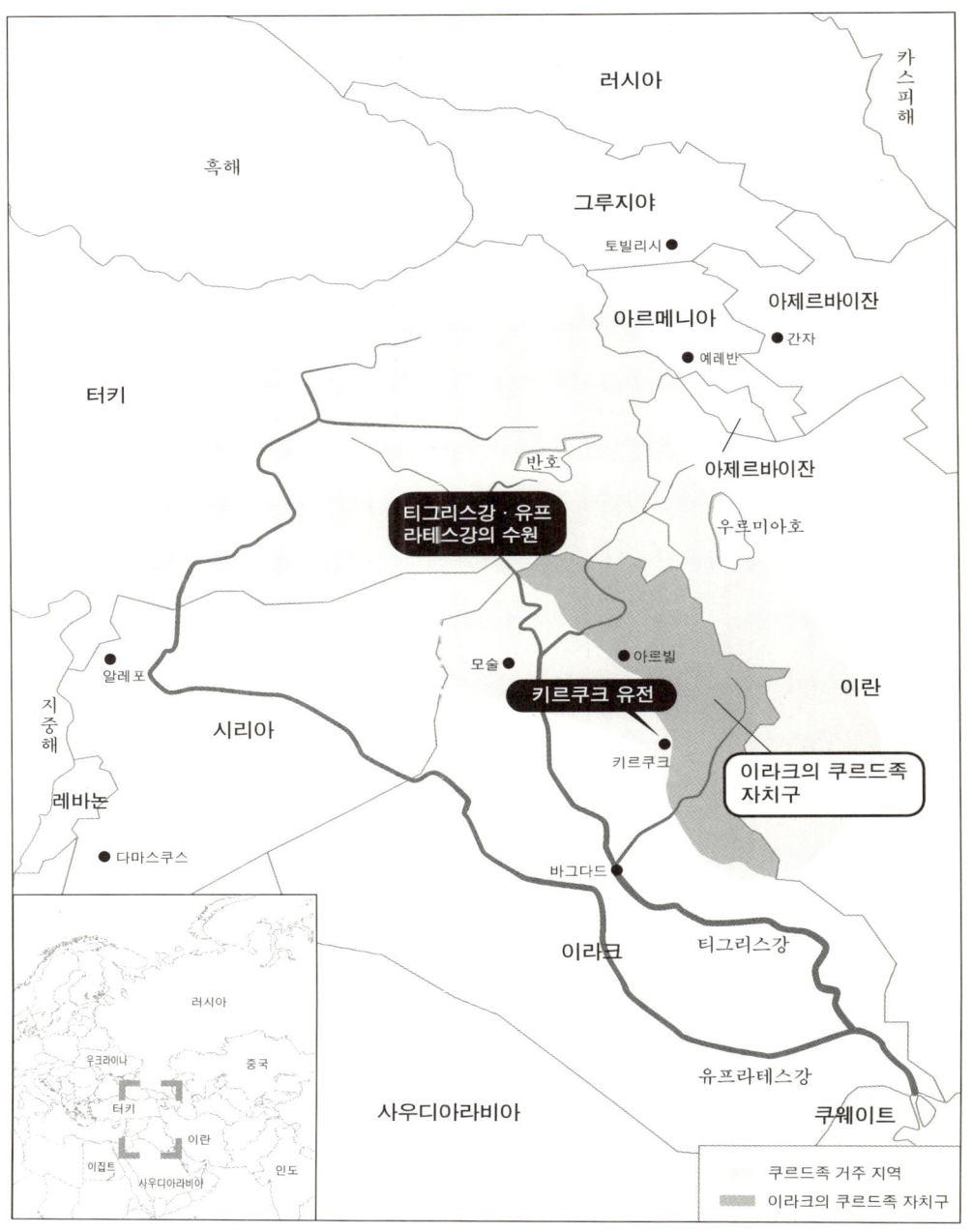

나라를 갖지 못하는 최대 민족 쿠르드족은 독립할 수 있을까?

쿠르드족은 이란 · 이라크 · 시리아 · 터키 · 아르메니아의 5개국에 흩어져 있으며 총인구는 2500만 명이 넘는다. 그러나 '비극의 민족'이라고 불리며 각국에서 소수 민족의 비애를 맛보며 살아가고 있다. 원래 쿠르드족은 오스만투르크 내부의 '쿠르디스탄'(쿠르드족의 땅)이라는 지역에 모여서 살고 있었다. 그러나 제1차 세계대전 후 영국과 프랑스가 중동을 분할할 때, 쿠르디스탄은 독립을 이루지 못하고 여러 나라의 국경선이 그어지며 인위적으로 나뉘고 말았다.

각 나라 속에서 소수파가 된 쿠르드족은 독립 국가의 건설을 목표로 삼고 있는데, 이것을 주변 나라들이 이용하고 있다. 이를테면 이란과 이라크가 대립하면, 이란 국내에서 반정부 운동을 전개하는 쿠르드족을 이라크가 지원하고 이란은 이라크 국내의 쿠르드족을 지원하는 식이다. 쿠르드족 거주 지역 가운데 이라크 북부에는 키르쿠크 유전이 있고, 터키 남동부에는 티그리스강과 유프라테스강의 수원이 있다. 매우 귀중한 자원인 석유와 물이 쿠르드족 거주 지역에 있기 때문에 이라크도 터키도 쿠르드족의 독립 국가 건설을 인정하려 하지 않는 것이다.

걸프전쟁에서 이라크가 다국적군에게 패배하자, 이 틈을 타 이라크 북부의 쿠르드족이 반란을 일으켰으나 이라크군에 의해 진압되어 커다란 희

---

1. 오스만투르크
13세기 말 이후 셀주크투르크에 대신하여 소아시아를 중심으로 형성된 투르크족의 이슬람 국가(1299~1922). 오스만 1세가 건국했다 하여 오스만투르크라고 불렀다.

2. 걸프전쟁 Gulf war
이라크의 쿠웨이트 침공이 계기가 되어 1991년 1월 17일에서 2월 28일 사이에 미국 · 영국 · 프랑스 등 33개 다국적군이 이라크를 상대로 벌인 전쟁. 이라크 대통령 사담 후세인은 쿠웨이트가 원유 시장에 물량을 과잉 공급하여 유가를 하락시켜 이라크 경제를 파탄에 빠뜨렸다고 비난해 오던 중, 1990년 8월 쿠웨이트를 침공하여 통치권을 행사했다. 쿠웨이트 왕가는 사우디아라비아에 피신하여 망명 정부를 수립했다. 미국을 중심으로 한 서방 국가들은 이라크군의 즉각 철수와 쿠웨이트 왕정 복구, 대이라크 무역 제재 등을 내용으로 하는 유엔 결의안을 통과시켜 이라크 응징을 결의했다. 또한 유엔안전보장이사회는 1991년 1월 15일까지 쿠웨이트에서 철군하지 않을 경우 이라크에의 무력 사용을 승인하는 결의안을 통과시켰고, 이를 전후하여 미국이 대이라크전에 대비하여 다국적군을 결성함으로써 33개국의 다국적군 68만 명이 페르시아만 일대에 집결했다. 우리 나라 역시 5억 달러의 지원금을 분담하고 의료진 200명, 수송기 5대를 파견하여 다국적군의 일원이 되었다. 미국은 이라크의 철수 시한 이틀 뒤인 1991년 1월 17일 대공습을 단행했다. 1개월 간 10만 여 회에 걸친 공중 폭격을 감행하여 이라크의 주요 시설을 파괴한 뒤 2월 24일 전면 지상전에 돌입했으나, 지상전 개시 불과 100시간 만인 2월 28일 종전을 선언했다. 걸프전쟁의 결과 중동은 미국의 절대적 영향 하에 새로운 질서로 재편되는 계기를 맞이했다. 걸프전쟁은 유엔의 결의에 따른 집단 안보를 위한 조치로 행해진 전쟁으로, 그 특징으로 첫째 하이테크 병기의 실험장이었으며, 둘째 대중 매체를 이용하여 여론을 조작한 전쟁이었으며, 셋째 산유 지역에서 산유국끼리 정면 대결한 전쟁이었다는 점을 꼽을 수 있다.

생을 치러야 했다. 그래서 미국은 이라크 북부에 쿠르드족 보호 구역을 설정하여 이라크 공군기의 비행을 금지했고 여기에 쿠르드족 자치구가 탄생했다.

역사의 흐름 쿠르드족 문제

1921년	이라크왕국 건국
1923년	터키공화국 건국
1945년	이란에서 쿠르드민주당(KDP) 결성
1978년	쿠르드노동자당(PKK) 결성
1984년	PKK가 무장 투쟁을 개시
1999년	터키 국가치안재판소가 PKK의 당수 오잘란에게 사형을 판결 PKK가 무장 투쟁 중지를 선언
2000년	오잘란의 형 집행은 유럽인권재판소의 심리 종료까지 연기 PKK가 당 대회에서 무력 투쟁 포기를 결정

중요 인물 압둘라 오잘란 당수

터키 국내에서 쿠르드족의 분리 독립을 요구하며 투쟁을 계속해 온 PKK의 당수. 터키와 대립하는 시리아의 지원을 받아 1984년부터 터키 정부에 대한 게릴라 투쟁을 거듭했으나, 터키 정부의 철저한 탄압으로 100만 명이 넘는 난민이 발생했다. 오잘란 당수는 1999년 터키 정부에 체포되었는데, 옥중에서 무장 투쟁의 중지를 호소하여 지지자들로부터 '전향자'라는 비난을 받았다. 터키 법정은 사형을 선고했으나, 유럽인권재판소가 터키 법정의 재판은 불공정했다고 비판을 하여 터키 정부는 사형 집행을 미루고 있다.

---

3. 쿠르드민주당 KDP : Kurdistan Democratic Party 40쪽에서 설명
4. 쿠르드노동자당 PKK : Partiya Karkeren Kurdistan(Kurdistan Worker's Party)
터키의 반정부 무장 단체. 오잘란이 1978년 터키로부터의 쿠르드 민족의 분리 독립을 외치며 창설했다. 터키 정부의 탄압을 피해 오잘란이 시리아로 도망가 1984년 무장 단체로 전환했다. 정부 고위직을 표적으로 폭탄 테러와 살인을 저질렀으며 지지를 거부하는 쿠르드 시민을 살해하기도 했다.
5. 유럽인권재판소 European Court of Human Right
유럽인권조약에 의해 1959년에 설립한 인권 구제 기관. 유럽인권조약은 1948년 유엔에서 채택한 세계인권선언에 따른 권리를 강화하기 위해 만든 것으로, 1953년 발표되었다. 2000년 현재 41개국이 가입했으며 프랑스 스트라스부르에 본부를 두고 있다.
6. 압둘라 오잘란 Abdullah Ocalan, 1948~

카슈미르의 각국 지배 지역

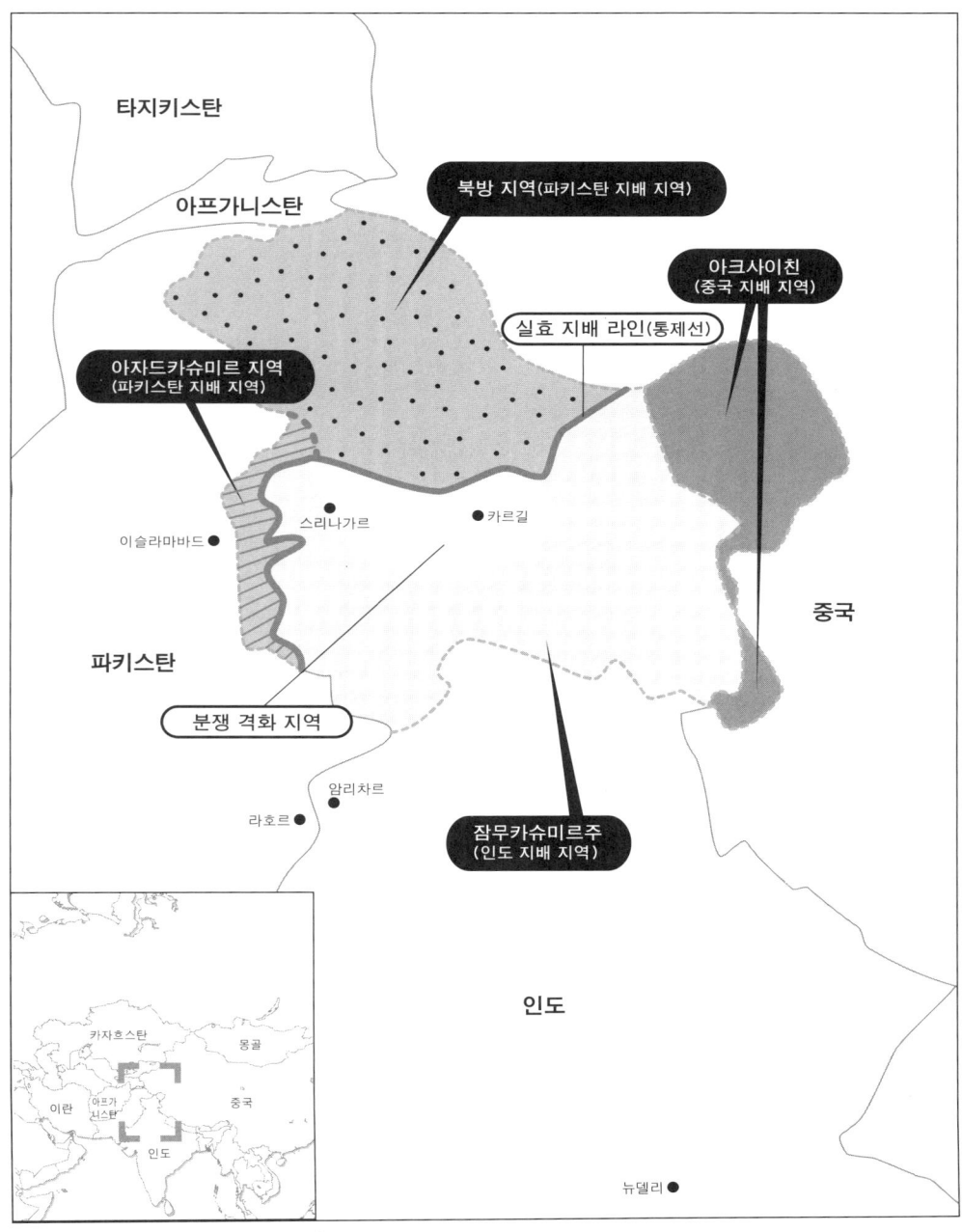

인도와 파키스탄의 분쟁은 국가의 분열과 종교 대립이 원인

2002년 5월과 6월에 인도와 파키스탄은 일촉즉발의 긴장 상태였다. 인도군은 파키스탄과의 국경선에 100만이나 되는 병력을 배치했고, 파키스탄은 아프리카의 유엔 평화 유지 활동(PKO)에 파견하고 있던 부대를 복귀시키려는 대결 자세를 취하고 있었다. 이 두 나라 사이 대립의 원인이 되고 있는 것이 카슈미르 문제이다. 두 나라가 국경을 접하고 있는 북부의 카슈미르 지방에 대해 인도와 파키스탄이 서로 영유권을 주장하여 갈등이 계속되고 있는 것이다.

인도와 파키스탄은 원래 같은 영국의 식민지였지만, 제2차 세계대전 후 영국으로부터 독립할 때 두 나라로 나뉘었다. 파키스탄은 이슬람교 국가로서 독립했으며, 인도는 힌두교도가 다수를 차지하는 나라였으나 표면적으로는 종교에 관계없는 나라(이것을 '세속 국가'라고 한다)로서 독립했다. 이때 카슈미르 지방은 주민 가운데 이슬람교도가 다수를 점하고 있었으므로 파키스탄으로의 통합을 요구했으나, 힌두교도였던 당시의 마하라자(번왕)는 인도에 속할 것을 결정했다. 이후 인도와 파키스탄은 카슈미르를 둘러싸고 대립하게 되었고 지금까지 세 차례에 걸쳐 전쟁을 치렀다.

전쟁 결과, 카슈미르는 인도와 파키스탄 쌍방에 의해 '실효 지배 라인'이라는 경계선이 그어져 분단되어 있다. 또한 파키스탄이 중국에 양도한 지역도 있다.

---

1. 유엔 평화 유지 활동 PKO : Peacekeeping Operation 93쪽에서 설명.
2. 이슬람교 136쪽에서 설명.
3. 힌두교 136쪽에서 설명.
4. 마하라자 Maharaja
인도의 군주. 산스크리어로 '대왕'을 의미한다. 아리아인이 갠지즈강 유역에 왕국을 세웠을 때 다른 나라들과 싸워 승리한 국왕을 일반적인 왕을 가리키는 라잔과 구별하여 마하라자라고 불렀다. 그러나 중세의 번후국에서는 왕의 일반적인 칭호로 사용했다.

역사의 흐름   카슈미르 분쟁

1946년	영국 총리가 인도 분할안을 발표	1974년	인도, 첫 번째 핵 실험
1947년	파키스탄이 분리 독립	1998년	인도 · 파키스탄, 핵 실험
	제1차 인도 · 파키스탄전쟁	1999년	파키스탄의 게릴라가 잠무카슈미르주에
1962년	중국 · 인도 국경 분쟁		침공하여 대규모 무력 충돌
1965년	제2차 인도 · 파키스탄전쟁		파키스탄에서 군사 쿠데타가 일어나 페
1971년	제3차 인도 · 파키스탄전쟁		르베즈 무샤라프가 최고 행정관이 됨
1972년	파키스탄으로부터 방글라데시 독립	2001년	인도 · 파키스탄 정상 회담
	인도 · 파키스탄이 잠정적 평화 협정에	2002년	인도 · 파키스탄 국경지역 핵전진 배치 후
	조인		긴장완화

중요 인물   페르베즈 무샤라프 대통령

1999년 10월 육군 참모총장이었던 무샤라프는 쿠데타로 나와즈 샤리프 총리를 체포하고 정권을 장악. 2001년에는 파키스탄의 대통령에 취임했다. 카슈미르에서 인도와의 국경 분쟁이 발생하여 샤리프 총리가 인도에 양보한 것에 불만을 품은 군부가 쿠데타를 일으킨 것이다. 2001년 9월에 발생한 11일에 발생한 동시 다발 테러를 계기로 미국이 아프가니스탄의 탈레반을 공격하며 탈레반을 지원한 파키스탄 국내의 이슬람 과격파를 단속할 것을 요구하자, 무샤라프는 단속을 강화했다. 이 때문에 무샤라프는 '부시라프'라고 불리며 비판받고 곤란한 입장에 몰렸다.

---

5. 페르베즈 무사라프 Pervez Musharraf
6. 나와즈 샤리프 Nawaz Sharif, 1949~
7. 2001년 9월 11일에 발생한 동시 다발 테러 18쪽에서 설명.
8. 탈레반 Taleban, Taliban 19쪽에서 설명.

체첸과 모스크바의 위치 관계

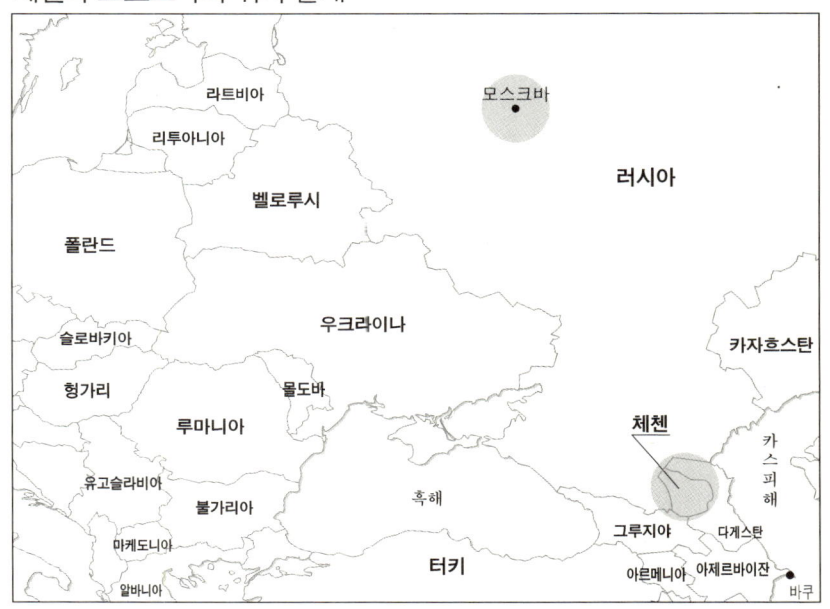

체첸의 송유관

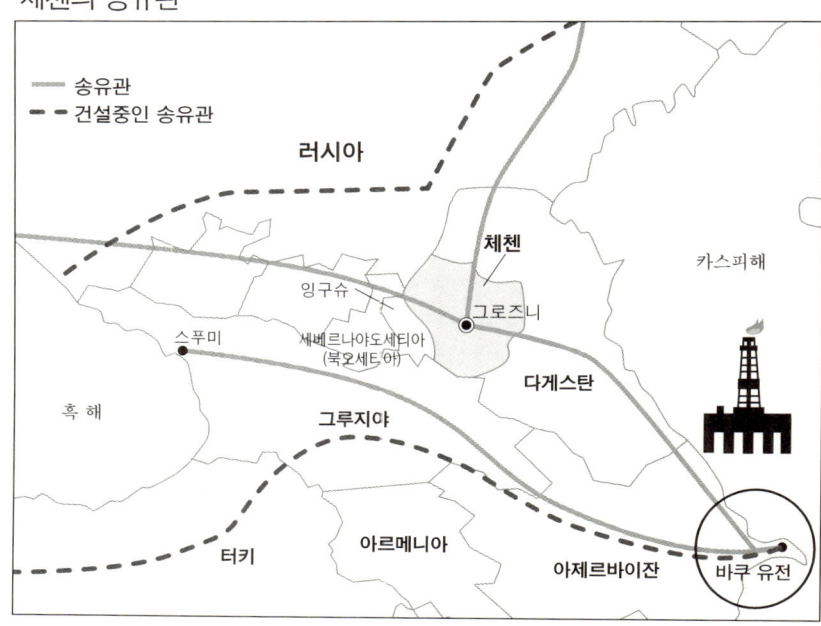

소련 붕괴 시부터 러시아를 괴롭히는 체첸의 독립 운동

소련 붕괴 직전인 1991년 11월, 소련 속 체첸공화국의 대통령에 선출된 조하르 두다예프는 소련으로부터의 독립을 선언했다. 그러나 소련이 붕괴하고 탄생한 러시아연방은 독립을 인정하지 않고 어디까지나 국내 문제로 처리하려고 했다.

체첸의 내부에서 반(反)두다예프의 반란이 발생하자, 1994년 12월 러시아군이 체첸에 침공했다. 이에 대해 체첸 독립파가 격렬하게 저항하여 러시아군은 막대한 손실을 입었지만, 러시아군의 공습으로 체첸 주민 또한 다수 희생되었다. 그러나 이 분쟁은 두다예프 대통령이 러시아군의 공격으로 사망하여 새 대통령이 취임하면서 종식되었다. 1997년 반두다예프파의 아슬란 마스하도프 대통령이 새로 선출되어 러시아 연방과 평화 협정을 맺고 체첸의 독립 문제는 보류된 것이다.

하지만 독립을 요구하는 무장 세력이 활동을 재개하자, 1999년 러시아군이 다시 체첸을 공격하여 제2차 체첸 분쟁이 일어났다. 블라디미르 푸틴 대통령이 2000년 6월 체첸을 러시아연방의 직할 통치로 한다는 강경안을 내놓았기 때문에 마스하도프는 반러시아로 돌아섰고 이후 러시아군과 격렬한 전투가 계속되고 있다.

체첸은 카스피해에서 러시아로 석유를 보내는 송유관이 통과하고 있어 러시아에게 있어 에너지 공급상 대단히 중요한 위치를 점유하고 있다.

1. 조하르 두다예프 Dzhokar Dudayev
2. 아슬란 마스하도프 Aslan Maskhadov, 1951~

역사의 흐름 **체첸 분쟁**

1991년	소비에트연방 붕괴	1999년	체첸 무장 세력이 러시아연방의 다게
1992년	체첸, 러시아연방 가맹 거부		스탄공화국에 침공
1993년	두다예프 대통령파와 반대파가 내전		러시아군이 체첸을 공습
1994년	보리스 옐친 대통령, 러시아군을 체첸에		옐친 대통령 사임
	투입		푸틴 총리가 대통령을 대행
1996년	두다예프 대통령 전사	2000년	러시아군, 체첸의 수도 그로즈니를 제압
	정전 합의		러시아 대통령에 푸틴 취임
1997년	온건파 마스하도프가 대통령에 취임	2002년	체첸 무장 단체가 모스크바의 극장을
			점거

중요 인물 **블라디미르 푸틴 대통령**

체첸 분쟁 진압으로 두각을 나타낸 것이 푸틴이다. 러시아의 옐친 대통령 밑에서 총리에 임명되자, 체첸에 대한 철저한 군사 행동의 지휘를 잡은 일로 러시아 국내에서 높은 인기를 얻었고 옐친의 뒤를 이어 대통령이 되었다. 1952년생으로 소련국가안보위원회(KGB)에 들어가 동독에서 스파이 활동을 했으나, 동독의 붕괴와 동시에 귀국했다. 1996년에는 러시아의 대통령부에 들어가 옐친 대통령을 보좌하며 옐친의 신임을 얻었고 2000년 5월 대통령에 취임했다. 체첸 분쟁을 '테러와의 전쟁'이라는 명분을 내세워 외국으로부터의 비난을 피하고 있다.

---

3. 보리스 옐친 Boris Yeltsin, 1931~
러시아의 정치가. 우랄산맥 부근 농가에서 태어나 건축 기사로 지내다가 1961년 공산당에 입당하여 1981년 소련 공산당 중앙위원이 되었다. 1985년 미하일 고르바초프가 소련 공산당 서기장이 되면서 옐친은 일약 중앙 정계로 부상했다. 개혁에 필요한 사회적 분위기 조성에 주도적 역할을 하여 대중의 지지를 획득하여 1990년 5월 러시아공화국 대통령에 당선되었다. 1991년 8월 쿠데타가 발생하자 국민들에게 저항할 것을 호소하며 총파업을 촉구, 60시간 만에 쿠데타를 실패로 끝나게 하는 데 결정적 역할을 하기도 했다. 1999년 12월 31일 건강 문제와 후진 양성을 이유로 블라디미르 푸틴 총리를 대통령 권한 대행으로 지명하고 대통령에서 사임했다.
＊미하일 고르바초프 Mikhail Sergeyevich Gorbachyov, 1931~ 79쪽에서 설명.
4. 블라디미르 푸틴 Vladimir Putin, 1952~
5. 소련국가안보위원회 KGB
소련이 국가 권력을 유지하기 위해 내 · 외국인의 활동을 감시하고 통제하던 비밀 경찰 및 첩보 조직. 1917년 체카(러시아반혁명태업단속비상위원회)라는 비밀 경찰 기구로 발족하여 분리와 통합, 개칭을 거듭해 왔다. 1991년 소련연방이 붕괴하면서 연방방첩국으로 격하되었다가 해체되었다. 체첸 사태 등으로 정보 경화의 필요성이 제기되어 러시아연방안전국으로 개편하여 정보 기관으로서의 성격을 강화했다. 현재의 러시아 대통령 푸틴은 동독에서 오랫동안 KGB 요원으로 활동한 바 있다.

복잡한 보스니아의 민족 구성

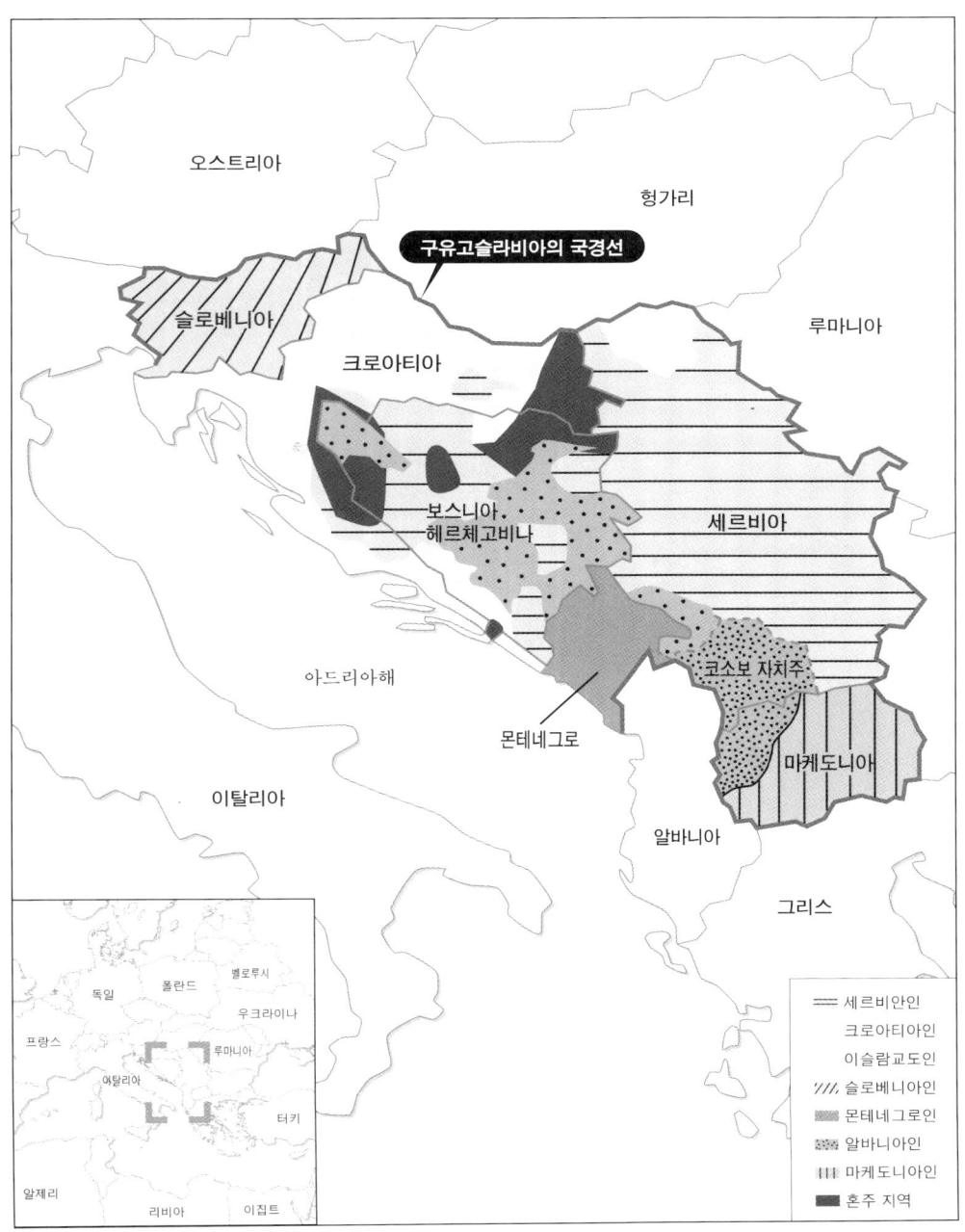

냉전 종식 후 독립을 둘러싼 비참한 내전이 잇달아

유고슬라비아가 있던 발칸반도는 한때 '유럽의 화약고'라고 불렸었다. 다양한 종교와 다양한 민족이 북잡하게 뒤얽혀 있어 사소한 충돌의 불꽃이 커다란 폭발을 일으킨다는 의미이다. 제2차 세계대전 후 성립한 유고슬라비아연방의 지도자 티토는 다양한 민족이 거주하는 이 지역을 연방의 형태로 통합했다. 국가 체제는 사회주의였지만, 소련과는 정치적으로 대립했기 때문에 냉전중에는 나라가 통합을 이루어야 한다는 위기감에서 하나의 국가로서 뭉쳐 있었다.

그러나 냉전이 종식됨과 더불어 연방으로부터 공화국들이 속속 독립해 나갔다. 1991년에는 슬로베니아와 크로아티아 · 마케도니아가, 1992년에는 보스니아헤르체고비나가 독립을 선언했다. 보스니아헤르체고비나의 경우에는 비참한 내전으로 이어져 결국 미군을 중심으로 하는 북대서양조약기구(NATO)가 개입하여 1995년 내전이 끝을 맺고 독립 국가가 되었다.

더욱이 알바니아계 주민이 다수를 차지하는 세르비아공화국 내 코소보자치주가 독립의 움직임을 보이자, 세르비아군은 이들을 탄압했다. 이에 역시 NATO군이 개입하여 이를 끝냈다. 남겨진 세르비아와 몬테니그로의 두 공화국은 신유고슬라비아연방을 구성했으나, 2002년 6월 연합 국가 세

---

1. 티토 Tito, Josip Broz, 1892~1980
유고슬라비아의 초대 대통령. 요십 브로즈가 본명이고 티토는 당원명이다. 제1차 세계대전 때 군에 소집되었다가 러시아군의 포로가 되었고 그후 러시아혁명에 투신했다. 제2차 세계대전중에는 유고슬라비아를 점령한 독일 · 이탈리아에 맞서 80만 명의 파르티잔을 거느리고 싸웠으며, 민족 해방 운동에 앞장서서 인민해방군 총사령관이 되었다. 조국이 해방된 뒤 1953년 초대 대통령에 취임했으며, 독자적인 사회주의를 목표로 한 비동맹 중립 외교 노선을 견지했다. 1974년 연방 의회에서 종신 대통령으로 선출되었다. 민족적 · 종교적으로 복잡한 유고슬라비아의 통일을 지키고 경제 건설을 추진하며 사망할 때까지 철권 통치를 했다.
2. 북대서양조약기구 NATO : North Atlantic Treaty Organization 99쪽에서 설명.
3. 보이슬라브 코스튜니차 Vojislav Kostunica, 1944~
4. 슬로보단 밀로세비치 Slobodan Milosevic, 1941~ 56쪽 중요 인물.
5. 유고슬라비아 내전
1991년 6월 유고슬라비아 연방군이 슬로베니아와 크로아티아의 독립을 막기 위해 슬로베니아를 침공하면서 시작되어 슬로베니아 · 크로아티아 · 보스니아 · 코소보 등지로 전장을 옮겨 가며 벌어졌다. 유고슬라비아의 세르비아, 크로아티아, 이슬람교도 사회 간의 대립은 이미 수세기 동안 계속되어 온 문제로서, 이 지역은 제1차 세계대전의 결과로 세르비아 · 크로아티아 · 슬로베니아왕국이 되었고 1929년에는 유고슬라비아가 되었다. 그리고 제2차 세계대전 후 대통령이 된 티토는 같은 사회주의 국가이지만 다른 노선을 걷고 있는 소련의 위협으로부터 나라를 지키기 위해서는 단결해야 한다며 민족적 대립을 억제했고 티토 사망 후에도 단결은 이어졌다. 그러나 소련 붕괴 후 민주주의와 독립을 요구하는 목소리가 여기저기에서 나오자, 유고슬라비아연방 역시 무너지기 시작하며 민족적 갈등이 불거져 나왔다.
1) 슬로베니아 내전 : 인구의 90% 이상이 슬로베니아인으로 구성된 슬로베니아를 지배할 명분이 없는 유고슬라비아연방은 10일 간의 전투 끝에 이들의 독립을 묵인하며 철수했다.

르비아몬테네그로로 이름을 바꿈으로써 유고슬라비아라는 명칭은 지구상에서 사라졌다.

역사의 흐름   유고슬라비아 민족 분쟁 문제

1918년	남슬라브 민족들을 결집한 통일 유고슬라비아 성립	1992년	보스니아헤르체고비나가 독립을 선언 세르비아와 몬테네그로가 신유고슬라비아연방을 창설
1953년	티토가 대통령에 취임		
1980년	티토 대통령 사망	1995년	NATO군이 보스니아의 세르비아인 거점을 폭격
1991년	크로아티아공화국 · 슬로베니아공화국 · 마케도니아공화국이 독립을 선언 코소보의 알바니아계 주민이 코소보공화국의 수립을 선언 크로아티아의 세르비아인이 크라이나 세르비아공화국을 설립	1997년	유고슬라비아 대통령에 슬로보단 밀로세비치 취임
		1999년	NATO군이 세르비아를 폭격 유고슬라비아 연방군이 코소보에서 철퇴
		2000년	야당 연합의 보이슬라브 코슈투니차 신임 대통령 탄생

중요 인물   슬로보단 밀로세비치

세르비아인 민족주의자로, 세르비아공화국과 그 밖의 공화국의 세르비아인이 거주하는 지역을 합한 '대세르비아 구상'을 추진하려 했다. 이것이 다른 공화국의 반발을 불러일으켜 결과적으로 구유고슬라비아의 해체를 촉진하게 되었다. 1990년 세르비아공화국 대통령이 되었고 1997년 신유고슬라비아의 대통령에 취임했으나, 2000년의 대통령 선거에서 패배했다. 유고슬라비아 내전의 전쟁 범죄를 심판하는 국제유고전범재판소에 인도되어 재판중이며, 알바니아계 주민에 대한 박해와 보스니아에서의 대량 학살에 관해 심리가 진행되고 있다.

2) 크로아티아 내전 : 제2차 세계대전 당시 크로아티아인 민족 단체가 세르비아인을 학살했던 일로 인해 크로아티아가 독립하면 소수 민족인 세르비아계 주민이 또다시 학대받을 것을 우려하여 크로아티아의 독립을 저지하며 발생했다.

3) 보스니아 내전 : 보스니아 이슬람 정부 및 크로아티아와 유고슬라비아연방의 지원을 받는 보스니아 내 세르비아계 사이에 발발한 분쟁. 1992년 보스니아는 연방으로부터의 독립을 선언했고 보스니아 내 소수 민족인 세르비아계 역시 보스니아로부터의 독립을 선언했다. EU가 1992년 4월 보스니아의 독립을 승인한 데 반발한 세르비아계와 유고슬라비아 연방군이 보스니아 이슬람 정부를 공격하며 내전이 시작되었다. 내전은 다른 민족에 대한 인종 청소의 양상을 띠며 방화, 살상, 강간이 자행되었다. 이에 유엔이 군사 개입을 하며 휴전과 재확전을 거듭하던 보스니아 내전은 1995년 12월 데이턴평화협정을 체결함으로써 끝을 맺었다.

4) 코소보 내전 : 세르비아공화국의 코소보주 주민의 90%를 차지하는 알바니아계 주민이 세르비아로부터의 분리 독립을 주장하며 코소보 해방군을 조직하자, 세르비아 보안군은 이들을 색출한다는 구실로 알바니아인을 무차별 학살했다. 이 지역에서의 인종 청소를 경고해 온 NATO는 1999년 3월 유고슬라비아에 대한 공습을 단행했다. 이 지역에서의 인명 피해는 헤아릴 수 없을 정도이며 알바니아계 난민은 40만~50만 명에 이르고 인근 마케도니아 등지로 피난했다.

*EU : European Union 15쪽 '유럽연합' 에서 설명.

*인종 청소
인종 청소의 대표적인 사례는 제2차 세계대전중 나치스에 의해 자행된 유대인 대학살인데 인간의 폭력성, 잔인성, 배타성, 광기

남북 협의가 열리는 판문점

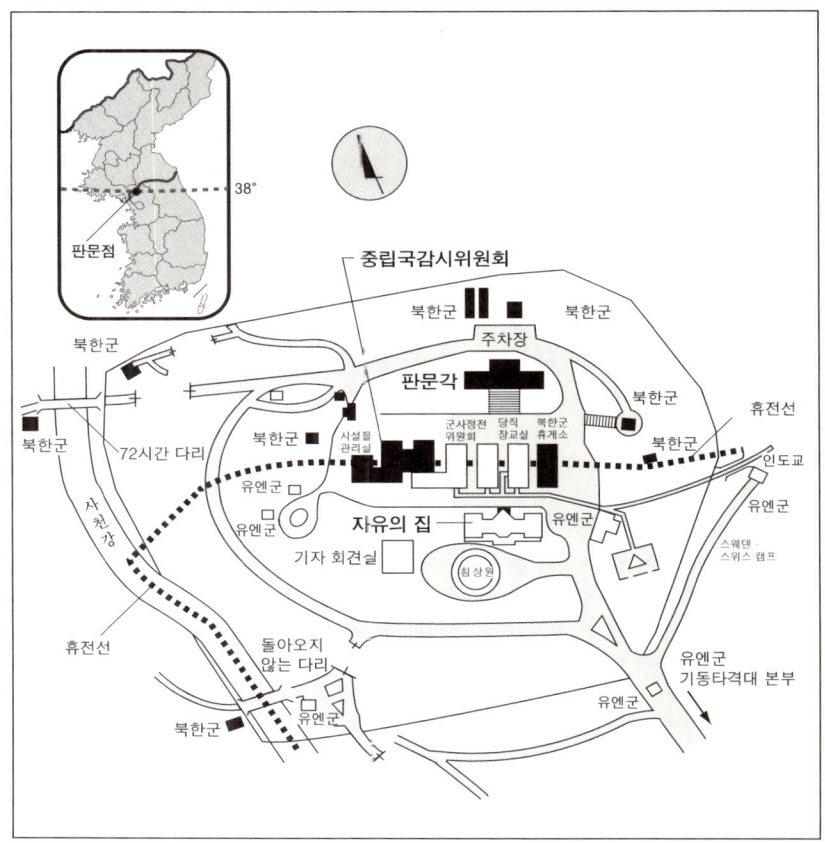

를 극단적으로 보여 주었다는 점에서 20세기 인류 최대의 치욕적인 사건으로 꼽힌다. 그럼에도 보스니아 내전, 아프리카의 르완다 종족 분쟁에서 끔찍한 인종 청소가 자행됐고, 과거 캄보디아 내전에서도 킬링필드라고 불리는 대학살이 있었다. 특히 유고슬라비아 내전에서 세르비아계 민병대를 이끈 아르칸은 '인종 청소 업자' '발칸의 백정'으로 악명을 떨쳤다. 그는 1991~1995년 비세르비아계 민족 학살을 주도하며 이슬람 교도와 크로아티아인을 무차별 학살했고 부녀자를 강간한 혐의로 국제유고전범재판소에서 전범으로 기소되었다. 그러나 코소보 내전이 발발하자 코소보로 잠입하여 또다시 인종 청소를 주도하다 2000년 피격되어 사망했다.

6. 국제유고전범재판소 ICTY : International Criminal Tribunal for the Former Yugoslavia
보스니아 내전 당시 옛 유고슬라비아연방에서 자행된 학살, 고문, 강간 등 반인륜 범죄를 단죄하기 위해 마련된 국제 법정. 구유고형사재판소라고도 부른다. 유엔국제사법재판소가 있는 네덜란드 헤이그에 있으며 75개국에서 파견된 1000여 명이 일하고 있다. 3개의 심리부와 1개의 항소부를 두고 있으며, 임기 4년의 14명(총 16명이나 항소부를 담당하는 2명의 재판관은 르완다국제형사재판소 재판관이 겸임하므로 14명)의 상임 재판관은 각기 다른 극적을 가진 자로 임명된다. ICTY가 재판 관할권을 행사할 수 있는 범죄는 1949년 제네바협약의 중대한 위반, 전쟁법 위반, 저노사이드(집단 학살) 등이다. 위성 사진 등 물증과 피해자 증언으로 범죄를 저지른 군 부대가 확정되면 실행범이 특정되지 않아도 지휘자를 처벌할 수 있는 것이 가장 큰 특징이다. 형벌은 신체형인 금고형뿐이며, 유죄가 확정된 피고인은 수감협력협정을 맺은 유럽 7개국의 수감 시설로 이송된다. ICTY는 1998년 11월 보스니아 내전중 각종 잔학 행위를 저지른 혐의로 기소된 전범 3명에게 최초로 유죄 판결을 내렸으며, 1999년 슬로보단 밀로셰비치 유고슬라비아 대통령을 코소보 사태와 관련 전쟁 범죄 혐의로 기소하여 2001년 7월부터 재판을 열고 있다.

강대국의 개입으로 분단된 남북한의 평화의 길은?

한반도는 지금도 전쟁이 끝나지 않고 있다. 조선민주주의 인민공화국 (북한)과 한국이라는 남북의 두 나라가 여전히 마주하고 있는 것이다. 북한이 성립한 것은 1948년 9월로, 남한 정부가 탄생한 다음 달의 일이다.

한반도는 1910년의 한일합병 이후 36년에 걸쳐 일본의 식민 지배를 받아야 했다. 제2차 세계대전에서 일본이 패배하여 해방되었으나 이번에는 북쪽에 소련군이, 남쪽에 미군이 진주하여 한반도는 북위 38°를 중심으로 분단되었다. 당초에는 통일 국가를 목표로 하여 총선거가 실시될 예정이었지만, 소련이 이를 거부하여 결국 분단 국가가 되고 만 것이다.

그리고 1950년 북한군이 삼팔선을 돌파하여 남한을 공격해 와 한국전쟁이 발발했다. 전쟁 초기에는 북한군이 남한의 병력을 압도했지만, 미국 등 유엔군의 지원에 힘입은 남한 병력이 북한군을 중국과의 국경 부근까지 몰아갔다. 그러자 중국이 북한을 지원하며 전쟁에 개입하여 한국군과 유엔군은 다시 삼팔선 부근까지 밀려 내려왔다. 결국 양측 모두 결정적인 승리는 얻지 못한 채 휴전하게 되어 서로를 겨누고 있던 장소가 현재의 휴전선이 되었다.

휴전선의 남북으로 각각 2km는 비무장 지대로 설정되어 있으며, 군대의 주둔은 인정되지 않지만 다수의 지뢰가 묻혀 있다. 남북 간에 때때로 총격전이 발생하여 전쟁이 끝나지 않고 있음을 여실히 보여 주고 있다. 남북 쌍방의 젊은이들은 군대에 들어가 서로를 향해 총부리를 겨누고 있다.

---

1. 비무장 지대 DMZ : Demilitarized Zone

국제 조약이나 협약에 의해서 무장이 금지된 지역 또는 지대. 비무장 지대에는 군대의 주둔이나 무기의 배치, 군사 시설의 설치가 금지된다. 한국의 비무장 지대는 휴전 협정에 의해 설치되었으며 서쪽으로 예성강과 한강 어귀의 교동도부터 개성 남쪽의 판문점을 지나 중부의 철원, 금화를 거쳐 동해안 고성의 명호리에 이르는 약 250km의 군사 분계선을 중심으로 남북 2km의 완충 지대를 뜻한다. 민사 행정이나 구제 사업을 위해 군인이나 민간인이 비무장 지대에 들어가려면 군사정전위원회의 허가를 받아야 하며, 이 경우 한 번에 들어갈 수 있는 총인원은 1000명을 넘지 못하며 무기를 휴대할 수 없다. 비무장 지대는 이처럼 출입이 제한되어 있지만, 판문점 공동 경비 구역은 쌍방이 공동으로 경비하는 비무장 지대 안의 특수 지역이다.

• 군사정전위원회

휴전 협정의 실시를 감독하고 모든 위반 사건을 협의·처리하기 위해 설치된 기구. 쌍방 5명의 대표로 구성되었는데, 유엔군 측 대표단은 미군 장성 1명, 한국군 장교 2명, 영국군 장교 1명, 기타 유엔 참전국 장교 1명으로, 공산군 측 대표단은 북한 장교 4명과 중공군 장교 1명으로 구성되었다. 1998년 3월 25일 유엔사의 군사정전위원회 수석대표에 한국군 장군이 임명되자, 그 후 중단되어 그 대신 1998년 6월부터는 장군급 회담이 개최되고 있다. 공동 경비 구역의 군사 분계선은 군사정전위원회의 회의실 가운데에 놓여 있었던 마이크선과 그곳의 테이블 위에 놓여 있는 유엔기와 북한기로 상징된다.

▲ 유엔군·한국군의 북진 한계(1950년 10~11월)　　▲ 북한국의 남진 한계(1950년 9월)

　　남북 간에 무언가 문제가 발성하면 남북의 휴전선에 있는 판문점에서 회담이 열린다. 여기에는 남북으로 긴 회의실이 있고 그 한가운데를 휴전선이 지나가고 있다. 북측에는 판문각이, 남측에는 자유의 집이 각각 있다. 또 스웨덴과 스위스의 군인이 중립국감시위원회로서 상주하고 있다.

---

* 공동 경비 구역 JSA : Joint Security Area
군사 분계선상에 세워진 회담장을 축으로 하는 반경 400m의 원지대. 1954년 유엔군과 북한군이 맺은 협정에 따라 쌍방이 32~35명씩 배치하며 판문점 남측 지역과 북한 가정동 다을과 마주하고 있는 대성동 자유의 마을을 경비한다. 과거에는 양측 경비병이 자유로이 통행했으나, 1976년 도끼 만행 사건 이후 충돌을 방지하기 위해 군사 분계선을 넘어 상대 측 지역에 들어가지 못하게 되었다.
2. 중립국감시위원회
남과 북의 정전 협정의 이행 여부를 확인 감독하여 분쟁을 계방하기 위한 기구. 휴전 협정에 의해 구성된 중립국감시위원회는 유엔군이 지정한 중립국인 스웨덴과 스위스, 북한군이 지정한 당시 공산주의 국가였던 체코슬로바키아와 폴란드의 4국이었다. 그러나 북한의 중립국감시위원회 무실화 책동에 의해 체코슬로바키아 대표단은 1991년 4월에, 폴란드 대표단은 1995년 2월 강제로 추출되어 현재는 유엔군 측에서 지정한 스웨덴과 스위스 등의 국가의 요원들만 한국에서 중립국감시위원회의 기능을 수행하고 있다. 그러나 폴란드대표단은 북한의 불법적인 퇴출 조치에 대해 불응하여 현재 본국에서 중립국감시위원회의 기능을 수행하고 분기 1회마다 판문점 회의에 참가하여 중립국감시위원회의 활동에 참가하고 있다.

역사의 흐름 한반도 문제

1945년	일본의 식민 지배로부터 해방	1991년	남북이 동시에 유엔에 가입
	한반도 남북에 미군과 소련이 분할 점령	1994년	김일성 주석 사망
1948년	대한민국(남한), 조선민주주의 인민공화	1995년	한반도에너지개발기구(KEDO) 발족
	국(북한)이 성립	1998년	북한이 대포동을 발사
1950년	한국전쟁 발발	2000년	김대중 대통령과 김정일 총서기가 평양
1953년	휴전 협정		에서 회담을 갖고 남북공동선언에 서명
1972년	김일성이 북한의 국가 주석이 됨	2002년	고이즈미 준이치로 총리와 김정일 총서
1987년	대한항공기 격추 사건		기가 일본인 납치 의혹을 둘러싸고 회담

중요 인물 김정일 총서기

1942년 북한의 백두산 산속에서 태어난 것으로 되어 있지만, 실제로는 소련 영내의 캠프에서 태어났다. 이 당시 북한 내에서 일본군과 싸웠다고 주장한 부친 김일성이 실은 소련에 있었음이 밝혀져서는 곤란하기 때문이다. 김정일은 김일성의 장남으로 권력을 세습했다. 북한은 모든 활동에 대해 조선노동당의 지도를 받는 것이 헌법으로 정해져 있는데, 당의 지도자가 총서기이다. 또한 국가로서의 북한의 최고 지도자는 국방위원회의 위원장이 되는데, 이 위원장 또한 김정일이 맡고 있다. 즉 김정일은 당과 국가, 양쪽의 최고 지도자가 되어 있는 것이다.

---

3. 대한항공기 격추 사건
1983년 9월 1일 소련 전투기가 사할린 부근에서 KAL기를 격추시킨 사건. 이 일로 탑승 승객 269명이 사할린 부근 공해상에서 몰사했다. 소련 측은 자신들의 항로를 침입하여 격추했다고 주장하고 있으나, 뉴욕발 서울행 여객기가 왜 항로를 이탈했는지에 대한 진상은 여전히 미궁에 빠져 있다.
4. 유엔 UN : United Nations 89쪽 '국제연합(유엔)'에서 설명.
5. 한반도에너지개발기구 KEDO : Korean Peninsula Energy Development Organization 14쪽에서 설명.
6. 고이즈미 준이치로 小泉純一郎, 1942~
현재 일본의 총리. 선거구를 세습하는 일본에서 선거구를 3대째 물려받은 정치 명문가 출신으로, 29세 때 처음 중의원에 당선된 후 10선을 기록하며 보수파의 핵심으로 활약했다. 고이즈미 총리는 2001년 경선 과정에서 '집단적 자위권 인정' '야스쿠니 신사의 총리 자격 참배'를 언급하면서 보수 우파 성향을 드러냈으며, 총리가 된 이후 야스쿠니신사 참배를 강행해 논란을 일으켰다.

독립 문제의 결론이 나지 않는 중국·타이완

상하이

중국

동지나해

1996년 3월 중국은 타이완의 총통 선거에 동요를 일으킬 목적으로 타이완해협에서 군사 훈련을 실시하며 미사일을 발사했다.

센카쿠섬

푸저우

마쭈섬

푸젠성

샤먼

진먼섬

타이베이

타이완

타이완해협

이시가키섬

미야코섬

이리오모테섬

섬의 일본 귀속선

가오슝

남지나해

타이완 독립의 움직임을 무력으로 억누르려 하는 중국

2002년 8월 타이완의 천수이벤 총통은 중국과 타이완은 1변 1국('각각 하나의 국가'라는 뜻)이라고 발언했는데, 이에 대해 중국 정부는 타이완이 독립을 하고자 한다면 무력 행사도 불사하겠다는 내용의 성명을 발표했고 '타이완은 중국 영토의 일부이며 독립은 허용하지 않는다'라고 말하고 있다. 타이완의 수뇌가 독립 이야기를 꺼내자, 중국군이 군사 연습을 실시하는 등 타이완에 대한 위협을 반복하고 있으며 타이완해협을 사이에 두고 있는 대륙의 푸젠성에서는 병력을 증강하고 있다.

청일전쟁에서 청나라로부터 타이완을 빼앗은 일본은 50년 간 타이완을 지배했으나, 제2차 세계대전에서 패배한 후 당시 중국 대륙에 있었던 중화민국에 반환했다. 하지만 대륙에서 중국 공산당과의 내전에 패한 국민당은 200만 명과 더불어 타이완으로 도망쳐 갔다. 이후 원래 타이완에 있던 사람을 '본성인'(타이완성에 있던 사람), 대륙으로부터 들어온 사람을 '외성인'(타이완성 밖에 있던 사람)이라고 부른다.

대륙에서는 공산당이 지배하는 중화인민공화국이 1949년 건설되었고, 타이완으로 도망간 국민당은 중화민국이라는 국호를 계속 사용했다.

1988년 타이완에 비로소 본성인 출신인 리덩후이 총통이 탄생했다. 리 총통은 중국과 타이완에 대해 '특수한 국가와 국가의 관계'라고 표현했는데, 이는 굳이 통일을 입에 올리지 않아도 타이완은 이미 독립해 있음을 시사한 것이다. 현재의 천수이벤 총통 역시 타이완 독립으로의 움직임을 강화하고 있다.

---

1. 리덩후이 李登輝, 1923~
타이완의 정치가. 농업경제학을 전공하여 20여 년 간 교편을 잡으면서 농촌 개혁에 공헌했다. 그 공을 인정받아 1978년 타이베이 시장, 1981년 타이완성 주석, 1984년 부총통에 취임했고 1988년 타이완 본성 출신 최초의 총통이 되었다. 타이완의 경제 발전과 민주화에 힘쓴 학자 정치가로 높이 평가받고 있다.

역사의 흐름 중국·타이완 문제

1912년	중화민국 성립, 국민당 결성	1988년	리덩후이, 타이완의 총통으로 취임
1937년	루거우차오 사건(노구교 사건),	1995년	리덩후이 총통 방미
	중일전쟁 개시	1996년	중국, 타이완해협에서 군사 연습
1945년	일본 제2차 세계대전에서 패전		미국이 항공모함을 타이완해협으로 파
1949년	중화인민공화국 성립		견→타이완해협 위기
	국민당군, 타이완으로 건너감	1999년	리덩후이가 두 개의 중국 발언
1971년	중국이 타이완을 대신하여 유엔에 가	2000년	독립을 목표로 하는 민주진보당의 당
	입, 타이완 탈퇴		수 천수이볜이 총통에 취임
1975년	국민당의 장제스 총통 서거	2001년	천수이볜 총통, 미국·중남미 순방

중요인물 천수이볜 총통

2000년 3월의 타이완 총통 선거에서 당선됨으로써 민주진보당 소속
으로 국민당 이외에서 선출된 첫 번째 총통이 되었다. 엘리트 변호사
의 길을 걷고 있었으나, 국민당 정권에 의한 언론 탄압 사건의 변호를
맡은 일이 계기가 되어 민주진보당의 활동에 참여했다. 천수이볜은
1994년 타이베이 시장에 당선했지만, 두 번째 선거에서 낙선한 뒤 타
이완의 총통 선거에 입후보하여 당선을 일구어 냈다. 천수이볜을 노린 정치 테러로 보이
는 교통사고로 부인이 중상을 입어 휠체어 생활을 하고 있다. 늘 휠체어를 탄 부인을 돌
보는 애처가로서의 모습이 인기를 모으는 이유 가운데 하나이다.

---

2. 루거우차오 사건
중일전쟁의 발단이 된 양국 군대의 충돌 사건. 루거우차오는 베이징 남서쪽 교외의 소도시이다. 1937년 7월 7일 밤 펑타이에
주둔한 일본군이 야간 연습을 하고 있던 중 몇 발의 총성이 난 후 사병 1명이 사라졌다. 사병은 곧 복귀했으나, 일본군은 중국군
으로부터 사격을 받았다는 구실을 내세워 중국군을 공격하여 다음날 루거우차오를 점령했다. 이 최초의 총성이 일본의 계략인
지 중국의 항일 세력에 의한 것인지는 분명치 않으나, 일본 정부는 강경한 태도를 보이며 군대를 증파하여 베이징과 텐진에 총
공격을 펼쳤고 이것이 중일전쟁으로 번졌다.
3. 유엔 UN : United Nations 89쪽 '국제연합(유엔)'에서 설명.
4. 장제스 蔣介石, 1887~1975
타이완의 총통을 지낸 정치가. 일본 유학중 쑨원의 중국혁명동맹회에 가입했고 중국으로 돌아가 신해혁명에 가담했다. 1926년
국민당을 장악하고 국공 합작 하의 국민혁명군 총사령관이 되었다. 1928년 북벌을 완성하여 국민 정부가 중국을 대표하는 중
앙 정부가 됨으로써 장제스는 주석 자리에 올랐다. 그는 국내를 안정시킨 다음 외적은 진압한다는 안내양외(安內攘外)를 주장하
면서 일본군과의 충돌을 피했기 때문에 학생이나 지식인을 비롯한 많은 국민으로부터 외면받는 한편, 항일을 주장한 중국 공산
당은 폭넓은 동조를 받았다. 1945년 일본 패망 후 국공 내전에서 패배해 1949년 타이완으로 정부를 옮겼다. 중화민국 총통 겸
국민당 총재로서 타이완을 지배하던 장제스는 1975년 88세로 사망했다.
5. 천수이볜 陳水扁, 1950~

중국의 탄압이 계속되는 티베트

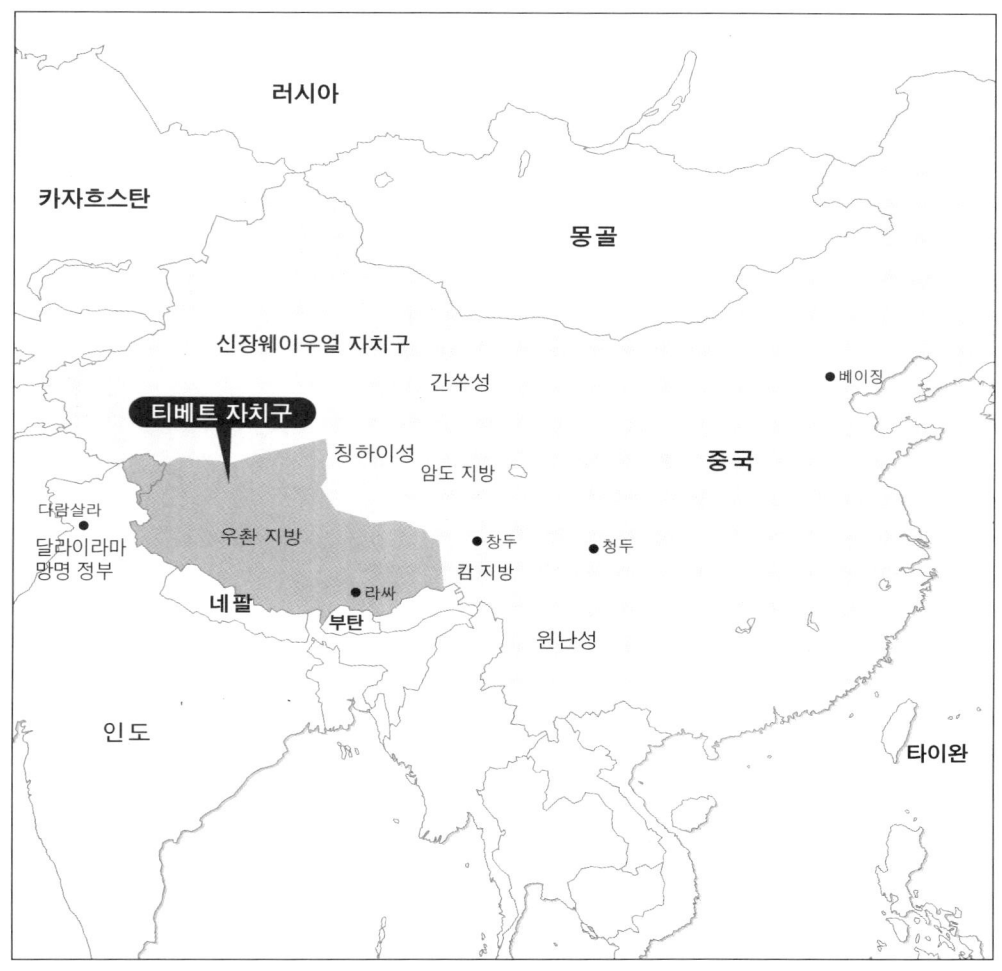

달라이라마와의 대화를 거부하는 중국

중국 정부는 인도와의 국경 지역에 있는 티베트를 중국의 일부라고 주장하고 있으나, 티베트 주민의 독립을 요구하는 운동이 계속되고 있다.

티베트는 제2차 세계대전이 끝날 때까지 라마교(티베트 불교)의 지도자 달라이라마가 이끄는 사실상의 독립 국가였지만, 1950년 10월 중국의 인민해방군이 진주했다. 중국은 '중국의 일부인 티베트의 인민을 봉건 제도로부터 해방한다'라는 명분을 내세웠으나, 티베트의 입장에서는 중국이 공격해 온 셈이다. 1951년 5월 중국은 티베트의 달라이라마와 협정을 맺었고 인민해방군이 티베트 전역에 진주하기에 이르렀다. 그러나 중국에 의한 라마교 탄압이 펼쳐져 주민들은 강력하게 반발했다. 1959년 3월에는 주민이 반란을 일으켰고 14대 달라이라마가 10만 명과 함께 인도의 다람살라에 망명하여 망명 정부를 세웠다. 달라이라마는 1998년 독립을 요구하지 않고 참된 자치를 요구한다는 방침을 세웠지만, 중국 정부는 대화를 거부하고 있다.

---

1. 라마교(티베트 불교) 137쪽에서 설명.
2. 달라이라마 Dalai Lama
달라이라마는 라마교(티베트 불교)의 종파인 겔루크파의 수장인 법왕의 호칭이자, 1642년 이후 티베트 원수가 된 역대의 전생활불(轉生活佛)에 대한 속칭. 달라이는 몽골어로 '큰 바다' 라는 뜻이고 라마는 티베트어로 '스승' 이라는 뜻이다. 티베트인은 달라이라마는 환생한다고 믿기 때문에 후대 달라이라마를 결정하는 과정이 특이하다. 달라이라마는 자신이 입적하기 전에 환생할 장소를 예시하거나 신탁에 의해 환생할 달라이라마에 대해 예시하는데, 그 내용으로 고승들은 후대 달라이라마가 될 아이를 찾는다. 전대 달라이라마가 환생했다고 여겨지는 아이는 전대 달라이라마가 입적하기 전에 사용하던 염주와 유품들을 섞어 놓고 물건을 고르게 하는 식의 시험을 치른다. 이렇게 선택된 아이는 달라이라마로서의 자질을 갖출 교육을 받고 18세가 되면 정식으로 달라이라마에 즉위한다.
3. 14대 달라이라마 Dalai Lama 14th, Tenzin Gyatso, 1935~
중국과의 접경 지역인 티베트 동북부에서 농부의 아들로 태어났고 본명은 텐진 갸초이다. 만 3세가 되기 전에 13대 달라이라마의 화신임을 인정받았다. 1951년 중국 인민해방군이 티베트 통치를 시작한 이후 1959년 인도 북부 다람살라에 망명 정부를 세웠다. 그는 조국의 자유를 위한 투쟁에서 폭력 사용에 반대하며 평화적인 해결을 모색했고 이를 통해 티베트인의 역사적·문화적 전통을 보존하기 위해 노력했다. 또한 자연과 인류를 포용하는 보편적 책임 개념에 바탕을 두고 살아 있는 모든 것에 대한 존경에서 우러나오는 평화 철학을 정립하고 그에 입각하여 국제 사회의 갈등, 인권 문제, 국제 환경 문제 등을 해결하기 위한 건설적이고 선구적인 방안을 제시했다는 점을 높이 평가받아 1989년 노벨 평화상을 수상했다.
* 티베트 문제
1) 중국과의 갈등
제2차 세계대전 때 중립을 지킨 티베트는 종전 이후에도 독립 정부를 구성하고 있었으나 1949년 중국 전역을 장악한 중국 공산군이 1950년 10월 티베트를 침공했다. 중국 공산군이 점령한 후 14대 달라이라마는 유엔의 티베트 문제 개입을 호소했지만 실패했다. 이에 중국의 종주권과 티베트의 자치권을 인정하는 협정안이 중국 당국의 강요에 의해 강제 체결되기에 이르렀다. 그리고 티베트 지역 탄압과 달라이라마의 신변 문제를 계기로 1959년 수도 라싸에서 대규모 봉기가 일어나자, 14대 달라이라마와 그를 따르는 티베트인은 인도로의 망명길에 올랐다. 1965년 중국 정부는 티베트를 자치구로 만들어 중국에서는 시짱 자치구라고 부르며 민족 자치를 인정했다.
2) 티베트 망명 정부
'작은 라싸' 라고 일컬어지는 티베트 망명 정부는 인도 북부 히말라야 기슭 다람살라에 있다. 티베트 망명 정부에는 14대 달라이 라마를 중심으로 종교, 문화, 내무, 재정, 교육, 방위, 보건, 정보, 국제 관계 등을 관할하는 행정부와 사법부로서 티베트 최고 사법위원회가 있다. 또한 입법부로서 티베트 국민대표의회는 지역과 종파를 대표하는 46명의 의원들로 구성되어 있다. 또한 뉴델리, 뉴욕, 런던, 파리, 제네바, 모스크바, 도쿄, 타이베이 등에 티베트 망명 정부 대표 사무소를 두고 운영하고 있다.

이슬람교 국가 부흥을 노리는 신장웨이우얼

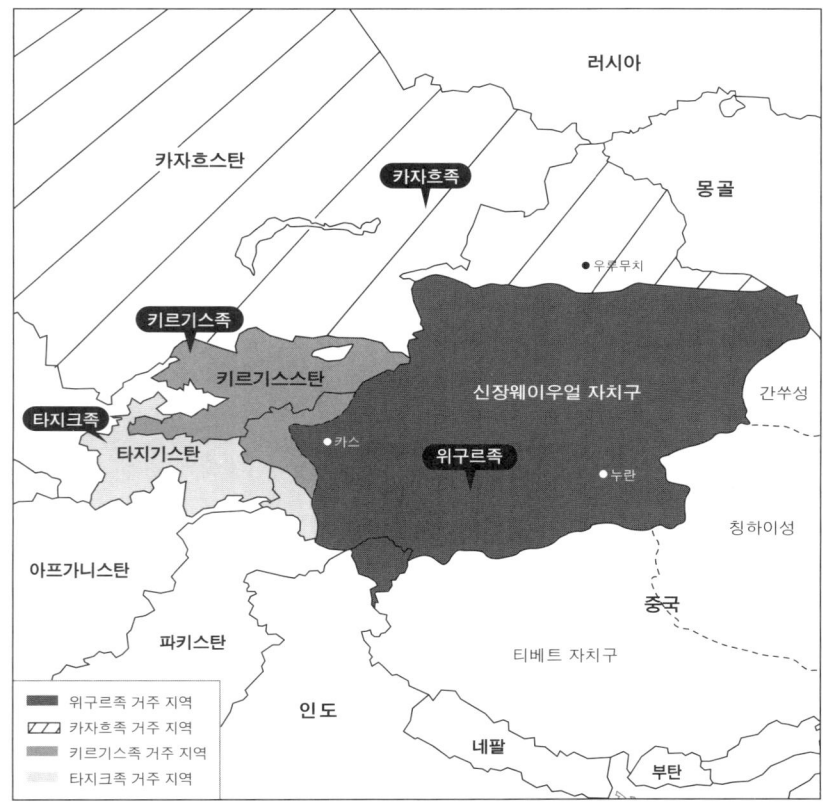

중국의 일방적인 이주 정책으로 인구의 반수가 한족

중국 북서부에 있고 카자흐스탄이나 키르기스 등 8개국과 국경을 접하는 것이 신장웨이우얼 자치구이다. 신장은 중국어로 '신천지'라는 의미이며, 터키계 이슬람교도인 위구르족이 다수를 점하고 있던 지역이다. 최근에는 중국 정부의 방침으로 한족의 이주가 추진되어 위구르족의 수를 초과하여 한족이 다수파가 되었다.

원래 이 지역에는 현재의 중국이 성립하기 전 동투르키스탄공화국이라는 나라가 일시적으로 존재했던 시기가 있었으며, 이 지역의 이슬람교도 중에는 당시의 이슬람교도 국가를 부활시키고자 하는 조직이 있다. 이런 이슬람교도 조직은 국경을 접하고 있는 중앙아시아의 이슬람교 국가로부터 지원을 받아 독립 운동을 전기하고 있다. 그리고 한족의 이주에도 강하게 반발하고 있으며 테러가 발생하고 있다.

---

1. 이슬람교 136 쪽에서 설명.
2. 동투르키스탄공화국
현재의 중국의 신장웨이우얼 자치구에 해당하는 지역. 투르키스탄은 '터키인의 나라'라는 의미로 중앙아시아의 광대한 지역이 자신들의 땅이라는 뜻이다. 투르키스탄은 파미르고원에 의해 동서로 나뉘는데, 서투르키스탄에는 카자흐스탄·키르기스스탄·타지기스탄·우즈베키스탄·투르크메니스탄·아프가니스탄이 포함된다.

주변국이 쟁탈전을 벌이는 난사군도

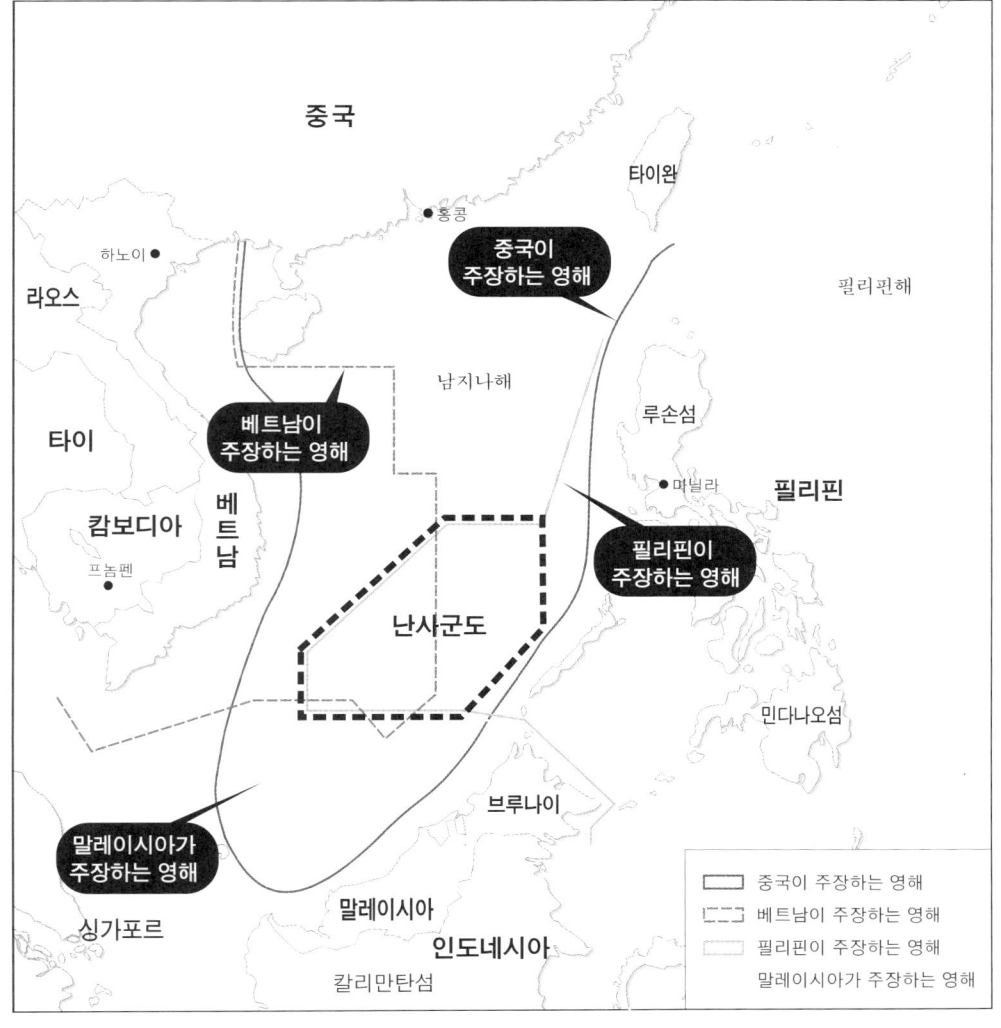

반발을 초래하는 중국 해군의 적극적인 움직임

베트남과 필리핀 사이의 바다인 남지나해 중심부에 펼쳐지는 섬들이 바로 난사군도이다. 난사군도는 제2차 세계대전중에는 일본이 점령하고 있었으나, 종전 후 일본이 영유권을 포기한 다음에는 풍부한 어업 자원뿐 아니라 해저에 석유가 매장되어 있어 각국의 쟁탈전이 벌어지고 있다.

현재 영유권을 주장하고 있는 나라들은 중국 · 타이완 · 베트남 · 필리핀 · 말레이시아 · 브루나이인데, 특히 적극적인 움직임을 보이고 있는 것이 중국이다. 1987년부터 중국 해군의 움직임이 활발해져 작은 암초를 차례로 점령하더니 1988년에는 베트남 해군과 교전을 벌여 암초를 확보했다. 더욱이 1992년에는 '중국영해법'을 제정하여 남지나해 전체를 일방적으로 자신들의 영해라고 선언하고 나서 즈변 국가들로부터 반발을 사고 있다.

1995년에는 필리핀이 영유권을 주장하고 있는 해역의 미스치프 산호초에 중국이 거주 시설을 건설하여 필리핀이 중국에 항의하는 일이 벌어지기도 했다.

---

1. 난사군도
남사군도 혹은 스플래틀리군도라고도 부른다. 난사군도는 해면 위에 돌출해 있는 모든 도서의 총면적은 2.1km²에 불과하지만, 군사상의 요지인 데다 풍부한 석유 자원이 매장되어 있다는 유엔아시아극동 경제위원회의 조사 보고가 영유권 분쟁을 촉발했다. 난사군도는 1933~1939년에는 프랑스가 영유했으나 제2차 세계대전중에는 일본이 점령했고, 일본이 패전한 후 1951년 중국이 영유권을 주장했다. 1974년에는 난사군도를 두고 중국과 당시 베트남의 사이공 정권이 무력 충돌을 벌였다. 1975년에는 베트남과 필리핀이 군대를 파견했고, 1987년과 1988년에는 중국 · 베트남 등이 영유권을 주장하며 군대를 파견했다. 이처럼 당사국 간에 갈등이 심각해지자 동남아시아국가연합(ASEAN)은 평화적 해결을 촉구했다. 남중국해에는 이외에도 베트남과 중국이 대립하고 있는 파라셀군도(황사군도)와 중국과 필리핀이 맞서고 있는 스카보로군도 등이 있다.
* 동남아시아국가연합 ASEAN : Association of South-East Asian Nations 113쪽에서 설명.

동티모르 독립 후에도 테러가 계속되는 인도네시아

수하르토 정권 붕괴 후 끊이지 않는 분쟁

인도네시아는 동서로 늘어선 1만 3000개의 섬들로 구성되어 있으며 동서의 거리는 무려 5100km에 이른다. 또한 300여 민족이 있어 저마다 독립의 움직임이 분출하고 있다.

본디 인도네시아는 네덜란드, 동티모르는 포르투갈의 식민지였으나 포르투갈이 동티모르의 지배를 포기한 후 인도네시아가 동티모르를 점령했다. 하지만 동티모르는 2002년 5월 마침내 독립을 성취했다. 그리고 서쪽 끝의 아체주는 네덜란드의 식민지가 되기 이전에 독자적인 왕국을 이루고 있었기 때문에 인도네시아로부터의 독립 운동을 전개하고 있다. 동쪽 끝의 이리안자야주는 식민 지배를 하고 있던 네덜란드가 서파푸아로 독립시키려 했으나, 인도네시아가 병합했기 때문에 현재 독립을 요구하는 움직임이 있다.

이외에 말루쿠주의 암본에서는 이슬람교도와 그리스도교도가 대립하고, 서칼리만탄주에서는 원래 살고 있던 주민과 뒤에 이주해 온 주민 사이의 충돌이 계속되고 있다.

---

1. 수하르토 Mohamed Suharto, 1921~
인도네시아의 2대 대통령. 1940년 네덜란드 식민지군에 입대하여 1963년 육군전략예비군 사령관으로 승진한 후 1966년 3월 인도네시아의 초대 대통령 수카르노로부터 전권을 이양받고 1968년 2대 대통령으로 취임했다. 1965년 쿠데타를 진압하면서 공산주의자를 처단한다는 명목 아래 50만 명을 살육하며 등장한 수하르토는 철권 통치로 일관했다. 그러나 그는 독재와 비민주적 정치를 펼치는 한편 반공과 친서방주의 노선을 취하여 냉전 시대에 서방의 비판을 피해 왔다. 또한 경제 개발을 통해 자신의 지배력을 정당화하려고 시도했으나, 불균등한 발전과 과도한 외자 차입으로 인해 외환 위기를 불러왔고 부정부패로 귀결되었다. 1998년 외환 위기와 경제난 속에 일어난 시민과 학생 들의 시위로 32년에 걸친 수하르토의 장기 집권 체제는 막을 내렸다.
2. 동티모르
인도네시아와 오스트레일리아 사이에 있는 티모르섬의 동쪽에 위치한 국가. 17세기부터 네덜란드와 포르투갈은 티모르를 차지하기 위해 싸웠고 결국 서쪽은 네덜란드(동인도제도에 편입되었다)가, 동쪽은 포르투갈이 차지했다. 제2차 세계대전이 끝나고 동인도제도가 인도네시아로 독립하자 서티모르는 당연히 인도네시아의 일부가 되었다. 그러나 1970년대 중반까지 동티모르를 지배하던 포르투갈이 갑작스레 철수하자, 이 틈을 타 1975년 인도네시아는 동티모르를 무력으로 점령했고 무자비한 진압 작전을 펴 20여 만 명의 동티모르인이 죽는 유혈 사태가 벌어졌다. 이후 동티모르 독립을 위한 활동은 계속되었고 1996년 대외적으로 동티모르를 대표하던 호세 라모스오르타와 정신적 지도자인 카를로스 필리페 시메네스 벨로 대주교가 노벨 평화상을 수상함으로써 많은 국제적 관심이 쏠리게 되었다. 마침내 1999년 유엔 감시 하에 국민 투표가 실시되어 독립이 결정되었으나 친인도네시아 민병대의 독립 반대 행위가 계속되어 다국적군이 파견되었다. 2002년 대통령 선거가 실시되어 샤나나 구스마오가 초대 대통령으로 선출되었고 2002년 5월 20일 독립을 선포했다.
*호세 라모스오르타 Jose Ramos-Horta, 1948~ 164쪽에서 설명.
*카를로스 필리페 시메네스 벨로 대주교 Carlos Filipe Ximenes Belo, 1948~ 164쪽에서 설명.
3. 이슬람교 136쪽에서 설명.
4. 그리스도교 136쪽에서 설명.

아부샤야프의 테러가 격화하는 민다나오

루손섬

마닐라

필리핀해

남 지 나 해

필리핀

일로일로 바콜로드
세부

팔라완섬

술루해

민다나오섬

다바오

삼보앙가

홀로섬

아부샤야프의 활동 거점

술루섬

셀레베스해

중국 일본

베트남 필리핀

인도네시아

오스트레일리아

이슬람교도 거주 지역
그리스도교도 거주 지역

이슬람 과격파에 대해 미국이 군사 고문단을 파견

필리핀은 가톨릭 신자가 85%를 차지하는 국가이지만, 남부에는 이슬람교도가 다수 살고 있다. 특히 민다나오섬에 많아 이곳에서는 이슬람교도의 독립국을 만들려는 움직임이 있다. 그 중심은 모로민족해방전선으로, '모로'란 필리핀 남부의 이슬람교도를 가리키는 말이다. 그들은 필리핀 정부군과 내전을 벌여 왔고, 1996년 9월 필리핀 당국은 이 지역에 이슬람교도의 자치를 인정함으로써 내전의 종식을 꾀했다. 그러나 모로민족해방전선으로부터 분열해 나온 모로이슬람해방전선은 이 합의를 거부하고 필리핀군과 산발적인 전투를 계속하그 있다.

더욱이 이슬람 과격파인 아부샤야프는 미국에서의 동시 다발 테러를 일으켰다고 지목받은 알카에다와 연계하여 격렬한 게릴라 투쟁을 전개하고 리조트를 습격하며 관광객을 인질로 삼는 등의 사건을 일으키고 있다. 이에 대해 미국은 군사 고문단을 파견하여 필리핀군에게 게릴라 제압 방법을 지도하는 한편으로는 아부샤야프와 교전하고 있다.

---

1. 가톨릭 136쪽에서 설명.
2. 이슬람교 136쪽에서 설명.
3. 아부샤야프 Abu Sayyaf
필리핀에서 활동하는 이슬람 무장 단체. 모로민족해방전선에서 1991년 갈라져 나왔으며 아프가니스탄으로부터 무기 등을 공급받았을 것으로 분석되고 있다. 민다나오의 이슬람교 국가 · 독립을 목적으로 하고 있다.
4. 미국에서의 동시 다발 테러 18쪽 '2001년 9월 11일에 발생한 동시 다발 테러 사건' 에서 설명.
5. 알카에다 Al-Queda 25쪽에서 설명.

유엔군 역시 많은 사망자를 낸 소말리아

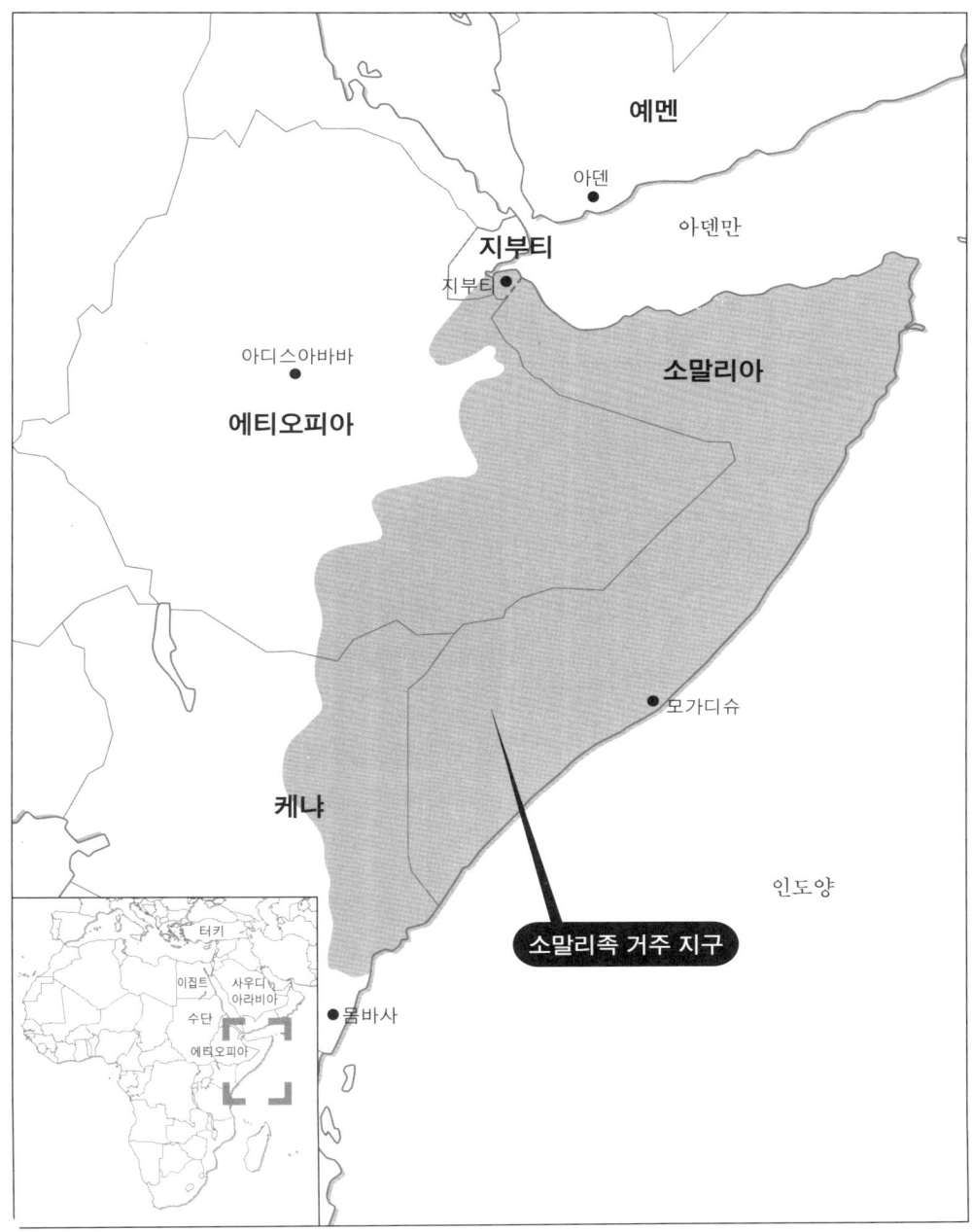

알카에다의 활동 거점인 아프리카의 뿔

1960년 영국과 이탈리아의 식민지였던 소말리아는 독립하여 소말리족이 주체가 된 소말리아민주공화국을 건설했다. 강권적인 사회주의 정권이 지속되어 왔으나, 1991년 냉전 종식과 더불어 사회주의 정권이 붕괴했다. 그후 반정부 조직 간의 내전이 끊이지 않아 국가 기능은 마비되었다.

국민에게 국가로서의 의식이 희박한 데다가 소말리족 내부에서 수많은 부족 간 대립이 벌어지고 있는데, 이것을 주변국이 이해관계에 따라 각각 지원하고 있어 내전이 좀처럼 끝날 기미를 보이지 않고 있다.

이로 인해 식료품의 유통마저 마비되어 1993년 소말리아에서는 대규모 기아가 발생했다. 유엔은 소말리아평화유지활동단(UNOSOM)을 설치하고 미군을 중심으로 하는 평화 유지군이 개입하여 지방에 원조 식량을 공급하려 했지만, 유엔을 '외부로부터의 적의 침략'으로 간주한 부족과의 전투가 발생하여 평화유지군은 150명 이상의 사망자를 내고 철수해야 했다. 9 · 11테러 이후 테러 조직 알카에다가 소말리아에 활동 거점을 구축했음이 밝혀져 미국의 다음 번 '테러와의 전쟁'의 목표로 주목받고 있다.

1. 유엔 UN : United Nations 89쪽 '국제연합(유엔)'에서 설명.
2. 소말리아평화유지활동단 UNOSOM : United Nations Operation in Somalia
3. 평화 유지군 93쪽 '유엔 평화 유지 활동'에서 설명.
4. 9 · 11테러 18쪽 '2001년 9월 11일에 발생한 동시 다발 테러 사건'에서 설명.
5. 알카에다 Al-Queda 25쪽에서 설명.

한국·일본·중국·러시아가 얽힌 독도, 북방 영토, 센카쿠섬

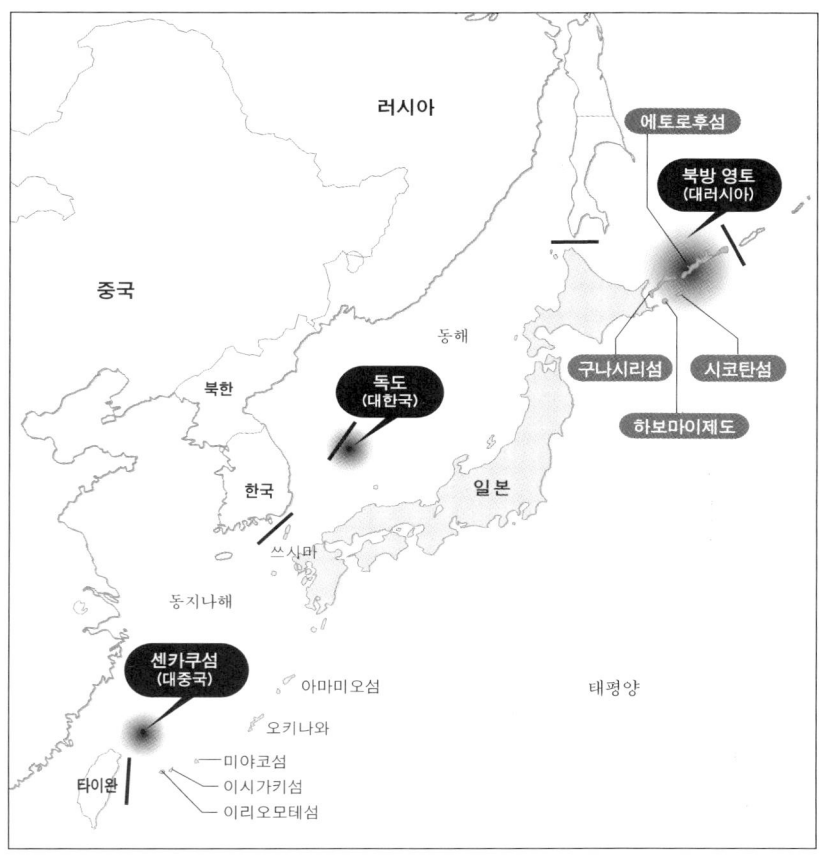

한국의 치안 경비대가 상주하는 독도

한국과 일본이 영유권을 다투고 있는 곳이 동해에 떠 있는 독도이다. 독도는 한국의 울릉도로부터 92km, 일본의 시마네현 오키섬으로부터 157km 떨어져 있는 2개의 섬과 주변의 암초로 이루어져 있다. 무인도이지만, 일본은 1905년 일본의 영토임을 선언하고 행정 구역상 '일본국 네시마현 오키군 고카무라 다케시마'로 표시하고 있다. 그런데 한국이 1952년 이 섬을 고유의 자국 영토라며 주변의 해역을 영해로 선언하면서 일본과의 사이에 분쟁이 일어나게 되었다.

한국에서는 특히 「독도는 우리 땅」이라는 노래가 유행하고부터 한국 사람이라면 누구나 독도의 영유권 문제를 알고 있다. 그러나 일본은 많은 국민이 이 문제에 대해 모르고 있다.

한국은 독도에 등대를 건설하거나 치안 경비대를 상주시키며 자국의 영토라는 기존 사실을 거듭 확인하고 있다.

반환 교섭이 난항을 거듭하는 북방 영토

'북방 영토'란 일본 홋카이도 네무로의 동쪽에 줄지어 있는 구나시리, 에토로후, 하보마이, 시코탄의 4개 섬을 가리키는 말이다. 하보마이는 정확하게는 하보마이제도이지만, 그 밖의 세 섬과 합해 '북방 4개 섬'이라고

---

1. 독도
독도의 일본 행정 구역 편입은 시마네현의 한 일본인 어부가 독도를 일본 영토로 편입한 후 10년 동안 임대해 달라는 청원서를 일본 정부에 제출한 것이 발단이 되었다. 일본 정부는 이 청원서를 근거로 1905년 1월 28일 독도를 다케시마로 명명하고 일본의 영토로 편입했으며 행정 구역은 '일본국 시마네현 오키군 고카무라 다케시마'로 표기했다. 이는 당시 여수선한 국제 정세와 조선 왕조의 국력이 쇠약한 것을 염두에 두고 내린 결정이었다. 우리 나라의 학자들은 원래는 청원서를 낸 일본 어민이 독도가 한국의 영토임을 알고 조선 정부에 임대 허가서를 내려 했으나 일본 정부의 공작으로 일본 영토 편입 청원서를 내게 된 것으로 판단하고 있다. 1952년 이승만 대통령이 독도를 포함하는 영해가 한국의 영토임을 선포한 소위 '이승만라인선언' 이후 우리 측 외교부와 일본 외무성 사이에는 늘 같은 내용의 공문이 오간다. 일본 측은 한국 정부는 불법으로 강점하고 있는 다케시마에서 모든 관헌을 철수하고 시설물을 철거하라는 내용의 공문을 보내고, 우리 측은 이에 맞서 이는 어불성설이라는 내용의 반박 문서를 보내는 것이다. 독도의 행정 구역은 대한민국 경상북도 울릉군 울릉읍 독도리 산 1-37번지이다.
2. 북방 영토
러시아와 일본 간의 영유권 분쟁이 일고 있는 쿠릴열도 ∠개 섬으로 '북방 영토'라는 명칭은 일본에서 부르는 이름이다. 쿠릴열도는 러시아연방 동부 사할린과 일본 홋카이도 사이에 위치한 화산 열도로 30개 이상의 도서로 이루어져 있다. 영어 · 러시아어로는 쿠릴이며, 일본령이었을 때는 지시마라고 불렀다. 현재 영유권 분쟁이 일고 있는 섬은 쿠릴열도 최남단의 에토로후, 구나시리, 시코탄, 하보마이열도이다.

불린다.

1855년 일본과 러시아가 러일강화조약을 맺음으로써 4개 섬은 일본의 것으로, 4개 섬 북쪽 쿠릴열도(지시마열도)는 러시아의 것으로 결정했으나, 사할린에는 양국의 국민이 혼주하고 있기 때문에 귀속을 결정하지 않기로 했다. 하지만 1875년 사할린·쿠릴교환조약으로 사할린은 러시아의 것이, 쿠릴열도는 일본의 것이 되었다. 러일전쟁의 결과, 1905년 사할린의 남쪽 반이 다시 일본의 것이 되었다. 그러나 제2차 세계대전이 끝나 갈 무렵, 소련군은 돌연 일본군을 공격했고 일본의 항복 후 북방 영토를 점령했다. 그후 일본은 소련, 그리고 러시아에 대해 북방 영토를 반환할 것을 요구하고 있으나, 반환 교섭은 난항에 난항을 거듭하여 전망은 밝지 않다.

석유 자원 발견으로 영토 문제의 무대가 된 센카쿠섬

센카쿠섬은 일본 오키나와의 남서쪽 300km, 타이완의 북동쪽 200km에 위치하고 있는데, 댜오위도(조어도) 등 5개 섬과 3개 암초로 구성되어 있으며 일본의 영토에 편입된 것은 1875년의 일이다. 섬에는 일본인이 살고 있었으나 1940년 무인도가 되었다. 오키나와현의 이시가키섬에 속해 있으나, 현재는 중국과 타이완이 영유권을 주장하고 있다.

이 섬이 주목을 끌게 된 것은 1968년의 일로, 유엔 아시아극동 경제위

---

3. 강화조약
전쟁을 종료시키고 평화를 회복하기 위한 교전국 간의 합의. 전쟁을 끝내는 원칙적인 방식으로 군사적인 휴전에 이어 이루어진다. 강화의 효과는 전쟁 및 적대 행위의 종료, 평화의 회복, 국교 수립, 평화적 교류의 개시이다. 그 밖에 영토 할양, 이에 따르는 주민의 국적 이전, 배상 지불, 장래의 평화 보장 등은 규정에 따르는 경우가 많다. 일반적으로 강화조약에 앞서서 맺어지는 휴전조약은 군사 행동 정지와 군사적 조항을 정하는 것이 원칙이며, 전쟁 종결에 따른 정치적 조건을 정하고 전쟁을 정식으로 종식시키는 것은 강화조약이다.
4. 센카쿠섬
일본 오키나와에서 약 300km, 타이완에서 약 200km 떨어진 댜오위도(조어도)를 중심으로 한 섬들로 중국에서는 댜오위다오(조어대)군도로, 일본에서는 센카쿠제도로 부르며, 국제적으로는 센카쿠섬이라고 부른다. 센카쿠섬을 둘러싼 중국·일본·타이완간의 영유권 분쟁은 오랜 역사를 가지고 있는데 중국에서는 1873년에 출판된 지도에 중국 영토로 표시되어 있어 당연히 중국 영토라고 주장하는 반면, 일본에서는 1895년 오키나와현에 정식으로 편입된 일본 영토라고 주장하고 있다. 본격적으로 불거지기 시작한 것은 타이완과 일본 어부들 사이에 고기잡이 문제로 마찰을 일으키면서였는데, 1971년 중국과 타이완이 각각 영유권을 주장했지만 1972년 미국이 오키나와를 일본에 반환함으로써 댜오위도는 자연히 일본에 귀속되었다. 그러나 1978년 중국 어부들이 이 수역에서 조업을 하자 일본 극우 단체가 이곳에 등대를 설치하면서 분쟁은 격화되었다. 특히 이 댜오위도는 지정학적으로 군사 전략의 요충지에 해당하고, 엄청난 양의 해저 자원까지 매장되어 있어 영유권 분쟁은 격화될 수밖에 없다.
5. 유엔 UN : United Nations 89쪽 '국제연합(유엔)'에서 설명.

원회의 조사에서 이 제도의 주변 해저에 석유 자원이 풍부하게 매장되어 있음이 판명되고부터다. 바야흐로 영토 문제는 석유나 천연 가스의 쟁탈전이 되고 있는 것이다. 중국은 1992년 '중국영해법'을 제정하여 자국의 영토라고 선언했을 뿐 아니라 석유 굴삭선 등의 조사선이 자주 드나들고 있어 일본이 항의를 반복하고 있다.

1996년 일본이 새삼 센카쿠섬을 일본의 영토라고 선언한 일 때문에 중국 · 타이완 · 홍콩에서는 일본어 강력하게 항의를 했고 이들 나라 사이에 긴장 상태가 지속되고 있다.

---

6. 미하일 고르바초프 Mikhail Sergeyevich Gorbachvov, 1931~
러시아의 초대 대통령. 1952년 공산당에 입당하여 모스크바대학 내 공산주의청년동맹(콤소몰) 조직원으로 활약하다 1955년 고향 스타브로폴로 돌아와 콤소몰 서기로 일했다. 1966년 지구당 제1서기를 거쳐 1971년 소련 공산당 중앙위원이 되었다. 1978년 농업 담당 당 서기로 취임한 후 1980년 정치국원으로 선출되어 권력의 핵심에 접근했다. 안드로포프가 집권하자 그의 후계자로 지목되었고, 체르넨코의 집권 기간 중 제2인자의 위치를 굳혔다. 마침내 1985년 당 서기장에 선출되고 페레스트로이카(개혁)를 추진하여 소련 국내에서의 개혁과 개방뿐만 아니라 동유럽의 민주화 개혁 등 세계 질서에도 큰 변혁을 가져왔다. 1990년 3월 소련 최초의 대통령에 선출되었는데 이와 같은 개혁 의지는 1991년 8월 보수 강경파에 의한 쿠데타를 유발시키기도 했으나, 공산당을 해체함으로써 소련의 공산 통치사에 종막을 고하게 했다. 1990년 노벨 평화상을 수상했다.
7. 서미트 90쪽 '서방 7개국 정상 회담'에서 설명.
8. 하시모토 류타로 橋本龍太郎, 1937~
도쿄에서 태어나 1963년 중의원 선거에서 자민당 소속으로 출마하여 최연소 의원으로 의회에 진출한 이래 12선의 다선 기록을 세웠다. 1995년의 자민당 총재 선거에서 선출되어 이 듬해 1월 제84대 총리로 취임했다. 경제 상황에 대한 판단 착오, 소비세 인상에 따른 경기 후퇴의 심각화로 국민의 불신을 초래하여 1998년 7월의 참의원 선거에서 대패함으로써 사직했다.
9. 모리 요시로 森喜郎, 1937~
일본 이시카와현 출신으로 신문 기자로 활약하다 중의원 비서로서 정계에 진출한 후 1969년 중의원에 첫 당선된 뒤 내리 10선을 기록했다. 주요 각료와 당 3역을 거치며 화려한 이력을 쌓았으며 1999년 자민당 총재 선거에서 주류 진영에 가담해 정권을 이양받았다. 개헌이나 안보 문제 등에서 강경 우파 목소리를 내는 등 보수 색채가 강하다.
10. 블라디미르 푸틴 Vladimir Putin, 1952~ 53쪽 중요 인물.
11. 난세이제도
일본의 규슈 남단에서 타이완 사이에 호상으로 배열된 열도. 제2차 세계대전 후 북위 30° 이남은 미 군정 하에 있다가 1972년까지 전 지역이 일본에 반환되었다. 주요 산업은 농업으로 최근에는 온난한 기후와 빼어난 환경을 이용한 관광 산업이 활기를 띠고 있다.
12. 덩샤오핑 鄧小平, 1904~1997
중국의 혁명가이자 정치가. 1918년 프랑스로 유학해 1920년대 초 파리에서 공산주의 운동에 가담했다. 마오쩌둥이 이끄는 대장정에 참가하고 팔로군 정치위원으로서 중화인민공화국 수립에 공을 세운 그는 당의 요직을 맡으며 현대 중국의 건설을 주도했다. 경제 발전을 위해 물질적 보상 제도를 채택하고 엘리트를 양성하자는 실용주의 노선을 취했던 덩샤오핑은 1966년 문화대혁명이 시작되자 홍위병으로부터 '반모주자파(反毛走資派)의 수괴'라는 비판을 받고 실각했다. 1973년 복권되었다가 1976년 문화대혁명을 주도하던 4인방에 의해 다시 권력에서 밀려났다. 그해 9월 마오쩌둥이 죽고 4인방이 제거된 뒤인 1977년 복권되어 1981년 실질적인 최고 지도자로서 중국의 개혁 개방을 이끌었다. 덩샤오핑 개혁 사상의 핵심은 실사구시였다. 덩샤오핑은 '모두가 가난해지는 것은 사회주의가 아니다'라고 주장하면서 경제 살리기에 모든 노력을 집중했다. 이것이 그가 숙청되었던 배경이다. 1989년 4월 톈안먼 사태(천안문 사태)로 인 해 정치적으로 불안해지기도 했으나, 위기를 잘 극복하여 중국 정계의 최고 실권자임을 증명했다. 1992년 10월에 개최된 제14회 전국대표대회에서 개혁 · 개방 정책을 이끌 새로운 지도 체제를 출범시켰다.
*마오쩌둥 毛澤東, 1893~1976 195쪽에서 설명.
*톈안먼 사태 195쪽에서 설명.

역사의 흐름   한국 · 일본 · 중국 · 러시아의 영토 문제

	독도
1905년	일본, 독도의 영유권을 확인
1952년	한국, 독도가 고유의 영토임을 주장
1954년	일본, 영유권을 주장하는 문서를 한국에 송부
	한국, 독도에 경비대원을 주재
1996년	한국 · 일본, 영유권 문제를 분리하여 어업 협정을 체결하는 데 합의
1999년	새로운 한일어업협정 발효
	북방 영토
1875년	사할린 · 쿠릴교환조약, 쿠릴열도(지시마열도)까지 일본령이 됨
1945년	소련이 중립 조약을 파기, 북방 영토를 포함하는 쿠릴열도를 점령
1956년	소일공동선언에서 소련이 하보마이 · 시코탄의 반환을 명기
1991년	미하일 고르바초프 대통령 방일, 소일 정상 회담
1992년	뮌헨 서미트에서 북방 영토 문제를 정치 선언으로 명기
1997년	크라스노야르스크 선언에 의해 2000년까지 북방 영토 문제 해결을 포함하는 평화 조약의 체결 합의
1998년	러일 정상 회담에서 하시모토 류타로 총리가 가와나제안(국경선 획정안)을 함.
2001년	모리 요시로 총리와 블라디미르 푸틴 대통령이 이르쿠츠크성명을 발표했지만 진전 없음
	센카쿠섬
1884년	일본인이 해산물 등의 채집 사업
1895년	일본이 표식을 세움
1952년	난세이제도의 일부로서 미국의 군정에 들어감
1971년	중국이 영유권을 주장
1972년	오키나와와 함께 미국이 일본에 반환
1978년	덩샤오핑이 센카쿠섬 문제 보류 발언
1996년	중국 해군이 센카쿠섬에서 훈련

| 제1장 정리 |

분쟁 당사자들에게는 '정의의 싸움'이라는 논리가 있다

2002년 10월, 러시아 모스크바에서 체첸의 독립을 요구하는 무장 단체가 극장을 점거하여 사람들을 볼모로 억류한 채 인질극을 벌였다. 이에 러시아는 특수 부대를 진입시켰고 인질 가운데 100명이 넘는 희생자가 발생했다. 이 극장 점거 사건은 '잊혀져 가고 있던' 체첸 독립 운동을 세계인의 머리에 다시금 떠올리게 한 결과가 되었다. 극장을 점거한 무장 단체의 대부분은 체첸 분쟁으로 남편을 잃은 부녀자들로, 남편의 원수를 갚기 위해 자신의 몸에 폭발물을 두르고 자폭할 각오로 참가했다고 하여 더욱 충격을 던져 주었다.

러시아 당국은 독립을 요구하는 체첸 사람들을 군대의 힘으로 억압해 왔다. 이에 대해 서방 국가들은 인권 탄압이라며 비판의 수위를 높여 왔으나, 2001년 9월 11일 동시 다발 테러 사건이 발생하고부터 상황이 돌변했다. 러시아 정부가 체첸의 독립 운동을 테러 행위로 단정하고 체첸에서의 군사 행동을 '테러와의 전쟁'이라고 선언한 것이다.

미국은 이를 계기로 더 이상 러시아에 비판을 가하지 않게 되었다. 9·11테러를 기점으로 체첸의 독립파는 미국 정부로부터 버림받은 셈이 되었다. 그러자 체첸의 무장 단체는 러시아의 수도 모스크바에서 극장을 점거하는 무리한 방법으로 자신들의 요구를 세계에 알리는 강경 수를 두었다. 테러를 통해서밖에 자신들의 주장을 세계의 여론에 호소할 길이 없는, 세계 각지에서 펼쳐지고 있는 지역 분쟁과 민족 분쟁 당사자들의 곤혹감과 초조감을 엿보게 하는 하나의 사건이었다.

생각해 보면 팔레스타인 주민의 움직임 또한 테러 활동이 계기가 되어 세계의 주목을 끌었다. 아라파트를 지도자로 하는 팔레스타인해방기구(PLO)가 세계 각지에서 비행기 납치 등의 테러 활동을 전개한 결과, 세계가 팔레스타인 주민의 어려움을 알게 되어 문제 해결을 위한 대처가 시작되었던 것이다.

테러는 결코 있어서는 안 된다. 이 원칙은 우리에게는 당연한 일로 생각되지만, 민족 독립 운동을 하고 있는 사람들이나 단체들에게는 '정의의 싸움'이라는 명분이 있다. 2001년의 9 · 11테러 이후 유엔에서 테러를 뿌리 뽑기 위한 대처에 관한 논의가 있었다. 그 자리에서 팔레스타인 주민에 의한 자폭 공격 또한 테러라고 주장하는 미국 · 이스라엘과 '팔레스타인 주민의 싸움은 자위를 위한 싸움이지 테러가 아니다'라고 주장하는 아랍 측은 극명한 대립을 보였다.

무엇을 갖고 테러라고 정의할까? 실은 이렇게 간단해 보이는 일에서조차 입장에 따라 견해가 달라질 수밖에 없다.

중국의 신장웨이우얼 자치구 독립 운동에서는 독립파를 군사력으로 억압하고 있는 중국 정부가 '테러와의 전쟁'을 주장하고 있다. 독립을 요구하는 조직은 중국 인민에 테러를 저지르는 조직이며, 그 조직을 공격하는 것은 '테러와의 전쟁'이자 정당한 행동이라는 논리다. 중국 국내의 인권 문제에 민감하게 반응해 온 미국 정부는 러시아의 체첸 문제와 마찬가지로 신장웨이우얼 자치구에서의 사태에 침묵하게 되었다. 독립을 요구하는 조직도 한 국가의 통합을 중시하는 정부도 각각 자신들의 논리로 정의를 내세우고 있는 것이다.

인도와 파키스탄 분쟁의 원인이 되고 있는 카슈미르 문제 역시 인도와 파키스탄 쌍방에게 있어서는 '자국의 영토를 지키는 정의의 싸움'이다. 영국의 지배로부터의 독립을 성취했을 때 이슬람교도가 대다수를 점하고 있던 카슈미르 지방이 이슬람교도의 나라인 파키스탄에 속하느냐 종교에 관계없는 세속 국가인 인도에 귀속하느냐 하는 문제를 해결하지 못해 분쟁이 계속되고 있다. 미국을 비롯한 세계 여러 나라가 조정에 들어감으로써 우선 양국의 직접적인 무력 충돌은 피할 수 있었으나, 쌍방에게 정의의 싸움이라는 생각이 있는 한 이 문제는 그리 쉽게 해결할 수 있는 것이 아니다.

'이슬람교는 호전적'이라고 결론짓는 것은 잘못이다

카슈미르 문제처럼 이슬람교도가 관계하는 지역 분쟁과 민족 분쟁이 다발

◀체첸의 무장 단체가 점거한 모스크바의 극장.

하고 있는 것이 최근에 일어나는 분쟁의 특징이다.

중동 문제는 이스라엘 대 팔레스타인의 대립이지만, 거기에는 유대교 대 이슬람교라는 종교 대립의 요소가 있다. 체첸인은 이슬람교도이며, 중국에서 독립 운동을 전개하고 있는 신장웨이우얼 자치구의 사람들 또한 이슬람교도이다. 구유고슬라비아 내전에서 보스니아헤르체고비나의 한쪽 당사자가 된 것도 이슬람교도였다. 쿠르드족도, 이라크 국민도, 아프가니스탄의 국민도 이슬람교도이다. 하지만 그렇다고 해서 이슬람교도는 모두 호전적이라고 결론지을 수는 없다. 이슬람교라는 종교 자체는 절대로 전쟁을 선동하는 종교가 아니다.

선진국의 편의대로 국경을 긋거나 서로 다른 종교와 민족 사이에 대립을 부추겨 온 과거의 역사 위에 현재의 다양한 대립과 분쟁이 존재하고 있는 것이다. 과거의 역사를 교훈삼아 현실적인 방도를 하나하나 모색해 가지 않으면 분쟁의 해결은 요원하다. 그를 위한 지속적인 노력과 당사자를 납득시키는 논리, 그리고 평화를 구축할 수 있는 구상이 요구되고 있다. 나아가 서로 다른 민족과 종교의 공존을 위한 관용의 정신이 요구되고 있다.

제 2 장

세계의 정치 · 군사

세계의 강대국임을 주장하는 강대국과

약소국 간에 긴박하게 돌아가는 정세.

강대국이 군사력을 증강하는 진의는 어디에 있는가?

국위를 위해서일까, 경제 번영을 위해서일까,

국가 간 흥정을 위한 도구로 삼기 위해서일까?

그러나 그것은 난민 · 빈곤 · 기아 문제를 일으키기도 한다.

세계의 안전 보장을 요구하는 여론은

각국 정상들만이 풀어야 할 문제가 아니다.

인류 모두가 자각하여

미래를 바라보며 생각해야 하는 과제이다.

한눈에 알 수 있는 요점

핵 보유국

미국 · 러시아 · 영국 · 프랑스 · 중국 · 인도 · 파키스탄

핵 개발 · 보유 의혹국

북한 · 이라크 · 이란 · 리비아 · 이스라엘

국제 정치 속에서 강대국의 발언권을 뒷받침해 주는 것이 군사력이다. 슬픈 일이지만 이것이 세계의 현실이다. 전 세계에서 군사 대국이라고 하면 분명 미국을 꼽을 수 있는데, 미국은 핵무기를 대량 보유하고 있으며 최첨단 무기로 무장한 강력한 군대를 갖고 있다. 국방 예산도 다른 어떤 나라보다 월등하다. 2001년 9월의 동시 다발 테러 사건 이후, 부시 정권은 군비 증강에 힘쓰고 있기 때문에 더욱 막강한 군사 대국이 되어 가고 있다.

국방 예산 액수로 보면 미국에 이어 2위는 러시아, 그리고 3위는 일본이 차지한다. 미처 깨닫지 못하고 있는 사이 일본은 유수의 군사력을 가진 국가가 된 것이다. 일본 정부는 군사력이 아니라 자위력이라는 대외적인 방침을 내세우고 있지만 말이다. 중국은 금액으로 보면 대단치 않지만, 이는 물가 수준이 다르기 때문이다. 실제로는 군비의 증강에 힘을 쏟아 표면적으로 드러나는 군사비 이외에 드러나지 않은 군사비가 상당한 액수에 이를 것으로 보인다.

인도 · 파키스탄이 핵무기 보유국 대열에 뛰어들었고 이스라엘이 핵무기를 갖고 있음은 공공연한 비밀이다. 그리고 북한에 핵무기 개발 의혹의 눈길이 쏠리고 있다. 이제 세계를 좌지우지하는 강대국들의 정치적 · 군사적 움직임을 보자.

세계의 군사력

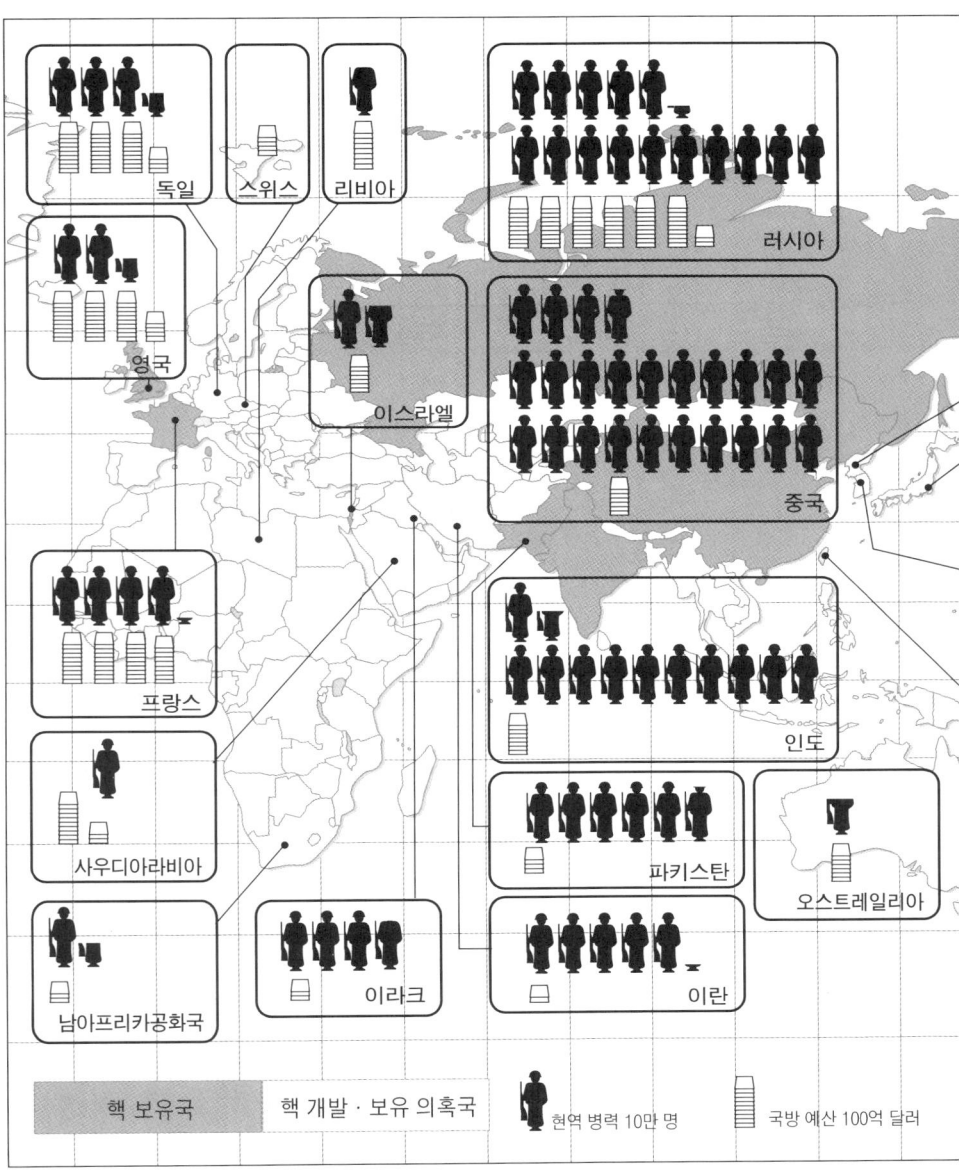

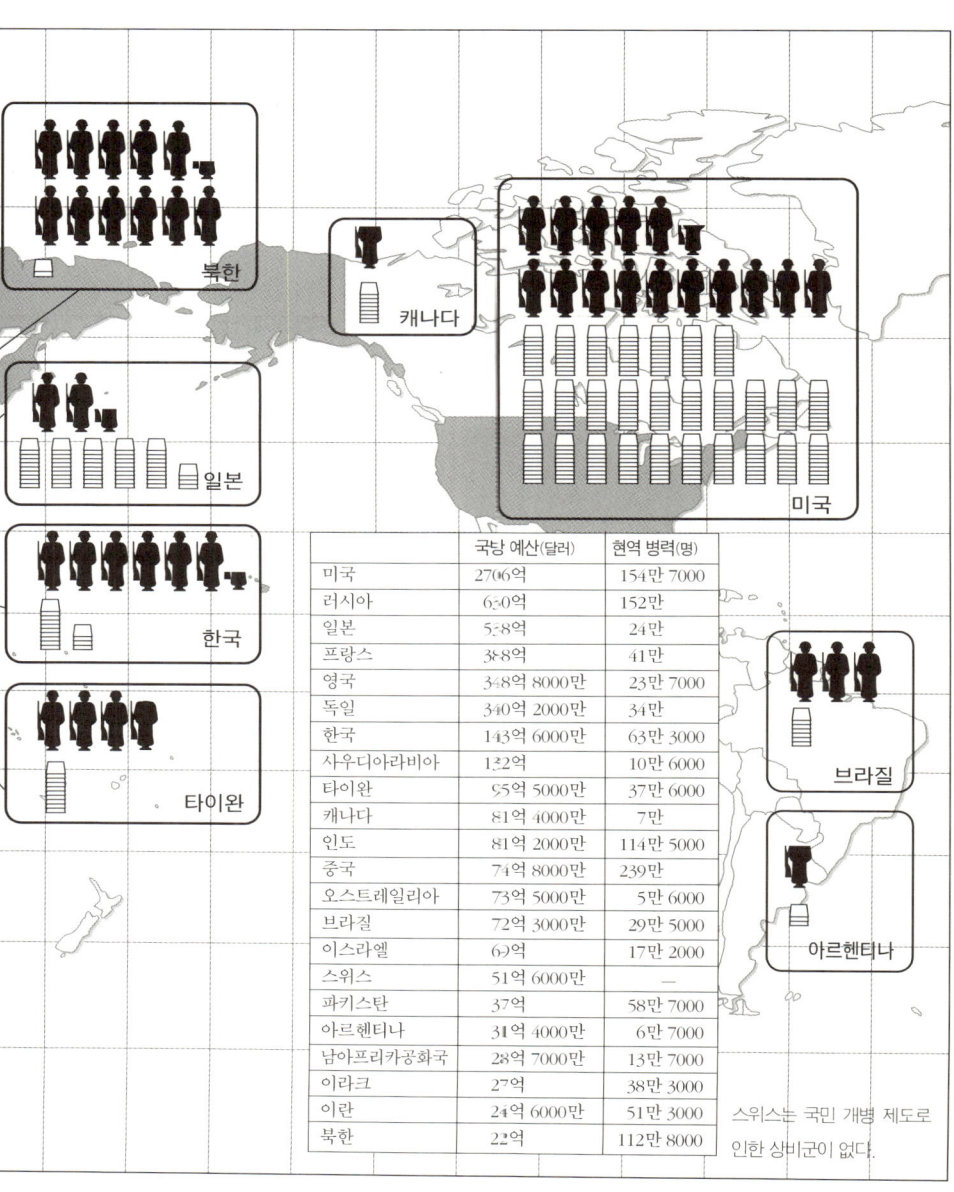

	국당 예산(달러)	현역 병력(명)
미국	2706억	154만 7000
러시아	620억	152만
일본	528억	24만
프랑스	388억	41만
영국	348억 8000만	23만 7000
독일	340억 2000만	34만
한국	143억 6000만	63만 3000
사우디아라비아	132억	10만 6000
타이완	95억 5000만	37만 6000
캐나다	81억 4000만	7만
인도	81억 2000만	114만 5000
중국	74억 8000만	239만
오스트레일리아	73억 5000만	5만 6000
브라질	72억 3000만	29만 5000
이스라엘	69억	17만 2000
스위스	51억 6000만	—
파키스탄	37억	58만 7000
아르헨티나	31억 4000만	6만 7000
남아프리카공화국	28억 7000만	13만 7000
이라크	27억	38만 3000
이란	24억 6000만	51만 3000
북한	22억	112만 8000

스위스는 국민 개병 제도로
인한 상비군이 없다.

5대국이 지배하는 안전보장이사회

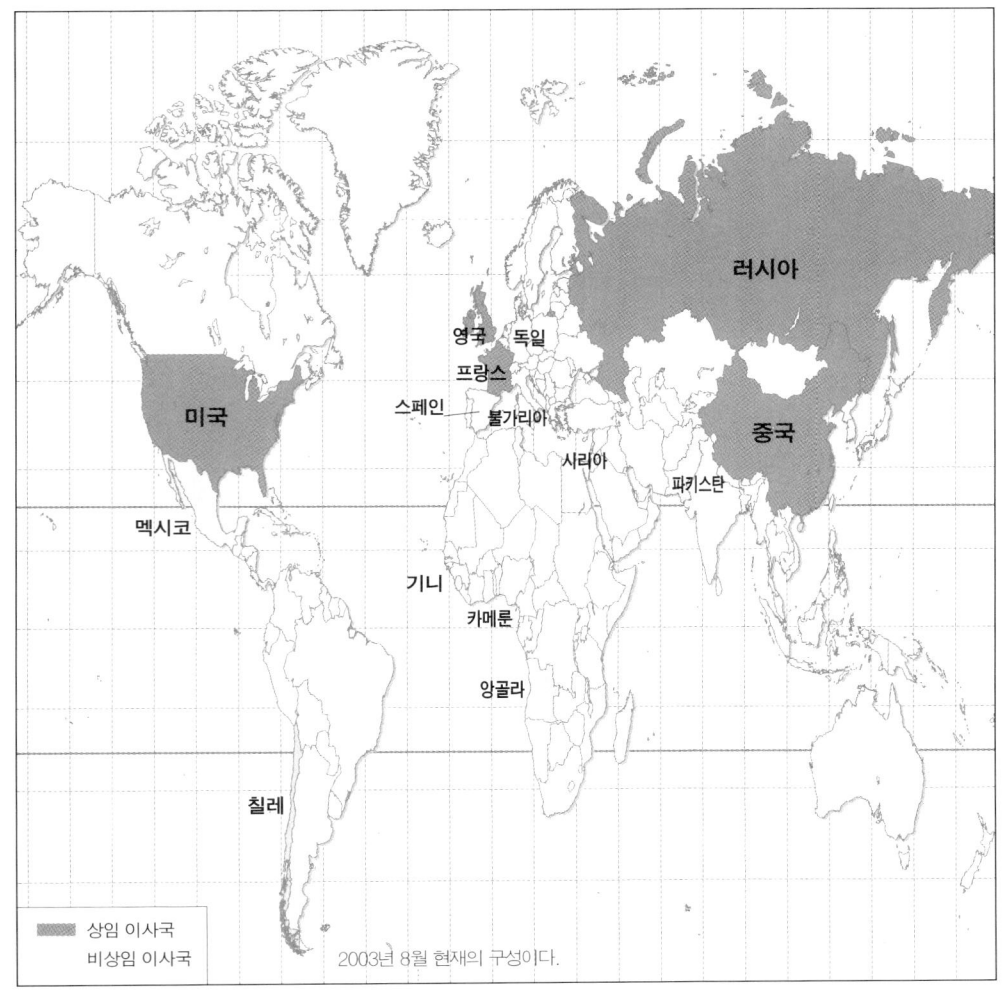

러시아

영국 독일
프랑스
스페인 ─ 불가리아
미국
시리아
파키스탄
중국

멕시코

기니

카메룬

앙골라

칠레

상임 이사국
비상임 이사국

2003년 8월 현재의 구성이다.

세계의 평화를 좌우하는 5대국의 의도

세계의 어딘가에서 분쟁이 일어나면 등장하는 것이 국제연합(유엔)의 안전보장이사회인데, 이것은 지역 분쟁을 해결하기 위해 결의를 하거나 평화 유지군을 파견하는 등의 방침을 결정하는 회의이다. 안전보장이사회는 15개국으로 구성되어 있으며, 그중 미국·러시아·영국·프랑스·중국 등 5개국이 상임 이사국이고 나머지 10개국이 비상임 이사국이다.

상임 이사국은 핵무기를 보유하고 있는 핵 대국이고 임기가 없다. 나머지 10개국은 임기가 2년으로 매년 5개국씩 교체되는데, 지역의 균형을 고려하여 유엔 총회에서 결정한다.

안전보장이사회의 결의는 15개국 가운데 9개국의 찬성으로 결정되지만, 상임 이사국 5개국에는 거부권이 주어져 있어 5개국 중 하나라도 반대하면 결의는 채택되지 않는다. 즉 안전보장이사회는 세계 국가의 대표에 의한 결의 기관인 동시에 5대 강국의 의도에 좌우되는 조직이기도 하다.

---

1. 국제연합(유엔) UN : United Nations
전쟁을 방지하고 평화를 유지하며 정치, 경제, 사회, 문화 등 모든 분야에서 국제 협력을 증진시키는 역할을 하는 국제 기구로, 본부는 미국 뉴욕에 있다. 이 명칭은 미국의 대통령 프랭클린 루스벨트가 고안했다. 1945년 샌프란시스코에서 개최된 '국제 기구에 관한 연합국 회의'에 참석한 50개국 대표가 유엔헌장을 작성하고 1945년 6월 26일 서명함으로써 1945년 10월 24일 공식 출범했다. 세계 평화에 기여한 공로가 인정되어 2001년 현 사무총장 코피 아난과 공동으로 노벨 평화상을 수상했다. 우리나라와의 관계를 보면, 1948년 소련 등 6개국이 불참한 가운데 소총회를 열고 한국을 한반도의 유일한 합법 정부로 승인했으며, 1950년 한국전쟁이 발발하자 안전보장이사회를 열고 유엔군 파병을 결정했으나 소련이 거부권을 행사함으로써 더 이상의 조치를 취할 수 없게 되어 미국의 주도로 파병이 이루어졌다. 한국은 1951년 상주 대표부를 설치하고 대사를 파견했으며, 북한은 1973년 옵서버 사무소를 설치하고 제28차 총회 이후 우리 나라와 함께 옵서버로 참가했다. 1985년 총회에서 최초로 한국의 국무총리와 북한의 부주석이 함께 연설했고, 1991년 9월 ROK(대한민국)와 DPRK(조선민주주의 인민공화국)라는 정식 국호로 동시 가입했다. 주된 활동으로는 평화 유지 활동, 군비 축소 활동, 국제 협력 활동 등이 있으며 주요 기구와 전문 기구, 보조 기구로 구성되어 있다. 주요 기구에는 총회, 안전보장이사회, 경제사회이사회, 신탁통치이사회, 국제사법재판소, 사무국이 있고 전문 기구에는 국제노동기구(ILO), 국제연합식량농업기구(FAO), 국제연합교육과학문화기구(UNESCO), 세계보건기구(WHO), 국제통화기금(IMF), 국제부흥개발은행(IBRD), 국제금융공사(IFC), 국제개발협회(IDA), 국제민간항공기구ICAO), 만국우편연합(UPU), 국제해사기구(IMO), 세계기상기구(WMO), 국제전기통신연합(ITU), 세계지적소유권기구(WIPO), 국제농업개발기금(IFAD), 국제연합공업개발기구(UNIDO)가 있다. 또한 전문 기구는 아니지만 실질적 전문 기구인 국제원자력기구(IAEA), 세계무역기구(WTO)가 있으며 비전문 기구로는 국제연합개발계획, 국제연합·환경계획, 국제연합난민고등판무관, 국제연합인권고등판무관, PKO 등이 있다.
* 코피 아난 Kofi Annan, 1938~ 167쪽에서 설명.
* 평화 유지 활동 93쪽 '유엔 평화 유지 활동'에서 설명.
* 국제통화기금 IMF : International Monetary Fund 121쪽에서 설명.
* 국제연합난민고등판무관 94쪽 '유엔난민 고등판무관사무소'에서 설명.
2. 안전보장이사회 Security Council
국제 평화와 안전 유지에 대해 일차적 책임을 지는 유엔의 주요 기구. 상임 이사국은 거부권을 행사할 수 있는데, 이것은 주권 평등에 기초한 1국 1표주의의 원리에 위배되나 유엔헌장의 규정상 인정된다. 비상임 이사국은 임기 2년이며 지역별 배분 원칙에 따라 아시아 2개국, 아프리카 3개국, 중남미 2개국, 동유럽 1개국, 서유럽 및 기타 2개국으로 정해진다. 안전보장이사회의 결정은 회원국에 대해 구속력을 가지며 총회의 권고 기능에 비해 훨씬 강력하다. 세계 분쟁을 위협하는 국제 분쟁에 대해 정황을 조사할 수 있고 평화적 해결을 권고하며, 평화와 안전을 위태롭게 하는 침략 국가와 국제사법재판소에서 인정한 국가에 대해 제재를 가할 수 있다. 절차상의 문제는 9개국의 동의로 결의되나 실제 문제는 5개 상임 이사국을 포함한 9개국의 동의가 있어야 하며 분쟁 당사국은 기권해야 한다. 이사국 대표단이 유엔 본부에 상주한다. 1948년부터 53년 간 평화 유지 활동이 계속되고 있다. 보조 기구로 가입심사위원회(CANH), 군사참모위원회(MSC), 군축위원회(DC) 등이 있다.
3. 평화 유지군 93쪽 '유엔 평화 유지 활동'에서 설명.

세계의 정상이 모이는 서미트

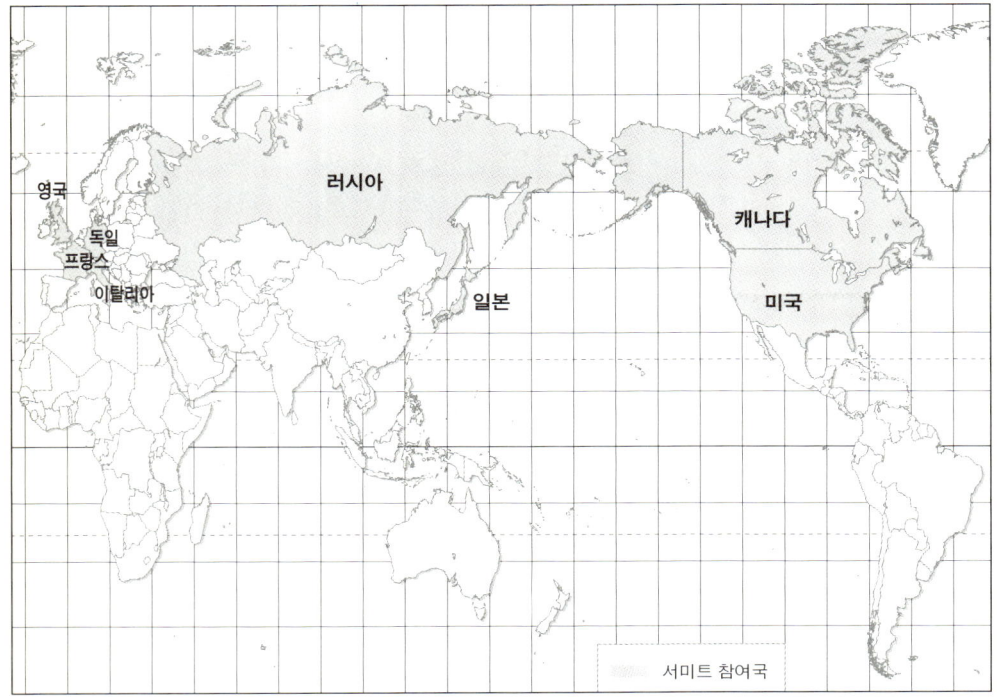

영국
독일
프랑스
이탈리아
러시아
일본
캐나다
미국

서미트 참여국

1. 서방 7개국 정상 회담 World Economic Conference of the 7 Western Industrial Countries
세계의 부와 무역을 지배하고 있는 서방 7개 선진 공업국의 연례 경제 정상 회담. 선진국 수뇌 회의라고도 하며 통칭 서미트라고 한다. 이 7개국은 프랑스 · 미국 · 영국 · 독일 · 일본 · 이탈리아 · 캐나다이며 EU의 의장국이 참가한다. 석유 파동 이후 세계 경제의 과제를 해결하는 방안을 모색하고자 1975년 프랑스의 랑부예에서 시작된 이 회의는 세계 정세에 대한 기본 인식을 같이하고 선진 공업국 간의 경제 정책 조정을 논의하며, 자유 세계 선진 공업국들의 협력과 단결의 강화를 목적으로 한다. 1997년 이후 러시아가 참가하여 G8가 되었다. 7개국의 인구는 세계 인구의 14%를 차지할 뿐이나, 부에 있어서는 5분의 3을, 국민총생산(GNP)은 전 세계의 56%를 차지하며 1인당 GNP는 세계 평균의 4배에 달한다. 1975년 11월 처음 개최될 당시에는 미국 · 영국 · 프랑스 · 독일 · 이탈리아 · 일본 등 6개국 정상 회담이 개최되었고 1976년 캐나다가 합류하면서 비로소 G7이 되었다. 1991년 당시 소련이 준회원으로 참여하기 시작했으며, 1997년 러시아가 정회원이 되면서 G7에서 G8이 되었다. 1979년 도쿄 회의까지는 경제 문제, 특히 인플레이션, 경기, 무역, 통화, 에너지, 남북 문제만 공식 논의되었다. 그러나 1980년 이탈리아의 베네치아 회담부터는 소련의 아프가니스탄 침공, 항공기 납치 문제, 인질 문제, 난민 문제 등을 주요 의제로 다루기 시작했다.
* 국민총생산 GNP : Gross National Product 124쪽에서 설명.
* 남북 문제 121쪽에서 설명.
* 난민 94쪽에서 설명.
2. 유럽연합 EU : European Union 15쪽에서 설명.
3. 중동전쟁 Arab-Israeli Wars 37쪽에서 설명.

새로운 국제 질서를 보여 줄 수 있을까?

매년 7월을 전후하여 열리는 서미트는 주요국 정상들이 모이는 회의이다. 전 세계 국가들에게 영향력을 가지는 극소수의 정상이 모이므로 '산의 정상'이라는 의미를 지닌 서미트라는 이름으로 불리게 되었다. 예전에는 서방 7개국 정상 회담, 즉 G7으로 불렸으나 러시아가 참여하면서 G8가 되었다. 일본 · 미국 · 영국 · 독일 · 프랑스 · 이탈리아 · 캐나다 · 러시아의 8개국이 참여하고 있으며, 회원국은 아니지만 유럽연합(EU)의 대표도 회의에 참가한다.

1975년 중동전쟁이 발단이 되어 석유 가격이 급상승(석유 파동)하여 세계 경제가 혼란에 빠지자, 선진국이 협력하여 대책을 모색하자는 프랑스의 호소로 제1회 서미트가 열리던서 시작되었다.

8개국이 번갈아 가며 회의장을 제공하는데, 2000년에는 일본의 규슈와 오키나와에서 열렸고 2002년 캐나다에서의 서미트는 테러를 경계하여 민가에서 떨어진 산악 지대의 리조트에서 열렸다. 매년 열리고 있는 가운데 최근에는 각국의 정상들이 서로 만나는 데 의미를 두는 형식적인 것이 되었다는 비판이 일고 있다.

---

4. 석유 파동

오일 쇼크라고도 부르는데, 아랍석유수출기구(OAPEC)와 석유수출국기구(OPEC)의 원유 가격 인상과 원유 생산 제한으로 인해 1973년과 1978년 세계 각국에서 야기된 경제적 혼란.

1) 제1차 석유 파동 : 1973년 10월 6일 시작된 중동전쟁이 석유 전쟁으로 번저 세계 경제는 제2차 세계대전 이후 가장 심각한 불황에 직면하게 되었다. 1973년 10월 16일 페르시아만의 6개 석유 수출국은 OPEC 회의에서 원유 고시 가격을 17% 인상한다고 발표한 데 이어, 17일 이스라엘이 아랍 점령 지역에서 철수하고 팔레스타인의 권리가 회복될 때까지 매월 원유 생산을 전월에 비해 5%씩 감산한다고 발표함으로써, 중동전쟁에서 석유를 정치적인 무기로 사용할 것을 선언했다. 이 결정으로 기간 산업의 대부분을 석유에 의존하고 있는 서방 세계의 경제는 석유 부족 때문에 제품 생산이 저하되고 제품 가격이 상승하여, 결국 세계적인 불황과 인플레이션으로 이어졌다. 외교면에서는 서방 세계로 하여금 친이스라엘에서 친아랍 중동 정책으로 돌아서게 만들었고, OPEC는 원유 가격의 결정권을 장악하게 되었으며 자원민족주의를 강화시키는 결과를 초래했다.

2) 제2차 석유 파동 : 제1차 석유 파동의 결과 OPEC는 원유 가격의 결정권을 장악했으나 인플레이션과 달러 가치의 하락을 고려한 실질 원유 가격으로 끌어올리지는 못했다. 그리하여 1978년 12월 OPEC 회의는 단계적인 14.5%의 인상을 결정했고 때를 같이하여 이란은 국내의 정치적 · 경제적 혼란을 이유로 석유 생산을 대폭 감축하고 수출을 중단했다. 이 결과 배럴당 10달러 선을 조금 넘어섰던 원유 가격이 배럴당 40달러까지 치솟았다. 이로 인해 선진국의 경제 성장률은 1978년의 4.0%에서 1979년에는 2.9%로 낮아졌고 소비자 물가 상승률은 10.3%를 기록했으며, 개발도상국의 경우 32.0%의 급격한 상승세를 보였다. 또 OECD 국가들의 경상 수지는 1978년의 116억 달러 흑자에서 1979년 322억 달러의 적자로 반전되었고, 비산유 개발도상국은 적자의 폭이 444억 달러에서 505억 달러로 확대되었다. 반면 OPEC 산유국의 경상 수지 흑자는 1978년의 240억 달러에서 1979년에는 770억 달러로 급증했다.

3) 우리 경제와의 관계 : 제1차 석유 파동 때는 크게 영향을 받지는 않았으나 제2차 석유 파동 때는 극심한 피해를 받아 1979년에는 6.4%이던 경제 성장률이 1980년에는 −5.7%를 기록했다. 이는 제1차 석유 파동 이후 경제 체질 개선을 이루지 못하고 중화학 공업 중심의 확대 정책에 중점을 둔 것에 기인한다.

* 아랍석유수출기구 OAPEC : Organization of Arab Petroleum Exporting Countries 119쪽에서 설명.
* 석유수출국기구 OPEC : Organization of the Petroleum Exporting Countries 119쪽에서 설명.

역할이 다양해지는 유엔 평화 유지 활동(PKO)

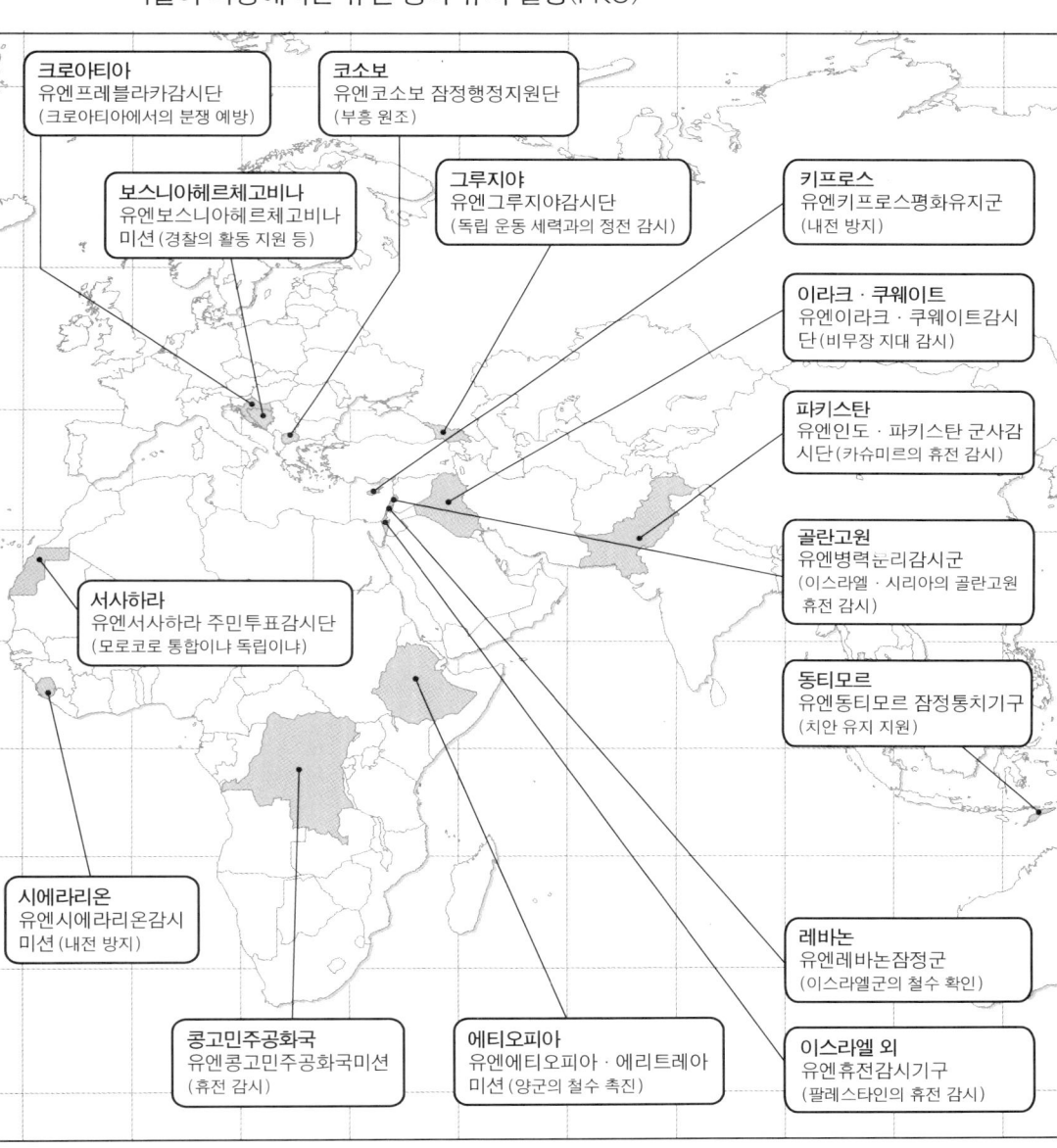

크로아티아
유엔프레블라카감시단
(크로아티아에서의 분쟁 예방)

코소보
유엔코소보 잠정행정지원단
(부흥 원조)

보스니아헤르체고비나
유엔보스니아헤르체고비나
미션 (경찰의 활동 지원 등)

그루지야
유엔그루지야감시단
(독립 운동 세력과의 정전 감시)

키프로스
유엔키프로스평화유지군
(내전 방지)

이라크 · 쿠웨이트
유엔이라크 · 쿠웨이트감시
단 (비무장 지대 감시)

파키스탄
유엔인도 · 파키스탄 군사감
시단 (카슈미르의 휴전 감시)

골란고원
유엔병력분리감시군
(이스라엘 · 시리아의 골란고원
휴전 감시)

서사하라
유엔서사하라 주민투표감시단
(모로코로 통합이냐 독립이냐)

동티모르
유엔동티모르 잠정통치기구
(치안 유지 지원)

시에라리온
유엔시에라리온감시
미션 (내전 방지)

레바논
유엔레바논잠정군
(이스라엘군의 철수 확인)

콩고민주공화국
유엔콩고민주공화국미션
(휴전 감시)

에티오피아
유엔에티오피아 · 에리트레아
미션 (양군의 철수 촉진)

이스라엘 외
유엔휴전감시기구
(팔레스타인의 휴전 감시)

정전이 시작된 지역에서 활동하는 평화 유지군

세계의 어딘가에서 지역 분쟁이 발생하고 분쟁이 정전 상태가 되었을 때 안전보장이사회의 결의로 결정되는 것이 유엔 평화 유지 활동(PKO)이다.

PKO에는 정전 감시와 평화 유지의 두 임무가 있다. PKO 자체가 국제 분쟁이 계속되고 있는 곳에 파견되는 경우는 없다. 다만 당사자 간에 정전이 합의되었을 때 정전이 지켜지는가를 감시하기 위해 정전 감시단이 파견되며, 이들은 군대가 아니므로 무장하지 않는다. 한편 정전이 시작된 지역의 치안 유지 임무를 띠는 것이 평화 유지군으로, 이들은 자위를 위한 최소한의 무기를 지닌다. 평화 유지군은 각각 출신국의 군복을 입고 있지만, 유엔의 요원임을 나타내기 위해 UN이라는 글씨가 있는 파란색 헬멧이나 베레모를 착용한다.

일본의 자위대는 평화 유지군에는 참가하지 않지만 후방에서 지원하는 활동에 참가하고 있다.

---

1. 안전보장이사회 Security Council 89쪽에서 설명.
2. 유엔 평화 유지 활동 PKO : Peacekeeping Operation
유엔이 관계 당사국의 동의를 얻어 일정한 군대 등으로 구성된 평화 유지군이나 감시단 등을 현지에 파견해 휴전, 정전의 감시 또는 치안 유지 임무를 수행하는 일을 말한다. 분쟁 지역의 평화 유지 또는 회복을 돕는 것이 목적이다. 조직 형태는 정전 감시단(Observer Mission)과 평화 유지군(PKF : Peacekeeping Forces)으로 나눌 수 있다. 정전 감시단은 정전의 감시, 감독을 위해 분쟁 지역에 파견되며 파견국의 장교로 구성되어 정전을 위반하는 행위가 일어나면 이것을 즉시 안전보장이사회에 보고하는 것이 임무로서 무기는 휴대하지 않는다. 유엔휴전감시기구(UNTSO), 유엔인도·파키스탄 군사감시단(UNMOGIP)이 이에 속한다. 반면 평화 유지군은 각국이 제공하는 부대를 유엔이 통괄하여 정찰 수색, 통제 임무를 수행하고 개인 화기, 장갑차 등으로 경무장한다. 예로는 유엔병력분리감시군(UNDOF), 유엔레바논잠정군(UNIFIL)을 들 수 있다. 최근에는 이외에 국제 선거, 문민 경찰, 인권, 난민 귀환 지원에서 행정 사무나 부흥 개발까지 PKO의 임무가 다양해졌다. 2003년 5월 현재 13개의 PKO가 전개중이며 약 90개국으로부터 3만 5000명의 군사·경찰 요원이 파견되어 있다.
*우리 나라의 PKO 참여
우리 나라는 1991년 9월 유엔에 북한과 동시 가입한 이후 회원국으로서의 책임을 다하고 한국전쟁 시의 수혜국으로서 세계 평화에 기여하기 위해 유엔의 PKO 활동에 참여하고 있다. 1993년 소말리아의 평화 유지 활동에 참여하고자 252명을 최초로 파병한 이후 서사하라, 그루지야, 인도·파키스탄, 앙골라, 돈티모르, 사이프러스 등 7개 지역에 파병하여 2002년 12월 27일 현재 5개 지역에서 4700여 명이 활동을 하고 있다.

전란에 쫓기는 사람들

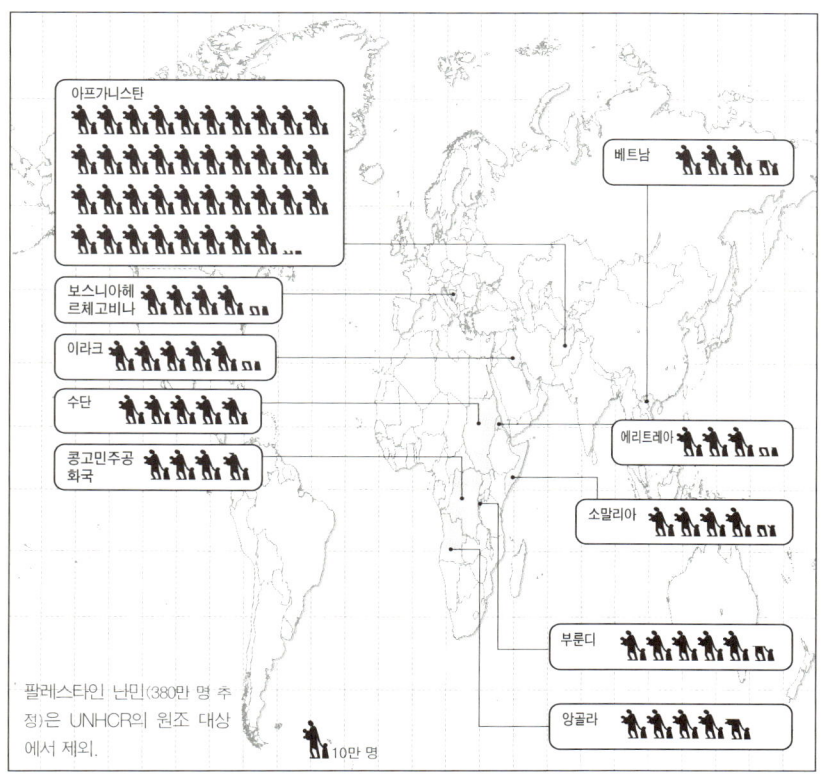

유엔난민 고등판무관사무소 UNHCR : Office of the United Nations High Commissioner for Refugees

아프가니스탄

베트남

보스니아헤
르체고비나

이라크

수단

콩고민주공
화국

에리트레아

소말리아

부룬디

앙골라

팔레스타인 난민(380만 명 추
정)은 UNHCR의 원조 대상
에서 제외.

10만 명

---

1. 난민
1951년 작성된 '난민의 지위에 관한 협약'에서는 '인종, 종교, 국적, 특정 사회 집단에의 소속 또는 정치적 견해를 이유로 박해를
받게 될 것이라는 충분히 이유 있는 공포 때문에 자국 국적 밖에 있는 자 및 자국의 보호를 받기를 원하지 않는 자'라고 난민에 대
한 정의를 내리고 있다. 체류국으로부터 난민으로 인정받으면 체류 자격을 획득하게 되고 각종 사회 보장 혜택을 받게 된다.
2. 탈레반 Taleban, Taliban 19쪽에서 설명.
3. 유엔난민 고등판무관사무소 UNHCR : Office of the United Nations High Commissioner for Refugees
국제난민기구(IRO : International Refugee Organization)의 후신으로 난민들이 새로운 체재국의 국적을 획득할 때까지 정치적·법
적 보호를 책임지는 유엔 소속 기구. 1949년 유엔 결의에 의해 설치되어 1951년부터 활동을 시작했으며 1954년과 1981년
노벨 평화상을 수상했다. UNHCR는 첫째 인도주의에 입각한 난민에 대한 법적·물질적 구호 사업, 둘째 난민의 귀국, 재정착,
이산 가족 상봉 지원, 셋째 국제 협력 사업 등 난민의 안전 확보와 정착을 목표로 하고 있다. 조직은 임기 5년의 고등판무관과

21세기에 들어서도 계속 증가하는 난민

난민이란 '인종, 종교, 국적, 특정 사회 집단에의 소속을 이유로 박해를 받게 될 우려가 있어 자국 밖에 머물며 귀국할 수 없는 자'를 가리킨다.

얼마 전까지만 해도 세계에서 가장 많은 난민을 만들어 내는 나라는 아프가니스탄이었으나, 최근에는 수많은 사람이 다시 아프가니스탄으로 돌아가고 있다. 아프가니스탄에서 탈레반 정권이 붕괴한 후 국제 사회의 후원으로 잠정 정권이 성립함에 따라 피난 갔던 난민들이 속속 귀환하고 있는 것이다. 난민이 조국으로 돌아가는 것은 좋은 일이지만, 대량의 귀환민이 밀려드는 것 역시 심각한 문제이다. 난민 문제를 다루는 유엔의 기관은 유엔난민 고등판무관사무소(UNHCR)이다. 유엔팔레스타인난민 구제사업기관(UNRWA)은 팔레스타인 난민을 전문으로 담당하고 있으나, UNHCR와는 별개로 활동하고 있다.

세계의 난민 출신국(명)			
아프가니스탄	3810만	소말리아	44만
부룬디	55만 4000	보스니아헤르체고비나	42만 6000
이라크	53만	콩고민주공화국	39만 2000
수단	49만	베트남	35만 3000
앙골라	47만 100	에리트레아	33만 3000

난민 문제에 관심을 갖고 해결에 기여하는 국가들로 구성되며 최고 의사 결정 기구인 집행 이사회로 구성되는데, 집행 이사회 이사국은 우리 나라 포함하여 2003년 현재 57개국이 다. UNHCR의 본부는 스위스 제네바에 있으며 세계식량계획(WFP)과 긴밀한 협력 관계를 유지하고 있다.
* 유엔 UN : United Nations 89쪽 '국제연합(유엔)'에서 설명.
4. 유엔팔레스타인난민 구제사업기관 UNRWA : United Nations Relief and Works Agency for Palestine Refugees in the Near East
1945년 이스라엘의 독립 선언에 이집트 등 아랍 국가들이 반발하여 제1차 중동전쟁이 발발했고 이 전쟁으로 인해 이스라엘에 점령된 지역의 팔레스타인인 약 75만 명이 난민이 되어 요르단·시리아·레바논·요르단강 서안 및 가자 지구로 흩어졌다. 당초 팔레스타인 난민의 구제는 1948년 설립된 유엔팔레스타인난민 구제기관(UNRPR : United Nations Relief for Palestine Refugees)의 조사에 따라 민간의 자원 조직에 의해 이루어졌다. 그러나 문제가 장기화되어 구제 사업을 직접 실시하는 유엔 기관의 설립을 희망하는 목소리가 높아져 UNRWA가 탄생했다. UNRWA의 사업은 크게 나누어 통상 계획과 특별 계획이 있으며 통상 계획으로는 교육·직업 훈련, 의료·보건, 구제 복지 프로그램을 운영하고 있다. 팔레스타인 난민인 현지 직원 약 2만 3000명에 의해 운영되고 있는데, 요르단·시리아·레바논·요르단강 서안 및 가자 지구에 사는 팔레스타인 난민 약 387만 명을 대상으로 다양한 계획을 실시하고 있다.
* 중동전쟁 Arab-Israeli Wars 37쪽에서 설명.
* 가자 지구 Gaza Strip
팔레스타인 남서부, 지중해 해안을 따라 길이 약 50km, 폭 5~8km에 걸쳐 가늘고 길게 뻗은 지역으로 인구 대부분이 팔레스타인인이며 대이스라엘 저항 세력의 중요한 거점이다. 이 구역 최대의 도시 가자시의 이름에서 따와 이처럼 불려지게 되었는데, 가자시는 4000년 이상의 역사를 가진 오래된 도시이다. 제1차 세계대전 후 영국의 위임 통치 하에 놓였다가 이스라엘과 이집트가 번갈아 차지하기를 반복하다 1994년부터 팔레스타인인들의 자치가 시작되었다.

하루에 70명이 목숨을 잃는 지뢰 매설 지도

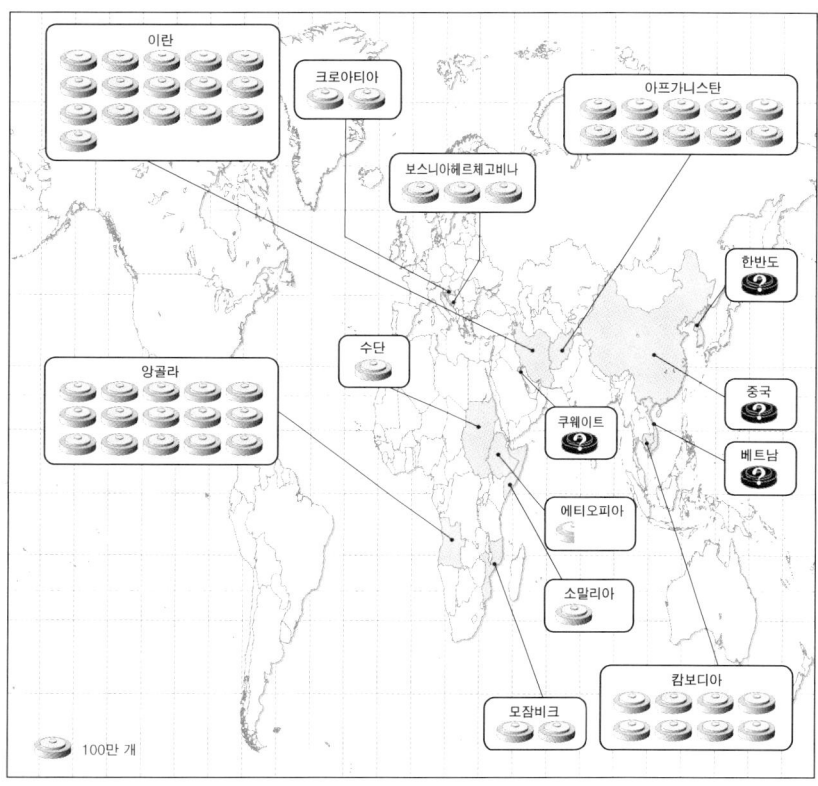

어린이에게 큰 피해를 주는 지뢰

도로 옆이나 밭두둑을 걷고 있을 때 돌연 발 밑이 폭발하여 다리를 잃어 버린다. 지뢰는 전쟁이 끝난 지 여러 해가 지나도 일반인, 특히 어린이에 게 커다란 피해를 안겨 준다. 지뢰는 묻혀 있는 것만으로도 얼마든지 적의 침입을 막거나 통행을 방해할 수 있는 비교적 저렴한 무기이다. 그리고 지 뢰는 자신을 지키기 위해서뿐 아니라 공격용 무기로도 사용되며, 폭발로 적을 죽이는 것보다 부상을 입히는 것이 목적이라고 할 수 있다. 지뢰를 밟은 병사가 다리에 부상을 입으면 본인의 전투 능력을 상실하는 것은 물 론 그 병사를 돌볼 요원이 필요해진다. 따라서 적의 부담은 증가시키는 반 면, 전투 요원을 감소시키게 된다.

1997년에는 대인지뢰전면금지협약이 성립되어 전 세계 121개국이 여기 에 서명했고, 일본의 자위대는 소유하고 있던 100만 개의 지뢰를 전부 폐기 했다. 그러나 세계에는 88개국에 6000만~7000만 개나 되는 지뢰가 여전 히 묻혀 있는 것으로 추정되고 있다. 지뢰가 남아 있는 한 평화는 오지 않 을 것이다.

지뢰 추정 매설 수(개)			
이란	1600만	수단	100만
앙골라	1500만	에티오피아	50만
아프가니스탄	1000만	쿠웨이트	불명
캄보디아	800만	한반도	불명
보스니아헤르체고비나	300만	중국	불명
모잠비크	200만	베트남	불명
크로아티아	100만		

1. 대인지뢰전면금지협약
명칭 그대로 대인 지뢰 사용의 전면 금지를 내용으로 하여 1997년 12월 캐나다 오타와에서 121개국의 서명으로 채택된 협약. 정식 명칭은 '대인 지뢰의 사용, 저장, 생산, 이전의 금지와 그 파괴에 관한 협약'이며 '오타와협약'이라고 부르기도 한다. 냉전 시대 세계 곳곳에 1억 발 이상 매설된 것으로 추정되는 대인 지뢰로 인한 사상자가 연간 2만 6000명 수준을 웃돌고 특히 어린 이와 부녀자 등 민간인 피해자가 속출하자, 1990년대 초반부터 심각한 문제로 대두되었다. 모든 대인 지뢰의 사용, 개발, 생산, 비축, 이전을 포괄적으로 금지하는 이 협약은 1999년 3월 1일 발효되었으며 2003년 5월 현재 147개국이 비준했다. 그러나 미국과 한국을 비롯하여 러시아·중국·이스라엘은 가입을 유보하고 있으며 북한도 미가입 상태다. 대인지뢰전면금지협약은 국제 지뢰 금지 운동 등 비정부 기구(NGO)의 압력에 의해 다수 국가가 짧은 기간 내에 타결을 이룬 인도적 목적의 국제 군비 통 제 조약으로 평가받고 있으나, 대인 지뢰 생산·소비·수출국인 미국·러시아·중국·인도·파키스탄·베트남 등이 참여치 않아 협약의 보편성과 실효성 확보에 중대한 의문이 제기되고 있다.
*비정부 기구 NGO : Non-Governmental Organization 127쪽에서 설명.

러시아와도 손잡은 북대서양조약기구(NATO)

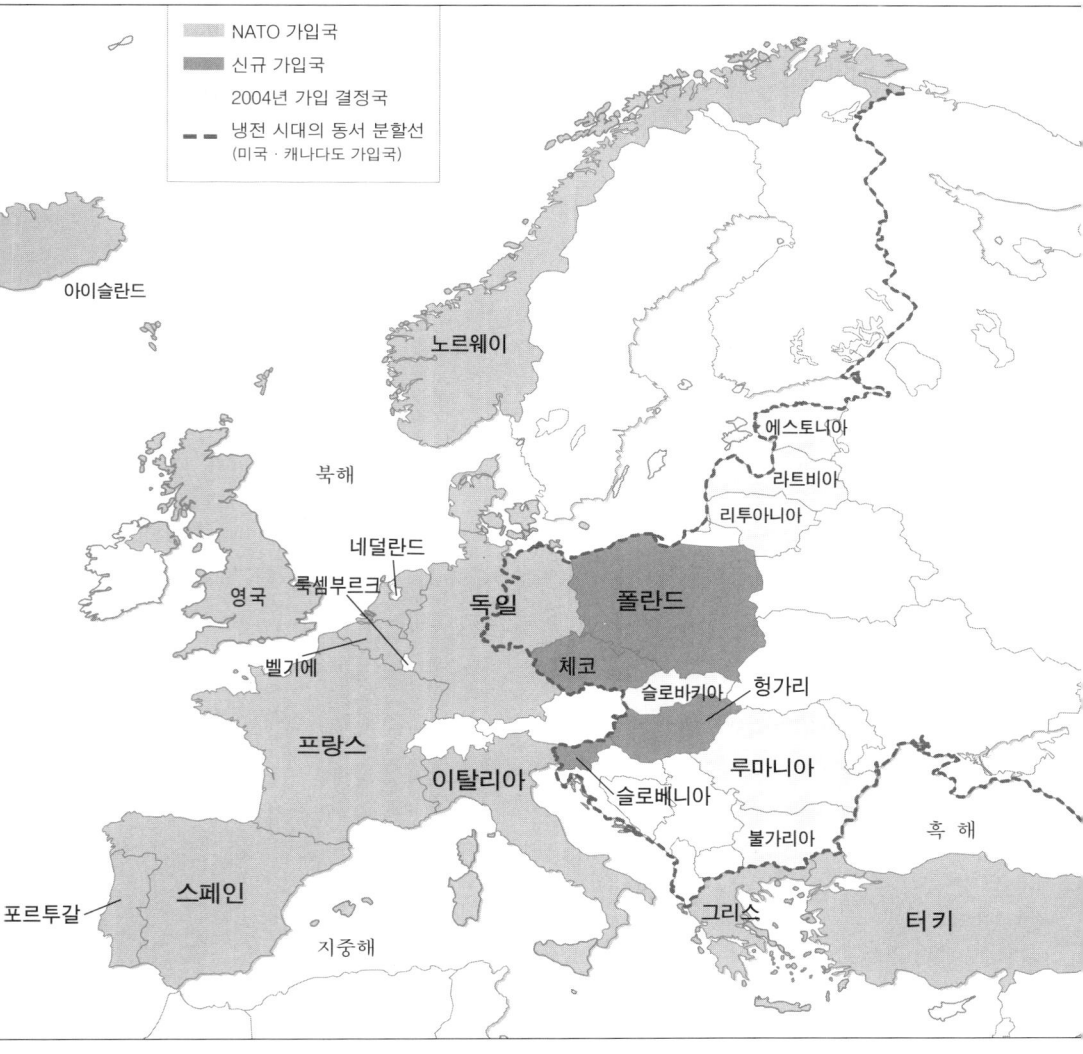

NATO 가입국
신규 가입국
2004년 가입 결정국
냉전 시대의 동서 분할선
(미국 · 캐나다도 가입국)

아이슬란드

노르웨이

북해

에스토니아

라트비아

리투아니아

네덜란드

룩셈부르크

영국

독일

폴란드

벨기에

체코

슬로바키아

헝가리

프랑스

이탈리아

루마니아

슬로베니아

흑해

불가리아

포르투갈

스페인

지중해

그리스

터키

유럽 전체의 안정을 지키는 군사 동맹

　동서 냉전 시대이던 1949년 소련과 동유럽에 대항하여 성립한 군사 동맹이 북대서양조약기구(NATO)이다. 강대한 소련군이 소련의 명령에 따르는 동유럽 국가들의 군대와 함께 서유럽을 공격해 오면 한시도 버티지 못한다는 우려가 NATO를 결성하게 만든 동기이다.

　서유럽은 대서양 반대편에 있는 미국·캐나다를 끌어들였는데, 서유럽의 입장에서는 미국의 군사력을 기대한 반면, 미국의 입장에서는 서유럽을 이용해 소련을 봉쇄하려 한 것이다. 그러나 이 군사 동맹은 냉전이 종식되자 성격이 달라져야 했고, 그 결과 소련에 대항하는 군사 동맹이 아니라 유럽 전체의 안전에 책임을 지는 조직으로 변모했다.

　16개국이 가입하고 있었으나 냉전 종결과 더불어 구소련권의 동유럽 국가들이 차례로 가입해 왔다. 더욱이 2002년 5월에는 러시아와의 사이에 NATO·러시아이사회를 발족시켰다. 소련이 붕괴하여 태어난 러시아가 NATO의 준가입국이 된 것이다.

---

1. 북대서양조약기구 NATO : North Atlantic Treaty Organization
1949년 미국 워싱턴에서 조인된 북대서양조약을 기초로 미국·캐나다와 유럽 10개국 등 12개국이 발족시킨 집단 방위 기구. 2002년 현재 미국·캐나다·아이슬란드·영국·포르투갈·스페인·프랑스·룩셈부르크·덴마크·네덜란드·노르웨이·벨기에·독일·이탈리아·그리스·터키·체코·폴란드·헝가리 등 19개의 회원국이 있으며, 본부는 벨기에 브뤼셀에 있다. NATO는 당시 냉전 체제 하에서 구소련을 중심으로 한 동구권의 위협에 대항하기 위한 집단 방위 기구로서 창설되었다. 이에 소련 등 공산권은 NATO에 버금가는 지역 안보 기구인 바르샤바조약기구를 창설했다. 1991년 바르샤바조약기구가 해체되자 NATO는 미국의 주도로 지역 분쟁에 대처하는 유럽 안보 기구로서의 신전략을 채택했다. NATO는 유럽 일부 지역에서 발생하는 불안정이 전체 회원국의 위험이 될 수 있다는 논리를 내세워 1999년 유엔 결의 없이 코소보를 단독으로 공습하기도 했다. 또한 프랑스는 1966년 미국의 독주에 반발하여 탈퇴했다가 1996년 복귀했다. 2002년 정상 회담에서는 에스토니아·라트비아·리투아니아 등 발트 3국과 슬로베니아·슬로바키아·불가리아·루마니아 등 과거 동구 공산권 국가들을 2004년 회원으로 가입시키기로 했다. 또한 러시아에 회원국과 동등한 자격을 부여하여 테러 방지와 안보 위험 등 제한적인 분야에서 의사 결정에 참여할 수 있게 했다.

| 제2장 정리 |

핵무기의 확산을 저지할 앞날은 불투명하다

지구촌 여기저기에서 일어나는 분쟁과 테러 소식을 전하는 국제 뉴스를 보노라면 세계는 얼마나 비참한 상황에 처해 있는가 하고 개탄하고 싶어질 때가 종종 있다. 비참한 사건이므로 뉴스가 되는 것이기는 하지만 좀처럼 해결이 안 되는 데에 무기력감을 느끼곤 한다.

동서 냉전이 끝났음에도 불구하고 군사 대국의 군비 증강은 좀처럼 수그러질 줄을 모르고 있다. 게다가 핵무기가 더 이상 확산되지 않을 기틀이 마련되었음에도 불구하고 세계의 눈을 피해 몰래 핵무기를 제조하거나 개발하고 있는 나라들이 뒤를 잇고 있다. 2002년 10월에는 북한이 핵무기 개발을 추진하고 있음을 인정하여 커다란 뉴스가 되었다. 한국·미국·일본의 3개국이 북한에게 핵 개발을 포기하도록 종용하고 있지만, 앞으로의 전망은 불투명하다.

미국은 유엔에서 이중 잣대를 휘두른다

세계 평화를 유지하기 위해 설립된 유엔이 충분히 제 기능을 다하고 있다고는 말할 수 없다. 조직이 비대해진 나머지 관료적이고 경직된 조직이 되어 버렸다는 비판조차 일고 있다. 더구나 국제 분쟁이 발생해도 안전보장이사회에서 거부권을 가진 미국·러시아·중국·프랑스·영국 등 5개 강국의 반대로 아무런 행동을 취할 수 없는 안타까운 현실이 계속되어 왔다. 유엔은 세계 연방이 아니다. 주권을 가진 독립국들이 이른바 조합을 결성한 것이나 마찬가지여서 서로의 이해관계가 부딪혀 옴짝달싹할 수 없는 경우가 많을 수밖에 없다.

유엔에서는 특히 미국의 전횡이 눈에 띈다. 여느 때는 미국의 행동에 참견하지 말라는 듯한 기세로 제멋대로 행동을 취하면서 막상 자국의 이해에 관한 일에 맞닥뜨리면 갑자기 유엔을 존중하고 중시하는 태도로 돌변한다. 이것이 바로 미국이 이중 잣대를 지녔다고 비판받는 이유이다.

그러나 이렇게 힘이 없다고 비판받는 유엔이지만, 세계에서 대인 지뢰를 없애는 데에 막대한 힘을 발휘하여 대인 지뢰 폐기를 위한 새롭고 발전적인 흐름을 만들어 냈다. 정전에 이른 분쟁 지역에 유엔의 PKO 부대가 파견되어 지

▲ 유엔 총회에서는 모든 국가가 모든 문제에 대해 발언할 수 있다.

역의 안정에 공헌하는 구체적인 성과도 열매맺고 있다. 인도네시아로부터의 독립이 결정된 동티모르는 유엔 관리 하에 국가 건설을 위한 준비가 착실하게 진행되어 2002년 5월 무사히 독립을 이루어 낼 수 있었다.

분쟁이나 내전 때마다 대량으로 발생하는 난민을 구제하기 위한 대처 역시 불충분하나마 유엔이 제 역할을 하내고 있는 분야이다. 아프가니스탄 국내에 평화가 찾아옴으로써 전화를 피해 주변국으로 피난 갔던 난민이 귀환하는 뉴스를 보면 안심되는 것이 사실이다

세계는 유엔 이외의 평화의 길을 모색하고 있다

유엔 이외에 세계의 안정을 찾기 위한 여러 가지 방안이 모색되고 있는데, 그 가운데 하나가 서미트이다. 경제력이 있는 세계 주요 국가의 정상들이 한 곳에 모여 앞으로의 세계 정치와 경제의 발판을 마련하고자 하는 것이다. 물론 이에 관해서는 강대국끼리 마음대로 주무르려고 한다는 비난이 있다. 또한 일각에서는 서미트의 역할은 이제 끝났다는 견해마저 제기하고 있다. 예전에

는 1년에 한 번 각국의 정상들이 모여 무언가를 결정한다는 데에 의미가 있었으나, 현재는 그런 페이스로는 적절하게 대응해 나갈 수 없으며 언제나 서로 연락을 취하고 있으므로 가끔 얼굴을 마주하는 것은 단순한 의식에 불과하다는 것이다. 하지만 이에 대해서는 정상들이 직접 만나 인간관계를 깊이 하는 것은 필요한 일이라는 반론이 있다.

2002년에 캐나다에서 열린 서미트에서는 회의 후 독일의 슈뢰더 수상이 한ㆍ일월드컵축구대회에 출전한 독일 팀을 응원하기 위해 고이즈미 준이치로 총리의 전용기에 동승해 일본을 방문한 일이 있었다. 정상끼리 같은 비행기를 탄다는 것은 유럽에서는 자주 있는 일이지만, 일본에서는 외무성의 관료들을 당황케 한 사건이었다.

유럽에서는 본디 동서 냉전 시대에 소련과 동유럽의 사회주의 국가들의 군사력에 대항하여 결성한 NATO에 예전의 가상 적국이었던 동유럽 국가들이 속속 가입하고 있다. 소련이 붕괴하고 탄생한 러시아 역시 NATO 준가입국의 지위를 확보했다. NATO 가입국들은 2001년 9월 미국에서 동시 다발 테러 사건이 일어나자, '동맹국인 미국에 대한 공격은 가입국 전체에 대한 공격으로

▼ 아프가니스탄의 난민 귀환 현장을 돌아보는 전 유엔난민 고등판무관 오가타 사다코.

간주한다'라고 판단하여 미국에 대한 협력을 아끼지 않았다. 유엔과는 다른 구조로 안전 보장의 체제가 형성되고 있음을 알게 한 경우였다.

21세기에는 세계 평화를 보장하는 시스템을 어떻게 구축하면 좋을까? 현재 이를 위한 모색이 계속되고 있다.

세계의 경제 · 금융

거대화해 가는 금융 시장은

인류에게 행복한 미래를 줄 수 있는가?

매일 뉴스에서 발표되는 각국의 주가는

어떻게 연동하는가?

세계에서 가장 부유한 나라는 미국인가?

유로는 유럽 모든 국가에서 통용되는가?

아프리카의 많은 나라는 금융 지옥 상태에 빠져

중채무 빈곤국에서 헤어 나오지 못하고 있다.

글로벌화하는 세계 경제.

세계의 나라들은 어떻게 움직일까?

한눈에 알 수 있는 요점

주요 통화의 명칭

일본 : 엔(JPY)　　　　　　　한국 : 원(KRW)

중국 : 위안(CNY)　　　　　　미국 : 달러(USD)

홍콩 : 달러(HKD)　　　　　　EU : 유로(EUR)

타이 : 바트(THB)　　　　　　영국 : 파운드(GBP)

타이완 : 달러(TWD)　　　　　스위스 : 프랑(CHF)

싱가포르 : 달러(SGD)　　　　인도 : 루피(INR)

경제면에서 보면 세계는 한층 좁아졌다. 미국의 뉴욕 주식 시장에서 주가가 폭락하면 곧 도쿄의 주가가 내려간다. 그것을 보고 아시아의 홍콩이나 싱가포르의 주식 시장도 폭락한다. 이것이 유럽으로 번져 독일의 프랑크푸르트, 영국의 런던에서도 주가가 곤두박질친다. 24시간 내내 한시도 쉬지 않고 세계의 어딘가에서는 주식 시장이 열리기 때문에 뉴욕에서 주가가 내려가면 순식간에 전 세계에 주가 하락 현상이 출현한다. 물론 반대로 뉴욕에서 주가가 상승으로 돌아서면 이어서 도쿄로부터 슨서대로 주가가 회복하기 시작한다.

이렇듯 세계의 주가는 연동하고 있다. 뉴욕에서 주가가 내려가면 '미국의 경기가 이제부터 나빠진다는 것을 보여 주는 조짐일까?' 하는 우려를 불러일으킨다.

미국 경제는 세계 경제에 막강한 영향력을 갖고 있기 때문에 다른 나라의 투자자들은 미국 경제가 악화하면 자국의 경제에 악영향을 미칠 것을 걱정한다. 그리고 경기가 나빠진다고 생각하는 사람이 많으면 경기가 나빠지기 전에 주식을 팔려는 사람과 회사가 많아져 실제로 그 나라의 주가는 내려가게 되는 것이다. 외환 역시 '엔고, 엔저, 달러 강세, 달러 약세' 하는 식으로 전 세계가 연동하고 있다.

이제 경제 발전과 성장을 위한 협력 기구들에는 어떤 것들이 있으며 이들은 어떤 일을 하는지 경제력의 불균형이 어떤 결과를 가져오고 있는지를 알아보자.

24시간 잠들지 않는 세계의 주식 시장

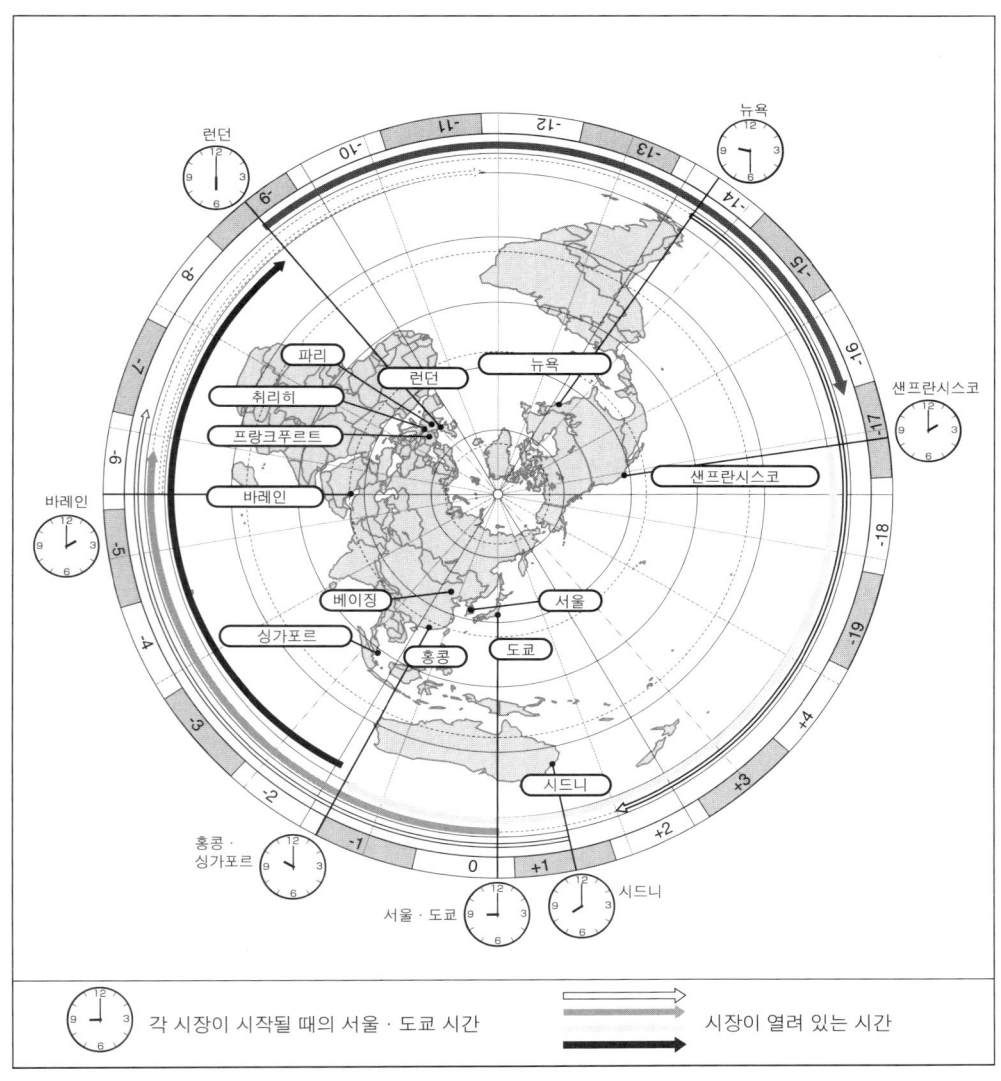

통일 통화 유로의 탄생, 유럽연합(EU)

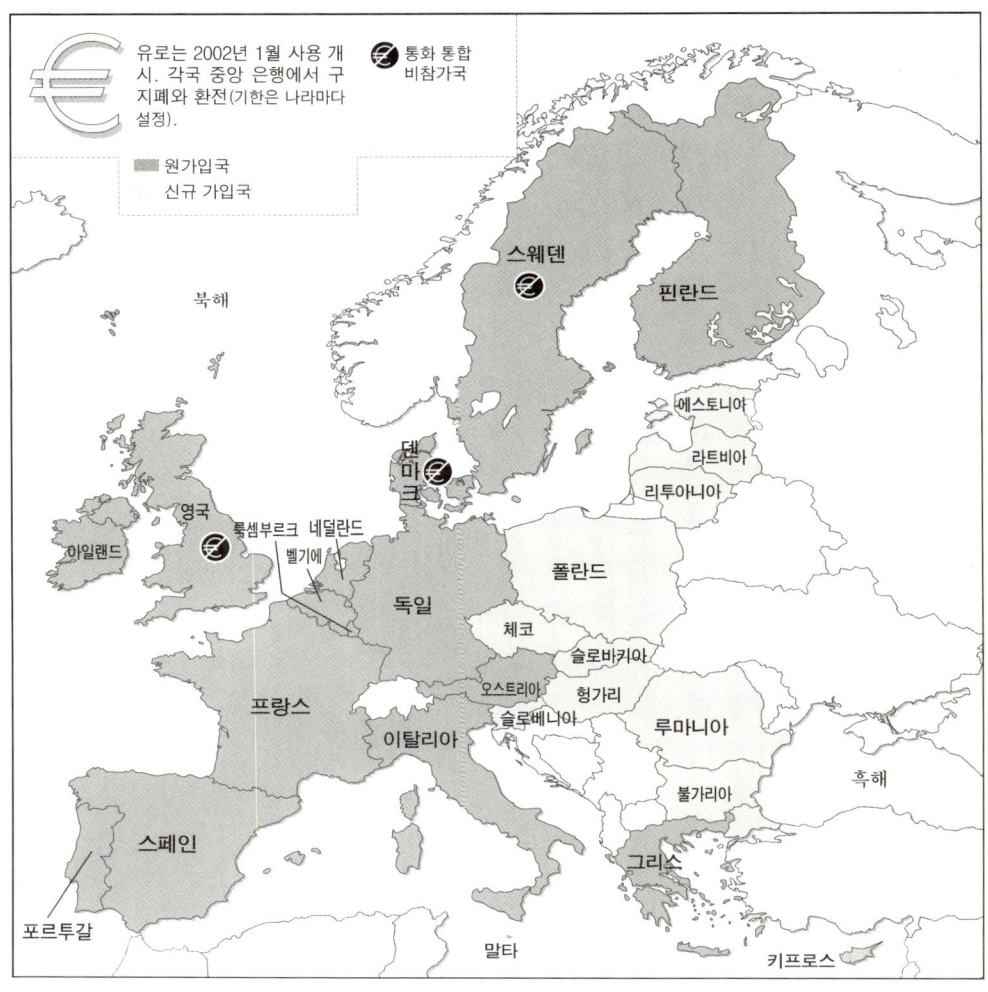

유로는 2002년 1월 사용 개시. 각국 중앙 은행에서 구 지폐와 환전(기한은 나라마다 설정).

통화 통합 비참가국

원가입국
신규 가입국

북해

스웨덴
핀란드
에스토니아
라트비아
리투아니아
덴마크
영국
아일랜드
룩셈부르크 네덜란드
벨기에
독일
폴란드
체코
슬로바키아
오스트리아
헝가리
슬로베니아
루마니아
프랑스
이탈리아
불가리아
흑해
스페인
그리스
포르투갈
말타
키프로스

---

1. 유럽연합 EU : European Union 15쪽에서 설명.
2. 유럽석탄철강공동체 ECSC : European Coal and Steel Community
3. 유럽경제공동체 EEC : European Economy Community
4. 유럽원자력공동체 EURATOM : European Atomic Energy Community
5. 유럽공동체 EC : European Community
ECSC, EEC, EURATOM이 통합하여 평화와 경제 번영을 목적으로 1967년 설립한 기구. 벨기에 · 프랑스 · 서독 · 이탈리아 · 룩셈부르크 · 네덜란드가 창립 회원국이고 후에 덴마크 · 아일랜드 · 영국 · 그리스 · 포르투갈 · 스페인 · 스웨덴 · 핀란드 · 오스트리아가 가입하여 15개국의 회원국이 있었다. 관세 동맹을 결성하고 공동 통상 및 농업 정책을 실시하며 유럽 통화 제도를 마련했다. 그러나 1993년 11월 1일 마스트리히트조약이 발효함에 따라 1994년 1월 1일부터 EU로 공식 명칭을 바꾸었다

유럽합중국은 과연 탄생할 것인가?

유럽연합(EU)은 유럽을 하나의 국가로 건설하려는 장대한 실험이다. 제2차 세계대전으로 커다란 피해를 입은 유럽 국가들 사이에서는 두 번 다시 전쟁이 일어나지 않는 시스템을 구축하려는 움직임이 일어났다. 이러한 배경을 갖고 유럽 전체가 하나의 국가가 되어 국경이 사라지면 전쟁도 사라질 것이라는 생각에서 비롯된 것이 바로 EU이다.

1951년 프랑스 · 서독 · 이탈리아 · 벨기에 · 네덜란드 · 룩셈부르크의 6개국이 참가하여 유럽석탄철강공동체(ECSC)가 설립되었다. 당시의 산업에 있어서 소중한 자원인 석탄과 철강을 국제적으로 관리함으로써 자원을 둘러싼 싸움이 일어나지 않도록 하려는 의도에서 탄생한 것이다. 이 6개국은 1958년 유럽경제공동체(EEC)와 유럽원자력공동체(EURATOM)를 발족시켰는데, 특히 EEC는 사람과 물자의 왕래를 자유롭게 만드는 방안을 추진했다. 상품이 국경을 자유롭게 오갈 수 있다면 서로의 경제에 이익이 될 것이라는 생각에서 비롯되었다.

유럽공동체(EC)는 이러한 대처 방안에 입각하여 1967년 탄생했는데 ECSC, EEC, EURATOM이 하나로 통합된 것이다. 그 뒤 처음부터 참여한 6개국 이외에 영국 · 덴마크 · 아일랜드 · 그리스 · 스페인 · 포르투갈이 참여하여 총 12개국이 되었다. 현재 EU가 사용하는 깃발은 이 12개국을 금색 별로 표현하고 완벽과 충실을 의미하는 고대 그리스의 원을 이용하고 있다.

EC가 발전하여 1993년 EU가 되었으며 오스트리아 · 핀란드 · 스웨덴이 가담하여 15개국이 되었다. 참가국 인구 3억 7000만 명이라는 거대 국가연합이 탄생한 것이다. EU의 본부는 벨기에의 브뤼셀에 있다. 하나의 국

---

6. 유로 Euro
1999년 출범하여 2002년 현재 EU 12개국에서 사용하는 유럽의 단일 화폐. 초기에는 화폐 실물은 없이 금융 거래만 이루어졌다가 2002년 1월 1일부터 지폐 7종류와 동전 8종류로 된 화폐 실물이 공급되었는데, 이로써 12개국 3억 4000만 명의 인구를 하나로 묶는 경제 공동체가 태어났다. 12개국 통화는 2002년 6월 말까지 모두 회수되었다. EU는 1995년 EU 정상 회담에서 1999년 1월 유럽통화동맹(EMU)을 출범시키고 단일 통화 명칭을 유로로 합의했다. 1998년 12월 31일 유로 참가국 재무장관들이 유로 대 각국 화폐의 환율을 결정함으로써 달러, 엔 등 유로랜드 밖의 국가의 화폐와 유로 간의 환율은 변할 수 있으나 유로랜드 내 국가의 화폐와 유로의 교환 비율은 이날로 영원히 고정되었다. 1999년 출범 시 1유로는 1.1676달러(원화로는 약 1400원)이었다.

역사의 흐름   유럽 통합

1967년	EC 발족
1968년	EC 역내 관세 폐지
1973년	영국 · 덴마크 · 아일랜드 가맹
1981년	그리스 가입
1986년	스페인 · 포르투갈 가입
1993년	마스트리히트조약(EU조약) 발효 EU 발족
1995년	오스트리아 · 스웨덴 · 핀란드 가입
1998년	유럽중앙은행(ECB) 프랑크푸르트에서 발족
2000년	덴마크, 국민 투표에서 유로 가입을 부결
2002년	유로 화폐 · 지폐의 유통 시작

EU 조직도

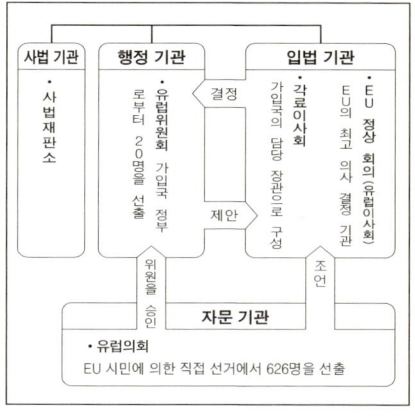

가에 사법부, 입법부, 행정부가 있듯이 EU에는 사법부인 유럽재판소, 입법부인 각료이사회, 행정부인 유럽위원회가 있다. 또 참가국을 대표하여 의견을 내놓는 자문 기관인 유럽의회도 있다. 아직은 미흡한 부분이 있기는 하지만, 궁극에는 유럽연방 혹은 유럽합중국 같은 하나 됨을 목표로 하고 있다. 유럽의 국가들 하나하나를 보면 인구는 적고 경제력이 높지 않아 개별로 경쟁하고 있어서는 미국이나 일본과의 경제 경쟁에 이길 수 없으므로 연합체를 만들어 대항하려는 속뜻이 있다.

경제적으로 일체화하려면 통화를 통일할 필요가 있어 탄생한 것이 유로이다. 단, EU 가입국 가운데 영국 · 덴마크 · 스웨덴은 참여를 보류하고 있다.

EU에 참여하기를 희망하는 국가들이 다수 있어 2004년에는 폴란드 · 헝가리 · 체코 · 슬로바키아 · 리투아니아 · 라트비아 · 에스토니아 · 슬로베니아 · 키프로스 · 말타 등 10개국이 가입할 예정이며, EU 가입국은 이로써 25개국이 된다. 루마니아와 불가리아는 2007년 가입을 목표로 하고 있다. 그런데 가입국이나 가입 희망국에 스위스는 들어 있지 않다. 스위스는 영구 중립국이어서 다른 나라와의 연합 조직에는 가담하지 않는다는 방침이 있기 때문이다.

아프리카의 EU 아프리카연합(AU)

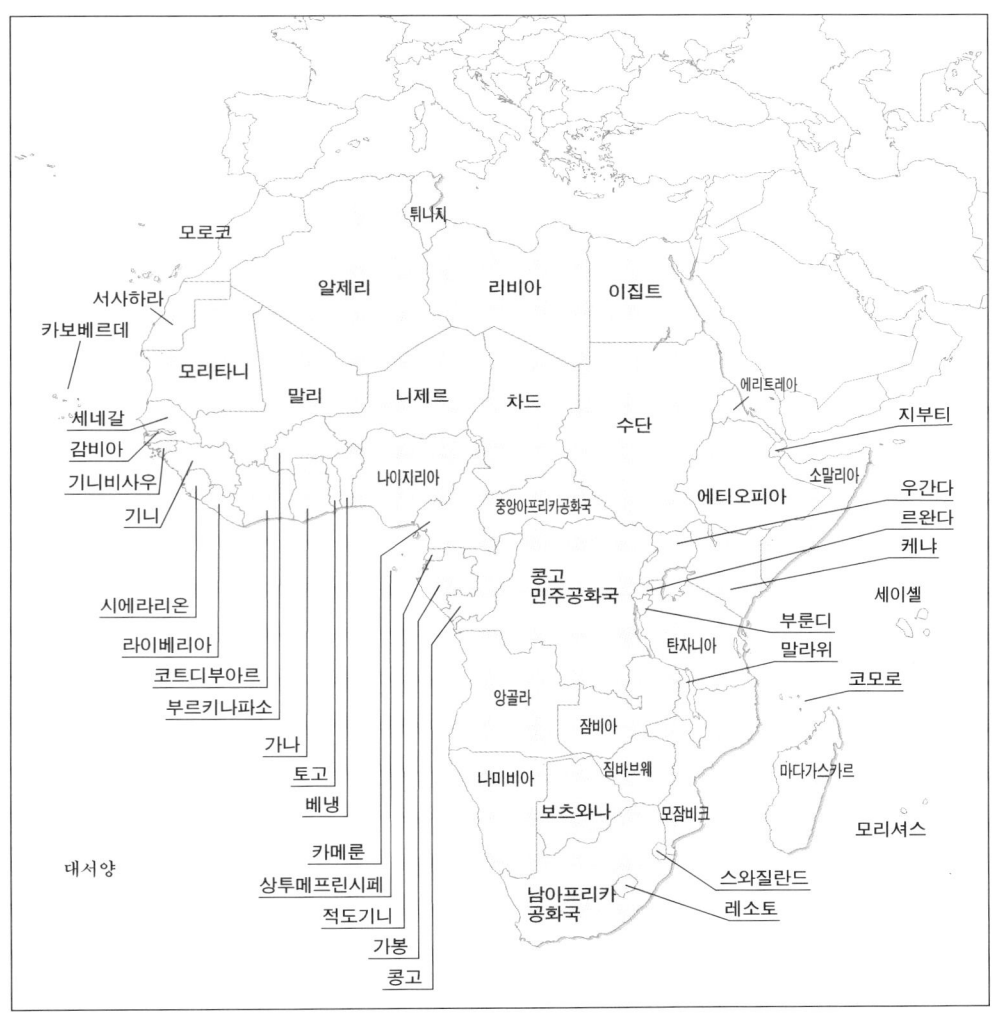

아프리카합중국으로의 첫걸음

2002년 7월 아프리카 대륙어 아프리카연합(AU)이라는 거대 조직이 탄생했다. 53개 가입국과 8억 인구를 거느린 세계 최대의 지역 기구이다. 이름으로 추측할 수 있듯이 EU가 모델이 되었다. 아프리카의 여러 나라들이 식민지로부터 독립하는 것을 지원하기 위해 1963년에 발족한 아프리카통일기구(OAU)가 있었으나, 이것을 발전적으로 해체하여 구성한 것이 AU이다. 본부는 에티오피아의 수도 아디스아바바에 있다.

독립 국가들이 모인 단체이지만, 가입국 중에서 전쟁 범죄나 대학살 등이 발생한 경우에는 AU로서 거입할 수 있는 장치가 마련되어 있다. 이를 결정하는 것이 가입국 중 15개국으로 구성되는 평화 · 안전보장이사회이다. 15개 이사국은 임기 3년의 5개국과 임기 2년의 10개국으로 구성되는데, 유엔의 안전보장이사회와 같다.

앞으로는 아프리카 공통의 의회나 재판소, 중앙 은행의 설치를 예정하고 있으며 EU의 유로 같은 단일 통화의 발행을 목표로 하고 있다.

---

1. 아프리카연합 AU : African Union
아프리카통일기구(OAU)를 대신해 2001년 5월 공식 출범한 범아프리카 기구. 1999년 리비아 시르테에서 열린 제4차 OAU특별 정상 회담에서 2001년까지 아프리카연합을 창설할 것을 골자로 하는 '시르테선언'에 의해 출범되었다. EU를 모델로 삼아 강력한 정치적 · 경제적 연합체를 지향하며 단일 의회, 단일 통화, 단일 중앙 은행 등을 가진 '하나의 아프리카'를 목표로 하고 있다. 2001년 9월 현재 46개국이 창설 조약에 비준했다. AU는 기존의 OAU가 국가 주권 인정과 국내 문제 불간섭주의를 원칙으로 삼아 아프리카에서 학살과 인권 유린 사태가 발생하는 것을 막지 못했다는 비난과 실질적인 경제 발전을 가져오지 못했다는 지적을 받음으로써 강력한 기구의 필요성에 대한 공감대가 형성되어 성립되었다. 그러나 이집트 · 알제리 등 민족주의 특성이 강한 국가들과 나이지리아 · 남아프리카공화국 등 지역 경제 강국들은 소극적인 태도를 취하고 있다. AU는 많은 해외 원조를 대가로 아프리카 국가들이 민주주의를 이행할 것을 규정하는 '아프리카 개발을 위한 신파트너십'과 긴밀한 관계를 맺고 있다.
2. EU : European Union 15쪽 '유럽연합'에서 설명.
3. 아프리카통일기구 OAU : Organization of African Unity
아프리카 국가들의 독립과 주권의 옹호, 협력과 연대 촉진 등을 목적으로 하는 세계 최대의 지역 기구. 1963년 에티오피아의 아디스아바바에서 남아프리카공화국을 제외한 아프레카의 모든 독립국 31개국의 정상 회의에서 창설되었다. OAU헌장은 범아프리카주의 정신을 반영하면서 ① 주권 평등, ② 내정 불간섭, ③ 영토 존중, ④ 분쟁의 평화적 해결, ⑤ 파괴 활동의 금지, ⑥ 비독립 지역의 완전 해방, ⑦ 비동맹 노선 등을 골자로 하고 있다. 이 헌장에서 보듯이 OAU는 아프리카 대륙 공동의 이익을 추구하며 각 회원국의 내정에는 관여하지 않는 것을 원칙으로 하고 있어 지역 분쟁이나 종족 학살 등 정치적 문제 해결에는 무력하다는 비판을 받아 왔다. 그러나 분열과 반목을 거듭해 온 아프리카 국가들은 OAU 중심의 통합 필요성을 인식하고 1999년 '시르테선언'을 채택하여 2002년 7월 OAU는 해체되고 AU로 공식 출범했다.
4. 유엔 UN : United Nations 89쪽 '국제연합(유엔)'에서 설명.
5. 안전보장이사회 Security Council 89쪽에서 설명.
6. 유로 Euro 108쪽에서 설명.

경제 통합을 추진하는 동남아시아국가연합(ASEAN)

동남아시아의 경제 협력, 안전 보장을 지향

동남아시아국가연합(ASEAN)은 동남아시아 국가들의 연합을 가리킨다. 이는 경제적 · 정치적으로 협력하면서 발전을 지향하려는 동남아시아의 개발도상국들이 탄생시킨 조직이다. ASEAN은 베트남전쟁이 한창이던 1967년 설립되었다. 베트남이 사회주의 정권으로 통일되어 그 영향이 동남아시아 전역에 미칠 것을 경계한 나라들이 '반공 · 반베트남'이라는 기치 아래 연합하기로 한 것이다. 당초 가입국은 인도네시아 · 말레이시아 · 필리핀 · 싱가포르 · 타이의 5개국뿐이었다.

처음에는 외무장관 회의만 있었으나, 1976년부터는 정상 회의가 열리게 되어 경제 협력 외에 지역의 평화를 위한 대책도 논의되고 있다.

ASEAN은 1984년에 브루나이가, 1995년에 베트남이, 1997년에 라오스와 미얀마가, 1999년에 캄보디아가 가입하여 회원국이 10개국이 되었으며, 사회주의 국가인 베트남과 라오스의 참가를 인정하는 등 성격이 변화하고 있다. 한국 · 중국 · 일본이 회의에 참가하는 경우가 많으며 2002년 11월에는 북한의 핵 개발 문제에 대해 논의했다.

1. 동남아시아국가연합 ASEAN : Association of South-East Asian Nations
1967년 창설된 동남아시아의 지역 협력 기구. 1995년 베트남이 가입한 후 라오스 · 미얀마 · 캄보디아가 가입하여 회원국이 10개국이 되었다. 이 기구는 동남아시아 지역의 경제적 사회적 기반 확립과 각 분야에서의 평화적이며 진보적인 생활 수준의 향상을 목적으로 하고 있다. 창설 당시에는 비정치 분야의 협력에 주력했으나 1970년대에 접어들어 중국과 미국이 가까워지며 아시아 지역에 긴장 완화의 조짐을 보이자, 정치 문제에 대해서도 협력하게 되었다. 그러나 경제 협력 측면에서는 회원국이 경쟁 관계에 있어 실질적인 성과를 일구어 내지 못하고 있다-. 사무국은 인도네시아의 자카르타에 있다.
2. 베트남전쟁 Vietnam War
베트남에서 1946~1954년, 1960~1975년에 있었던 두 차례의 전쟁. 흔히 베트남전쟁을 말할 때는 후자를 이른다. 베트남은 오랫동안 프랑스의 지배 하에 있었는데 1945년 베트남독립동맹의 지도자인 호치민이 독립을 선포하면서 프랑스군과 전쟁이 벌어졌고 1954년 휴전을 위한 제네바협정이 체결되었다. 이때 공산주의를 표방하는 베트남독립동맹은 북베트남을, 비공산주의 측은 남베트남을 차지했다. 그리고 하나의 정부 아래 통합하기 위해 1956년 베트남 전역에서 자유 선거를 실시하도록 되어 있었으나, 미국의 지원을 받은 남베트남이 이를 거부하고 고딘디엠 정부를 수립했다. 이에 공산주의자들은 테러를 저지르기 시작했다. 1960년 12월 남베트남에서는 남베트남해방민족전선, 즉 베트콩이 결성되었고 공산 측은 군사적인 수단을 사용하기에 이르렀다. 대공산주의 봉쇄 전략으로 막대한 지원을 하던 미국은 북베트남이 어뢰정으로 공격해 온 통킹만 사건을 계기로 1964년 병력을 직접 참가시키게 되었다. 그러나 한국을 비롯해 타이 · 오스트레일리아 등 우방국이 참전했음에도 군사적인 승리를 거두지 못한 채 전쟁이 좀처럼 끝날 기미를 보이지 않고 오래 끌자, 미국 국내에서 반전을 주장하는 여론이 높아져 지원을 축소하기에 이르렀다. 결국 1975년 북베트남이 남베트남의 수도 사이공을 점령했고 1976년 7월 베트남은 하노이를 수도로 하는 베트남사회주의공화국으로 통일되었다. 베트남전쟁의 영향은 막대하여 베트남 주변국인 캄보디아와 라오스가 공산화되었다. 베트남전쟁은 제2차 세계대전 이후 최대의 전쟁으로 사망자 약 120만 명, 부상자 약 300만~400만 명이라는 어마어마한 희생자를 냈다.

태평양을 둘러싼 아시아태평양 경제협력체(APEC)

태평양에 면한 국가들의 자유로운 경제 활동이 목표

아시아태평양 경제협력체(APEC)는 태평양을 둘러싸고 위치한 나라들이 경제 협력을 통해 더불어 부유해지고자 하는 취지에서 시작된 기구이다. 대륙의 중국과 타이완, 여기에 홍콩이 참여하고 있으며 미국과 러시아 역시 태평양에 면하고 있다는 입장에서 참여하고 있다. 1989년 오스트레일리아의 제창으로 시작되어 점차 참가국이 늘어 현재는 21개 국가와 지역이 참가하고 있다. 2007년까지는 현재의 구성원 이상의 참가는 인정하지 않도록 되어 있다.

관세를 인하하거나 무역과 투자에 관한 다양한 기준을 통일함으로써 수출입을 확대해 가려는 것이 주요 목적이다. 매년 한 차례 열리는 정상 회의에서는 각국의 정상들이 회의장을 제공한 나라의 민족 의상을 입는 것이 상례가 되어 있다.

---

1. 아시아태평양 경제협력체 APEC : Asia-Pacific Economic Cooperation
1989년 1월 오스트레일리아 총리의 제안에 의해 환태평양 지역의 주요 경제 실체 간 경제 협력과 무역 증진을 목표로 결성된 아시아태평양 지역 최초의 범정부 간 협력 기구. 같은 해 11월 한국·미국·일본·오스트레일리아·뉴질랜드·캐나다와 ASEAN 6개국 등 12개국이 제1차 각료 회의를 오스트레일리아의 캔버라에서 열고 공식 출범했으며, 2002년 현재 회원국은 21개국이다. APEC은 협력 초기 단계에서부터 경제·기술 협력을 중시해 왔으며, 회원국 간 경제 불균형을 해소하고 역내 경제적·사회적 복지를 개선함과 동시에 회원국들의 지속적인 성장과 균형된 발전을 도모하는 데 목적을 두고 있다. APEC에서의 협력은 선진국과 후진국의 공여자·수혜자 간 협력이 아니라 대등한 관계에서 추진되고 있는 것이 특징이다. 그러나 회원국 간 경제 격차로 인한 입장 차이는 상존한다. 선진국의 경우 무역 및 투자의 자유화 촉진을 통한 시장 개방을 희망하며, 개발도상국은 경제·기술 협력 확대로 인한 실질적 혜택을 꾀한다. 출범 당시 비공식 협의체로 출발한 APEC은 1991년 APEC의 목표 및 활동 범위를 규정한 '서울선언'을 채택하고 공식적인 국제 기구로 발돋음했다.
＊ASEAN : Association of South-East Asian Nations 113쪽 '동남아시아국가연합'에서 설명.

선진국의 모임 경제협력개발기구(OECD)

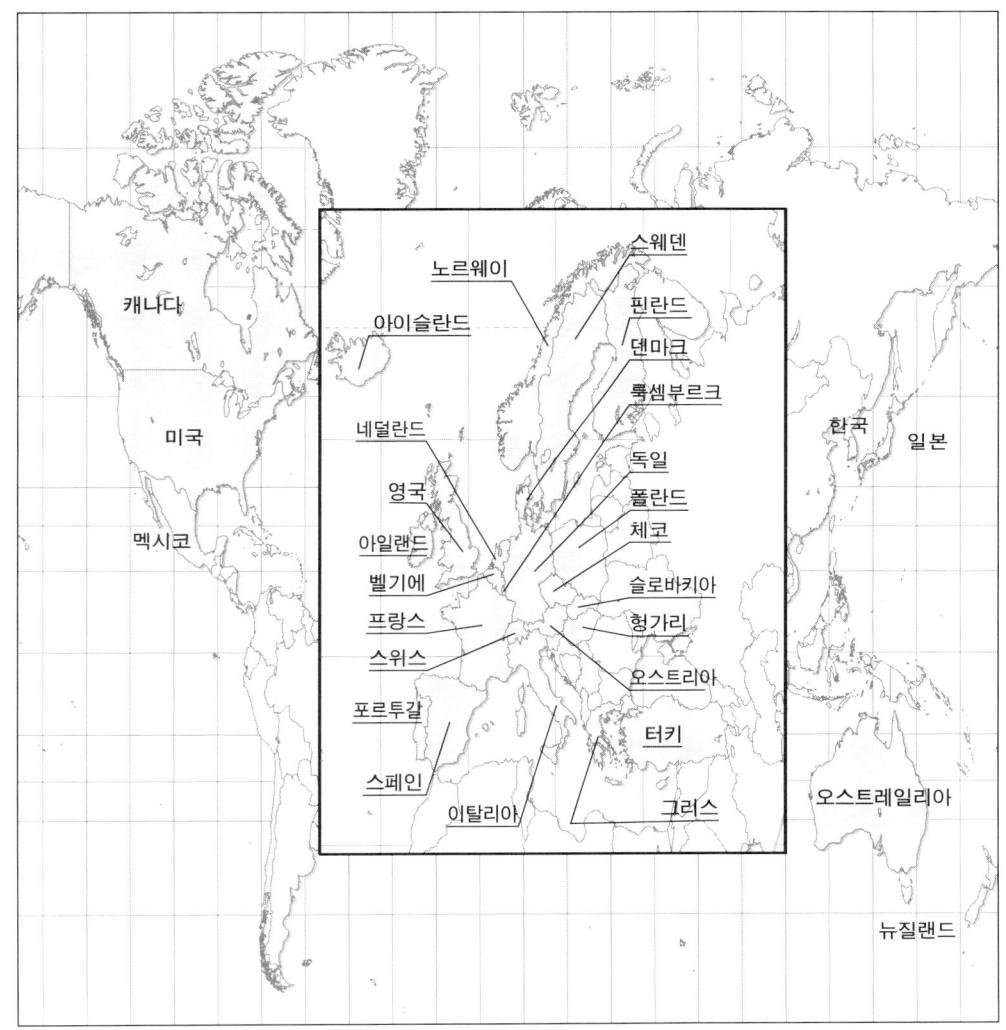

유럽 · 미국 이외 일본이 처음으로 참여한 선진국 클럽

경제협력개발기구(OECD)는 현재 30개국이 가입하고 있으며 선진국 간 경제 협력과 개발도상국의 원조를 목적으로 하고 있어 '선진국 클럽'이라고도 불린다.

제2차 세계대전이 끝나자, 전쟁터가 되어야 했던 유럽은 경제가 완전히 도탄에 빠져 있었다. 미국은 소련에 대항하여 서유럽 국가들의 경제 재건에 협력하려고 생각했으며, 조지 마셜 국무장관이 유럽 원조 계획인 마셜 플랜을 발표했다. 원조를 받는 입장의 서유럽 18개국이 유럽경제협력기구(OEEC)를 발족했다. 1961년 OEEC를 유럽에 머물지 않고 선진국의 경제 협력을 추진하는 조직으로 개편하게 되어 미국과 캐나다가 참여하면서 OECD가 출발했다. 1964년에는 유럽과 미국 이외에 처음으로 일본이 참가했다. 동서 냉전이 종식됨과 동시에 동유럽에서도 비교적 경제 상황이 양호한 체코와 헝가리가 가입했다. 1996년에 한국은 가입을 실현하자, 이로써 선진국 대열에 들어갔다고 기뻐했다.

---

1. 경제협력개발기구 OECD : Organization for Economic Cooperation and Development
상호 정책 조정 및 정책 협력을 통해 회원국의 경제 사회 발전을 모색하고 세계 경제 문제에 공동으로 대처하기 위한 정부 간 정책 연구 및 협력 기구. 제2차 세계대전 이후 유럽의 경제 부흥을 추진해 온 OEEC를 경제 정세 변화에 적응시키기 위해 개편한 것으로, 1961년 9월 OEEC 회원국 18개국과 미국 · 캐나다가 참여하여 발족했다. OEEC와 OECD의 차이점은 OEEC가 유럽의 경제 회복을 목적으로 했다면 OECD는 서방 세계 전체의 경제 성장과 세계 경제 발전을 목적으로 한 것이며, OEEC는 유럽 국가만을 대상으로 한 것이라면 OECD는 유럽 이외 미국 · 캐나다 등 선진국 모두를 대상으로 하여 회원국으로 받아들인 점을 꼽을 수 있다. OECD는 각종 국제 기구와 밀접한 관계를 쌓아 경제 정책뿐 아니라 식량, 환경, 과학, 노동 등과 같은 사회 분야 전반에 관해 논의하고 협력한다. 본부는 프랑스 파리에 있다.
2. 조지 마셜 George Catlett Marshall, 1880~1959
미국의 군인이자 정치가. 제2차 세계대전중 미국 육군 참모총장을 지냈고 루스벨트 대통령의 조언자로 활약했다. 그후 국무장관과 국방장관을 지냈다. 1947년 하버드대학교 졸업식에서 유명한 마셜 플랜(유럽 부흥 계획)을 제창했다. 제2차 세계대전 후 유럽 경제 재건을 위해 공헌하고 세계 평화와 이해의 증진을 위해 노력한 공로를 인정받아 1953년 노벨 평화상을 수상했다.
3. 마셜 플랜 Marshall Plan
제2차 세계대전이 끝난 후인 1947년 황폐화된 유럽의 재건과 부흥을 위해 당시 미국의 국무장관이던 조지 마셜이 발표한 총 130억 달러 규모의 특별 원조 계획, 정식 명칭은 유럽 부흥 계획이다. 이 계획은 쟁더미가 된 유럽 경제를 재건하여 민주주의 국가들이 살아남을 수 있는 안정된 환경을 조성하자는 것이 취지였다. 당시 소련의 도전에 직면한 미국은 빈곤과 실업, 사회적 혼란으로 인해 유럽에서 공산주의의 영향력이 확대될 것을 우려하여 반소 · 반공주의를 전제로 서유럽 민주 국가들이 경제 부흥과 통합을 이룰 수 있도록 이 계획을 추진했다. 이로써 미국은 국민총생산(GNP)의 2%에 해당하는 130억 달러를 서유럽 16개국에 4년 간 무상 원조했다. 마셜 플랜에 힘입어 유럽 경제는 4년 뒤 36%나 성장하며 선진국의 토대를 다졌고, 미국은 더욱 강력한 영향력을 갖게 되었다.
*국민총생산 GNP : Gross National Product 124쪽에서 설명.
4. 유럽경제협력기구 OEEC : Organization for European Economic Cooperation
1948년 마셜 플랜을 수용하기 위해 설립한 기구. 1947년 6월 미국의 유럽 원조 계획에 호응하기 위해 파리 회의에 참가한 16개국이 유럽경제협력위원회를 창설했으며, 1948년 4월 영국 · 프랑스를 비롯한 서유럽 18개국 대표들이 제3차 부흥 회의를 열고 유럽경제협력위원회를 개조하여 OEEC를 발족했다. 상호 교역량 제한 조치 폐지, 회원국 간 부족한 자원의 배분, 경제적 공동 관심사 논의를 위한 정기 회담 체제 등을 구상했다. OEEC는 회원국이 작성하는 연도 계획과 기간 계획을 종합하여 유럽 전체의 통일된 계획을 수립하고, 이를 바탕으로 국가별로 원조 자금을 할당하거나 결제 계획은 국제결제은행에 통보하는 등의 활동을 했다. 1961년 9월 OEEC를 비유럽 국가들도 포함하는 OECD로 대체했다.

석유 가격을 장악하는 석유수출국기구(OPEC)

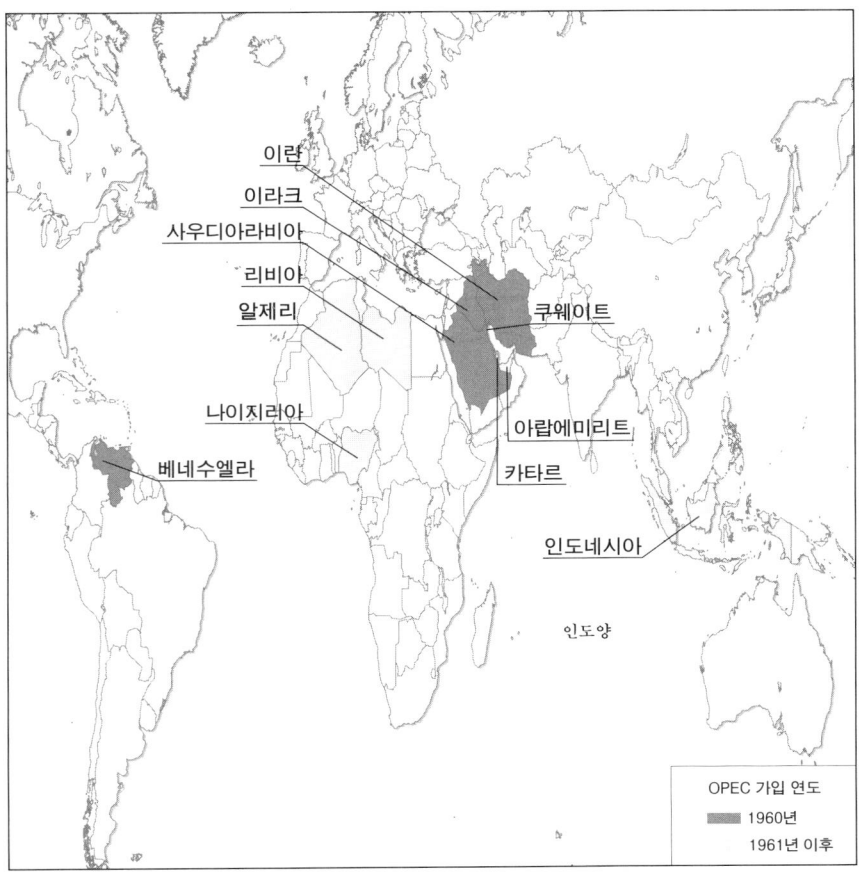

석유 파동 이후 세계 경제를 좌우

세계의 석유 가격을 결정하는 힘을 갖고 있는 것이 석유수출국기구, 즉 OPEC이다. OPEC는 1960년 석유 산출국인 이란 · 이라크 · 쿠웨이트 · 사우디아라비아 · 베네수엘라의 5개국이 설립했다. 그후 6개국이 참가하여 현재 11개국의 회원국을 거느리고 있다.

또한 이와는 별개로 아랍의 석유 산출국들은 1968년 아랍석유수출국기구(OAPEC)를 설립했다.

OPEC 발족 이전에는 '세븐 시스터스'라고 불리는 미국 · 영국 · 네덜란드계의 7개 국제 석유 기업이 세계의 석유 시장을 좌지우지하고 있었는데, OPEC는 이에 대항하려는 의도에서 성립된 기구이다. OPEC가 그 위력을 선보인 것은 1973년 발발한 제4차 중동전쟁에서였다. OPEC에 가입하고 페르시아만에 면한 6개국이 원유 가격의 21% 인상을 발표한 데다가, OAPEC가 이스라엘 지지국 때문에 생산량을 삭감한다고 발표하자 세계의 석유 가격은 폭등했다. 이것이 바로 석유 파동이다. 이후 세계 경제는 OPEC의 동향에 커다란 영향을 받게 되었다.

---

1. 석유 파동 91쪽에서 설명.
2. 석유수출국기구 OPEC : Organization of the Petroleum Exporting Countries
'세븐 시스터스' 같은 국제 석유 자본에 대한 발언권을 강화하기 위해 이라크 · 이란 · 쿠웨이트 · 사우디아라비아 · 베네수엘라 5개국이 1960년 결성한 조직. 1960년 9월 원유 가격의 하락을 방지하기 위해 이라크 정부의 초청으로 열린 바그다드 회의에 참석한 5대 석유 생산 · 수출국 대표가 창설했다. 195C ~1960년 중동과 아프리카에서 대규모 유전이 발견되어 원유의 공급 과잉 사태가 벌어지자 원유 공시 가격은 인하되었는데, 이에 맞서기 위해 산유국들은 OPEC를 결성하여 공시 가격의 회복, 인상을 주도했다. OPEC는 창설 당시에는 단순히 원유 공시 가격의 하락을 저지하고 산유국 간의 협조와 정보 수집 및 교환을 목적으로 하는 가격 카르텔 성격을 띠었다. 그러나 1973년 제1차 석유 파동을 주도하여 석유 가격 상승에 성공한 이후 원유가의 지속적인 상승을 꾀하고자 생산량을 조절하는 생산 카르텔로 성격이 변질되었다. 이로 인해 막대한 재정 자금을 보유하게 된 산유국들은 사회 경제 개발 사업을 가속화하고 축적된 외화의 대부분을 국제 금융 시장에 단기 자금으로 공급하여 기존의 국제 금융 질서를 재정립할 만큼 막강한 영향력을 행사하게 되었다. 본부는 빈에 있으며 2002년 현재 회원국은 11개국이다.
*카르텔 cartel
시장 통제를 목적으로 동일 산업에 속하는 독립 기업들이 협정에 의해 결합하는 것으로, 동종 상품을 생산하는 기업이 가격이나 생산량, 출하량 등을 협정하여 서로 경쟁을 피함으로써 이윤을 확보하려는 행위. 카르텔은 시장 가격의 유지와 인상에 목적이 있으므로 통상 경기 하향을 으로 시장 가격이 하락하고 있을 때 결성되는데, 카르텔은 협정 내용에 따라 조건 카르텔, 가격 카르텔, 지역 카르텔, 공급 제한 카르텔 등으로 구분된다. 대표적인 국제 규모의 카르텔로는 OPEC를 들 수 있다. 카르텔은 1870년대 유럽에서 발전했으나 국민 경제 발전을 저해하는 등 폐해가 커 많은 나라에서 금지 혹은 규제하고 있다.
3. 아랍석유수출국기구 OAPEC : Organization of Arab Petroleum Exporting Countries
1968년 사우디아라비아 · 쿠웨이트 · 리비아가 아랍 국가들의 이익을 위해 석유를 무기로 삼는다는 공동의 이해 하에 공동 활동을 목적으로 설립. OAPEC의 석유 무기 전략은 1973년 10월 제4차 중동전쟁 때 이스라엘과 이를 지원하는 미국에 압력을 가하기 위해 원유 생산의 매월 5% 삭감, 금수 발동으로 세계 경제를 혼란에 빠뜨렸다.
4. 세븐 시스터스
엑슨, 모빌, 텍사코, 스탠더드 캘리포니아, 걸프, 브리티시 페트롤리엄, 로열 더취셸 등 7개사이다.
5. 중동전쟁 Arab-Israeli Wars 37쪽에서 설명.

빚을 갚을 수 없게 된 중채무 빈곤국(HIPC)

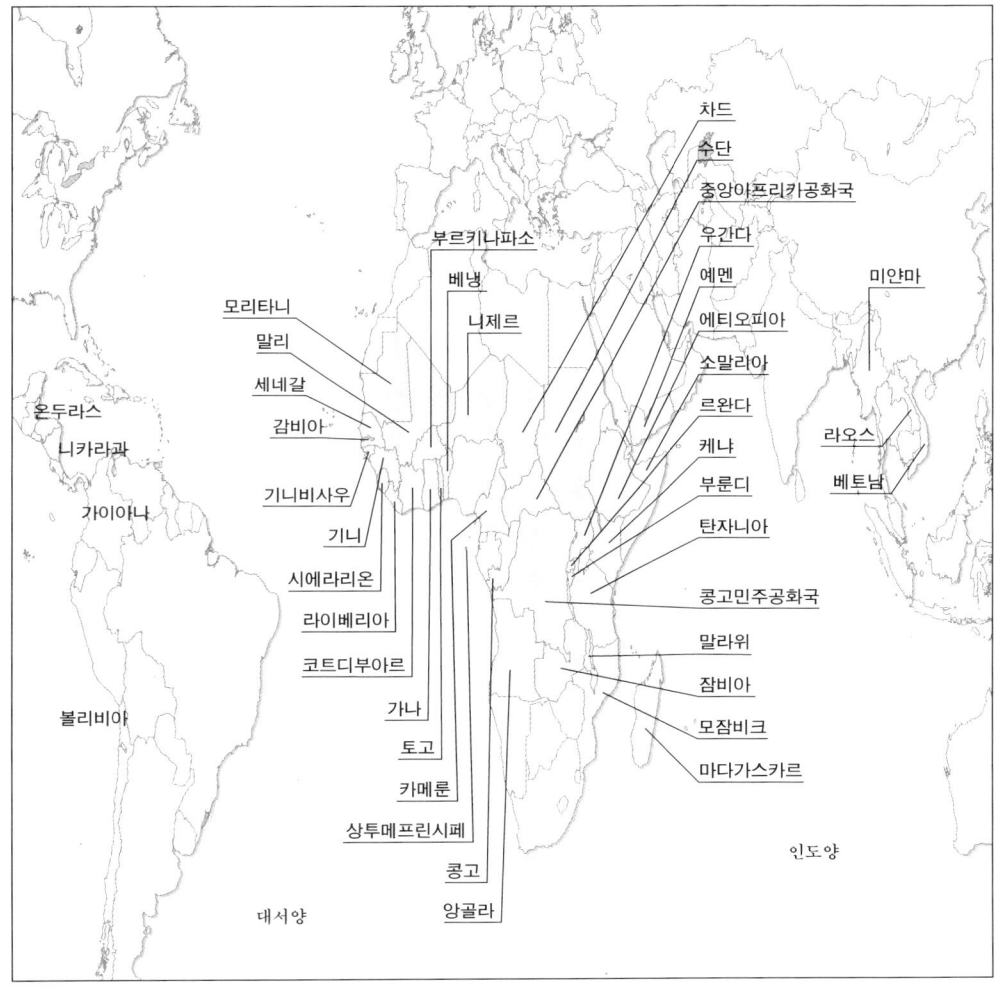

금융 지옥에 빠져 헤어나지 못하는 후발 개발도상국

다른 나라나 국제 기관으로브터 빚을 냈으나 상환할 전망이 보이지 않을 뿐 아니라 오히려 부채가 쌓여 가는 금융 지옥과 같은 상태에 처해 있는 가난한 국가가 중채무 빈곤국(HIPC)이다. 남아 있는 채무의 합계가 대국민총생산(GNP) 비율로 80% 이상인 국가이다. 중채무 빈곤국은 약 40개국을 헤아리는데, 그중 30개국 이상이 아프리카에 몰려 있다.

지금까지 선진국과 개발도상국의 경제 격차는 '남북 문제'라고 불려 왔다. 그러나 최근에는 개발도상국 중에서도 성장하고 있는 나라와 개발에 처지고 있는 나라 간 격차가 점차 커지고 있다. 특히 성장에서 뒤지고 있는 나라를 '후발 개발도상국'이라고 부르며, 남반구 내에서의 격차 확대를 '남남 문제'라고 부른다.

자금을 빌려 주고 있는 선진국이 중채무 빈곤국의 부채를 말소할 움직임이 있지만, 빌린 것은 반드시 갚아야 한다는 도덕적 가치관을 상실하게 만들 우려가 있다는 소극론도 제기되고 있다.

1. 중채무 빈곤국 HIPC : Heavily Indebted Poor Countries
세계에서 가장 가난하거나 가장 많은 채무를 지고 있는 개발도상국을 이르는 말. 1996년 국제통화기금(IMF) 및 세계은행이 ① 1993년의 1인당 GNP가 695달러 이하인 국가, ② 1993년 시점 채무 총액이 수출 금액의 2.2배 혹은 GNP의 80% 이상인 국가를 중채무 빈곤국으로 정의했다. 2003년 현재 중채무 빈곤국으로 인정되는 나라는 42개국이며 대부분이 중근동과 아프리카 국가들이다.
*국제통화기금 IMF : International Monetary Fund
1945년 12월 설립되어 1947년 3월부터 국제부흥개발은행(IBRD)과 함께 업무를 개시한 국제 금융 기구. 자매 기관인 IBRD가 장기 금융 기관이라면 IMF는 단기 금융 기관이다. 본부는 워싱턴에 있으며 2002년 7월 현재 가입국 수는 184개국이다. 제2차 세계대전 이후 세계적인 주도권을 잡은 미국의 주도로 실물 거래를 안정적으로 뒷받침하기 위해 국제 환 안정 및 국제 유동성 확대 보장을 목적으로 설립되었다. 가입국은 크게 14조국과 8조국으로 나뉜다. '8조국'이란 IMF 협정 제8조에서 규정하고 있는 경상 지불에 대한 환 제한 철폐, 차별적 통화 조치 철폐, 다른 외국 보유 잔고에 대한 교환성 부여 등 3가지 의무를 수락·이행하는 국가를 이른다. '14조국'이란 IMF 협정 제14조의 의무를 이행할 것을 수락하고 잠정적으로 외국환 관리를 할 수 있는 국가를 말하는데 개발도상국이 대부분이다. IMF는 돈을 낸 비율에 따라 의결권을 갖기 때문에 돈을 가장 많이 낸 미국의 입김이 강하게 작용한다. 현재 미국은 전체 기금의 18% 정도를 내고 있으므로 의결권 역시 18%를 행사하는 만큼 미국의 영향력은 절대적이라 할 수 있다. 우리 나라는 1955년 8월 26일 58번째 회원국(14조국)으로 가입했으며 자금을 지원받아 만성적인 국제 수지 적자를 보전하는 데 요긴하게 사용했다. 1986년 이후 경상 수지가 큰 폭의 흑자를 보이면서 외환 사정이 호전되어 1988년 일부를 제외하고 모두 상환했다. 또한 같은 해 11월 1일부터 IMF 8조국이 되었다. 그러던 중 1997년 외환 위기가 닥쳐 1997년 11월 21일 IMF에 구제 금융을 신청하여 1997년 12월 5일부터 1999년 5월 20일까지 10차에 걸쳐 195억 달러를 차입했다. 당초 상환 기일은 2004년 5월이었으나 이를 앞당겨 2001년 8월 23일 전액 상환했다. IMF가 국제 금융 시장에 개입한 대표적 사례는 1982년 중남미 국가들의 채무 불이행 위기, 1995년 멕시코 페소화 위기, 1997년 한국 및 동남아시아 환 위기 개입 등이다. IMF 관리 체제는 고금리와 재정 긴축을 특징으로 한다.
2. 국민총생산 GNP : Gross National Product 124쪽에서 설명.
3. 남북 문제
주로 북반구에 위치한 선진 공업국과 적도 및 남반구에 위치한 저개발 국가 사이의 발전 및 소득 격차가 초래하는 국제 정치, 경제의 구조적 문제. 1959년 영국 로이드은행의 총재 프랭크스가 처음으로 사용했다.
*동서 문제
동측, 즉 구소련을 중심으로 하는 사회주의 국가들과 서측, 즉 미국을 중심으로 하는 자본주의 국가들 사이의 정치적·군사적 대립을 기조로 하는 문제.
4. 남남 문제
남으로 불리는 개발도상국 간의 경제적 격차 및 그에 수반되는 문제. 남쪽 내부의 남북 문제를 일컫는 새로운 용어이다.

미국이 압도적 우위를 차지하는 국내총생산(GDP)

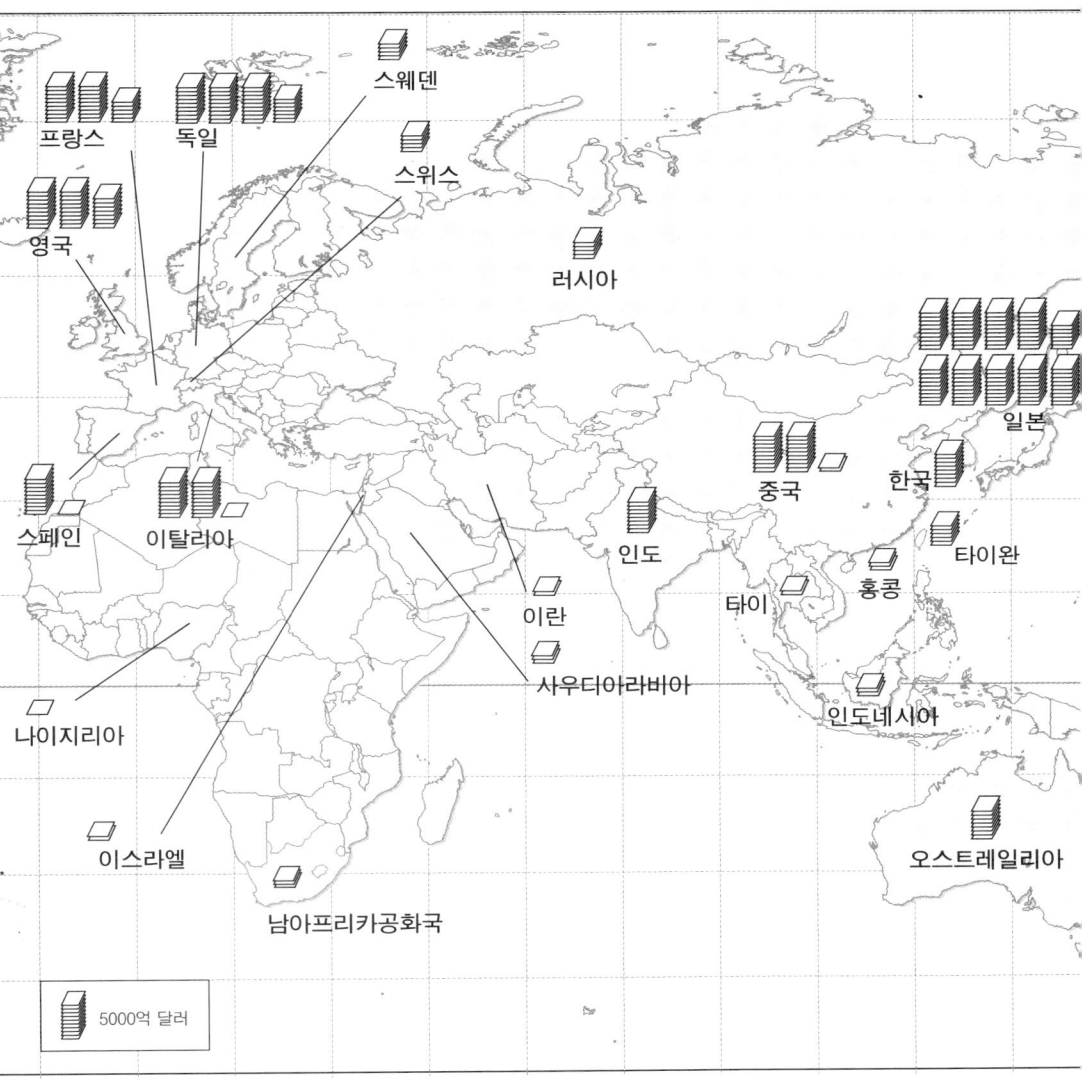

5000억 달러

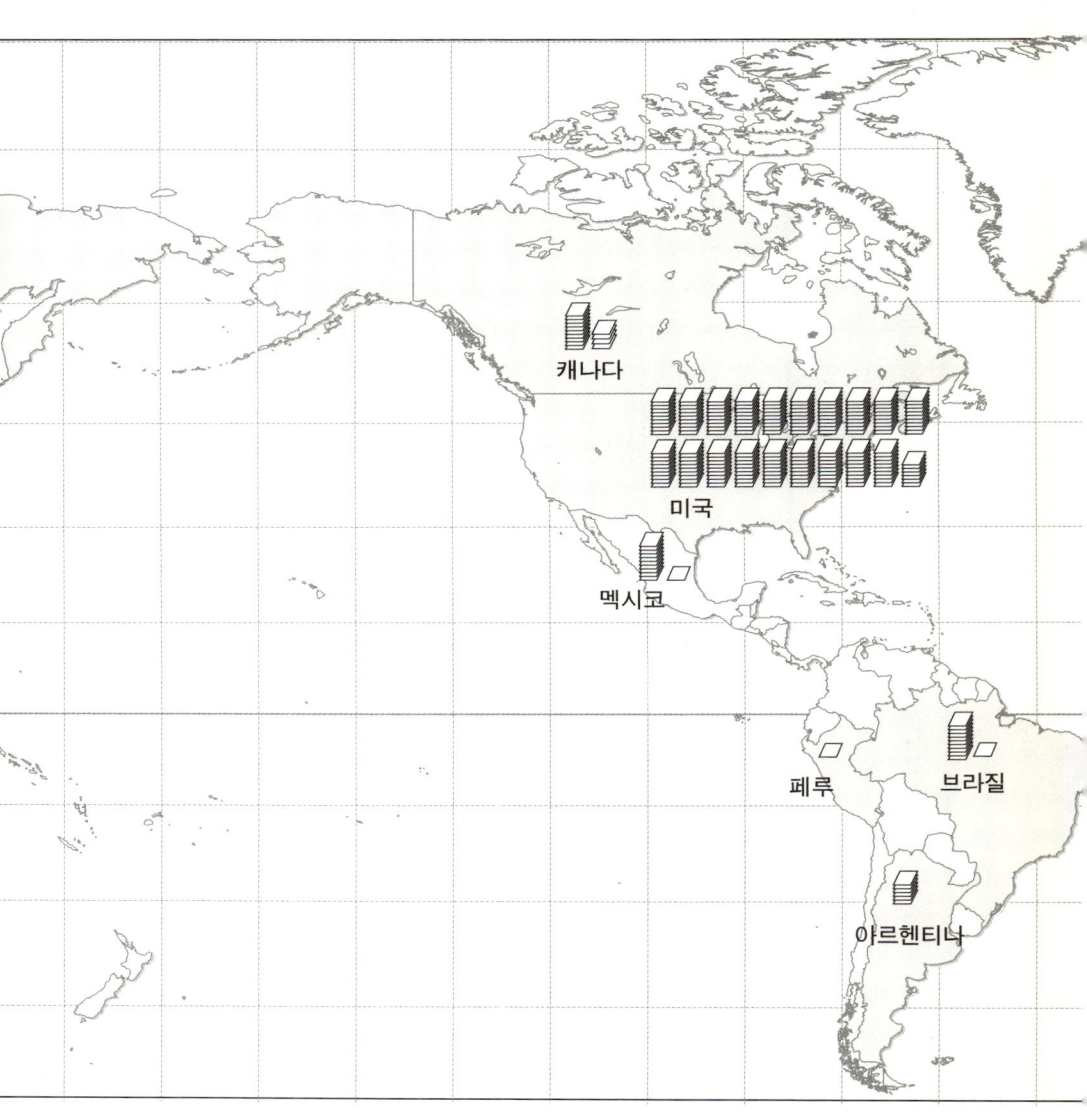

캐나다

미국

멕시코

페루

브라질

아르헨티나

장기 불황에도 여전히 세계 2위를 유지하고 있는 일본

국내총생산(GDP)은 어떤 나라의 기업이 생산한 상품과 서비스의 합계를 금액으로 나타낸 것이다. 이 숫자가 클수록 경제적으로 부유한 나라라는 이야기가 된다. 국내총생산과 아주 흡사한 숫자로 국민총생산(GNP)이 있다. 예전에는 많은 나라에서 GNP를 각종 자료에 이용했으나, 최근에는 국제 기준인 GDP로 통일하게 되었다.

GNP는 어느 일정한 국적의 기업이 생산한 상품과 서비스의 합계이다. 미국을 예로 들면, 일본이나 중국 등 해외에 진출한 미국 기업의 생산까지 포함되는 반면 미국 국내에서 생산 활동을 하고 있는 외국 기업의 숫자는 들어가지 않는 것이 GNP이다. 그러나 이것은 한 나라의 국내 경제 상황을 제시하는 지표로서는 불충분하다. 기업의 국적이 무엇이든 국내의 생산 활동에 기여하고 있는 것을 합계하는 편이 그 나라의 경제 규모를 측정하는 데 한층 적합하기 때문이다. 그래서 사용하게 된 것이 GDP이다. 이것을 사용하면 국적에 관계없이 어떤 나라 국내에서의 생산이 전부 더해진다.

GDP가 어느 정도인가를 지도로 나타내 보면, 미국이 단연 톱이고 이어서 일본이 2위를 차지한다. 장기 불황에 허덕이고 있는 일본이지만, 국가 전체의 부를 보면 여전히 세계 2위의 자리를 지키고 있다. 그리고 독일·영국·프랑스·중국·이탈리아의 순서로 이어진다. 중국을 제외하고는 유럽 선진국이 상위를 차지하고 있다. 중국이 상위에 든 까닭은 인구가 많고 국가 전체의 규모가 어마어마하기 때문이다. 하지만 이것을 인구로 나누어 국민 1인당의 숫자로 바꾸어 보면 중국은 훨씬 낮은 순위가 될 것이다. 일본의 GDP를 국민 1인당으로 고치면 미국과는 순위가 역전지만, 유럽의 룩셈부르크·

---

1. 국내총생산 GDP : Gross Domestic Product
외국인이든 내국인이든 국적을 불문하고 국경 내에서 이루어진 생산 활동을 모두 포함하는 개념이다. 시장이 국내로 제한되던 시대에는 장소를 불문하고 경제 성장률을 나타낼 때 내국인의 총생산을 나타내는 개념인 GNP를 사용했다. 그러나 국민, 특히 기업의 해외 진출이 빈번해지면서 그 소득을 정확하게 산출하기가 어려워져 GNP는 정확성이 떨어지게 되었다. 또한 국내에 있는 외국 기업들의 소득은 정확하게 파악할 수 있고 그 소득의 대부분은 국내에서 지출되거나 재투자된다. 그리고 국내의 실업률 또한 국내의 외국 기업의 국내 생산 활동에 의해 영향을 받는다. 이러한 이유들로 현재 많은 나라에서 경제 성장률을 따질 때 GDP를 이용하게 되었으며 우리 나라 역시 현재 목표 경제 성장률 따위를 따질 때 GDP를 기준으로 잡고 있다.
2. 국민총생산 GNP : Gross National Product
한 나라의 국민이 생산한 것을 모두 합한 금액으로 내국인이 외국에 진출해서 생산한 것까지 포함한다.

스위스가 앞질러 일본은 3위가 되고 미국은 4위가 된다.

그렇지만 이것은 어디까지나 숫자상의 이야기에 불과하다. 일본 국민 한 사람 한 사람은 자신들이 세계에서 세 번째로 잘산다는 자각을 갖지 못하고 있다. 국가로서의 일본은 세계에서 손꼽히는 부유한 국가인데 어째서 잘산다고 느끼지 못하는 겉인지 의아스럽다.

국내총생산(2000년)			
	(달러)		(달러)
미국	9조 8374억 0600만	타이완	3093억 3700만
일본	4조 8415억 8400만	아르헨티나	2849억 6000만
독일	1조 8729억 9200만	러시아	2511억 0600만
영국	1조 4145억 5700만	스위스	2397억 6400만
프랑스	1조 2942억 4600만	스웨덴	2273억 1900만
중국	1조 0799억 8800만	사우디아라비아	1732억 8700만
이탈리아	1조 0739억 6000만	홍콩	1626억 4200만
캐나다	6878억 8200만	인도네시아	1532억 2500만
브라질	5954억 5800만	남아프리카공화국	1258억 8700만
멕시코	5745억 1200만	타이	1221억 6600만
스페인	5585억 5800만	이스라엘	1103억 8600만
한국	4572억 0190만	이란	1049억 0400만
인도	4569억 0900만	페루	534억 6600만
오스트레일리아	3901억 0130만	나이지리아	410억 8500만

역할이 재조정되는 공적 개발 원조(ODA)

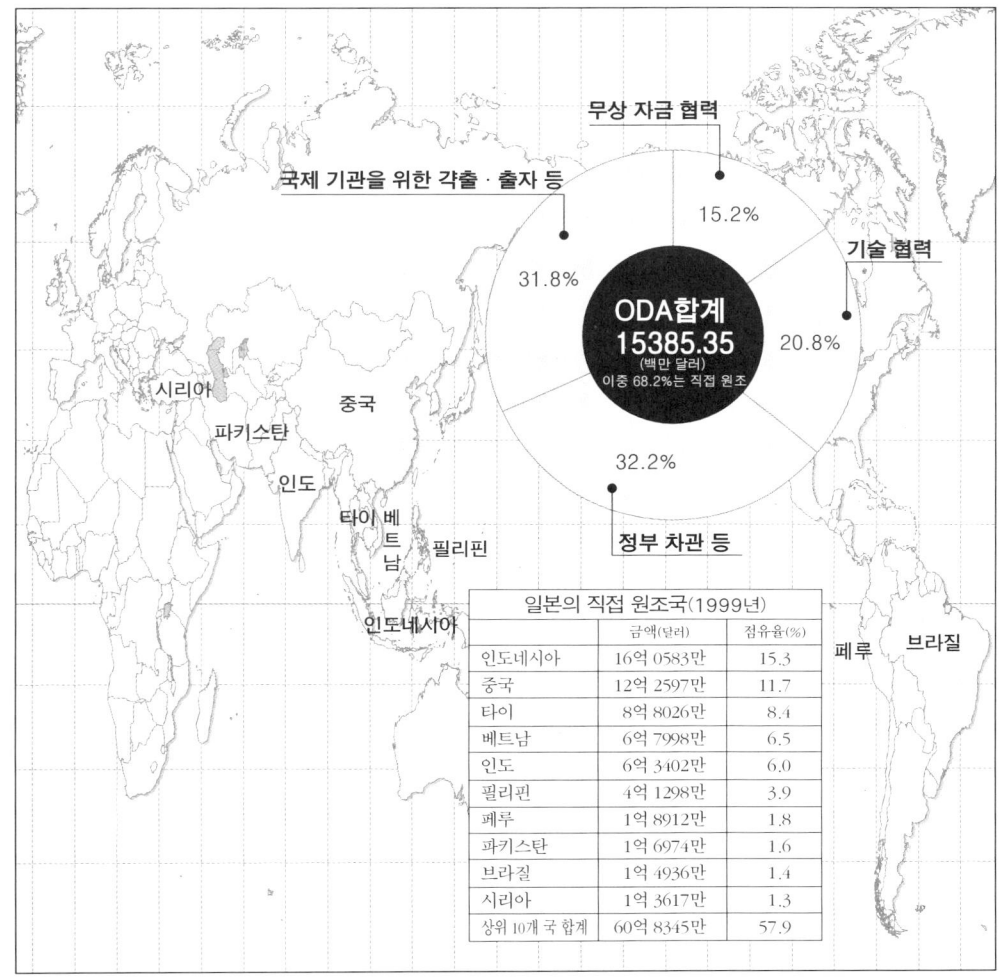

무상 자금 협력 15.2%

국제 기관을 위한 각출 · 출자 등 31.8%

기술 협력 20.8%

ODA합계 15385.35 (백만 달러) 이중 68.2%는 직접 원조

정부 차관 등 32.2%

시리아 · 중국 · 파키스탄 · 인도 · 타이 · 베트남 · 필리핀 · 인도네시아 · 페루 · 브라질

일본의 직접 원조국(1999년)		
	금액(달러)	점유율(%)
인도네시아	16억 0583만	15.3
중국	12억 2597만	11.7
타이	8억 8026만	8.4
베트남	6억 7998만	6.5
인도	6억 3402만	6.0
필리핀	4억 1298만	3.9
페루	1억 8912만	1.8
파키스탄	1억 6974만	1.6
브라질	1억 4936만	1.4
시리아	1억 3617만	1.3
상위 10개 국 합계	60억 8345만	57.9

비정부 기구(NGO)를 활용한 새로운 모색

정부에 의한 개발도상국에 대한 원조에서는 일본이 세계 최대의 국가가 되었다. 그러나 힘든 재정 사정으로 인해 2002년도 예산은 전년보다 10%나 삭감되어 세계 제일의 자리를 내려오게 되었다.

일본의 공적 개발 원조(ODA)는 자금면과 인재면으로 나뉜다. 자금면에서는 개발도상국에 대한 자금 원조와 낮은 이자로 제공하는 장기 융자(차관)이다. 인재면에서는 청년해외협력대 등 전문가를 개발도상국에 파견함과 동시에 개발도상국에서 기술 연수생을 받아들이는 방법을 채택하고 있다. 특징적인 것은 자금 원조보다 대출 쪽이 많다는 점이다. 세계의 많은 나라에서는 자금 원조가 중심인 것과 대조적이지만, 일본 정부는 언젠가는 갚겠다고 생각하면 그것만으로도 자구를 위한 노력을 하게 되기 때문에 그렇게 한다고 설명한다.

최근 비정부 기구(NGO)에 원조를 함으로써 민간 차원의 활동에 도움을 주려고 하는 새로운 움직임이 나오고 있다.

---

1. 비정부 기구 NGO : Non-Governmental Organization
유엔에 여론을 반영하기 위해 1964년 설립된 각국의 민간 단체. 개인이나 민간 단체가 연합하여 국제적 기관을 조직한 비정부 간 국제 기구(INGO : International Non-Governmental Organization)와 같은 뜻으로 사용되는 경우가 많다. 1945년 유엔이 창설될 당시부터 42개 비정부 기구는 유엔에 중요한 문제를 제기하고 참신한 기획과 실천적 프로그램을 제시했다. 매년 유엔 총회에서 결의되는 내용을 의뢰받아 자문과 운영상의 문제점을 지적하고 프로그램을 제작하며, 유엔 임원진과 정기적으로 만나 총회 안건과 NGO의 정책에 대해 논의한다. 국제적으로 대중의 연대가 활발해짐에 따라 인권, 환경, 빈곤 추방, 부패 방지 등의 문제에서 임무를 다하는 역할이 커지고 있다. 현재 전 세계 1천여개 민간 단체가 가입해 있으며 본부는 미국 뉴욕에 있다. 그러나 최근 우리 사회에서는 비정부성을 강조하는 비영리 시민 단체를 뜻하는 개념으로 흔히 이용되고 있으며, 이러한 단체들은 공동의 이해를 가진 사람들이 특정 목적을 위해 조직하여 인도주의적 기능을 수행한다. 정부 정책을 감시하고 인권, 환경, 보건, 성차별 등의 이슈를 추구하기도 한다. 국내 NGO의 숫자는 1000여 개에 이르는데, 6·29 이후 민주화 세대와 비판적 지식인들이 시민 운동에 가담하면서 급증했다.
* 유엔 UN : United Nations 89쪽 '국제연합(유엔)'에서 설명.
2. 공적 개발 원조 ODA : Official Develpment Assistance
선진국의 정부 또는 공공 기관이 개발도상국의 경제·사회 발전과 복지 증진을 위해 공여하는 증여 및 양허성 차관. 금리가 높은 민간 원조보다 조건이 좋으므로 받는 쪽에서 환영하거 증여나 차관, 기술 원조 등의 형태를 취한다. 우리 나라는 경제협력개발기구(OECD) 회원국 평균의 4분의 1, 유엔 권고 기준의 10분의 1 수준으로 적은 편이며, 일본은 1980년대에 현저한 증가를 보여 미국을 능가하는 최대 원조 공여국이 되었다.
* 경제협력개발기구 OECD : Organization for Economic Cooperation and Development 117쪽에서 설명.
3. 차관
외국의 실물 자본 또는 화폐 자본을 일정 기간 차용하거나 대금 결제를 유예하면서 도입하는 것. 형태에 따라 실물 차관과 현금 차관, 목적에 따라 재정 차관과 상업 차관, 주체에 따라 정부 차관과 민간 차관으로 구분된다. 차관은 후진국에서는 경제 발전에 필요한 자본을 국내에서만 조달할 수 없기 때문에 일반적으로 선진국에서 후진국으로 공여되며, 선진국에서는 금리 차에 의한 이자 수입, 유휴 자본 운용, 시장 확보 등의 이점을 목적으로 한다.
* 외채 : 일정 시점에 있어 상환 기간에 관계없이 거주자가 비거주자에게 외화로 상환할 의무가 있는 확정 채무.

| 제3장 정리 |

투자자의 돈의 움직임이 세계 경제를 혼란시킨다

경제의 움직임은 세계를 점차 좁게 만들어 가고 있으며 마침내 돈 자체를 매매하게 되었다. 외환 시장은 돈을 매매하는 시장이다. 엔이든 유로든 각국의 돈을 언제나 일정한 교환 비율로 환전할 수 있는데, 각각의 돈이 현재 얼마인지 달러로 값이 매겨져 있기 때문이다. 각국의 돈(통화)이 얼마만큼의 달러와 환전할 수 있는가를 결정하는 것이 교환 비율이며, 이 교환 비율은 각국의 경제 상황이나 투자자의 의도에 따라 매일 변동한다. 변동한다는 것은 다시 말해 그만큼 불안정하다는 뜻이 된다. 하지만 언제든 달러와 교환할 수 있음으로 인해, 즉 달러로 매매할 수 있음으로 인해 세계 경제가 성립되고 있는 것이다.

교환 비율의 변동은 주가와 마찬가지로 수요·공급에 의해 결정된다. 그 나라의 통화에 대한 수요가 크면 그 통화의 가격은 상승한다. 예를 들어 엔의 수요가 높아지면 엔의 가격은 상승한다. 앞에서 말했듯이 엔의 가격은 달러로 평가되고 있기 때문에 엔의 가격이 상승한다는 것은 반대로 말해 달러의 가격이 하락하는 것을 의미한다. 각국의 통화가 수요·공급의 관계에 의해 오르내리면 그 움직임을 이용해 돈을 벌려고 하는 투자자의 의도가 작용하며, 각국 경제의 실태와 관계없이 돈이 움직이고 경제가 혼란스러워지는 일이 벌어지게 된다.

각 지역에서는 경제 발전을 위해 연계를 강화한다

세계의 경제와 결부되어 있지 않으면 자국의 발전은 없다. 그러나 그것만으로는 세계 경제의 생각

◀엔의 가격을 표기하는 전광 게시판과 통화의 매매를 중개하는 사람들.

지 못한 움직임에 휘둘릴 우려가 있다. 세계 경제와 관계를 가지면서 자국의 경제를 순조롭게 발전시키겠다는 발상에서 지역 경제의 연계를 강화하려는 움직임이 결실을 맺고 있으며 그것들이 곧 유럽연합(EU)이나 아프리카연합(AU), 동남아시아국가연합(ASEAN), 아시아태평양 경제협력체(APEC) 등의 조직이다.

EU는 유럽 국가들이 서로 협력하여 국경을 없애 가려는 시도이다. 실제로 경제의 거래에서 국경은 더 이상 의미를 갖지 못하게 되었다. 사람들의 왕래 또한 완전히 자유로워지고 있다. 유럽에 있는 나라들 하나하나를 보면 독일이나 프랑스를 제외하고는 약소국이 많아 미국과 일본의 경제와 맞겨룰 수 없다. 유럽이라는 지역이 하나로 묶임으로써 경제 대국을 만들어 미국과 일본에 대항하려는 것이다. EU의 통화인 유로를 사용하게 되어 EU 내부에서는 통화 가치 변동의 영향을 받는 일이 사라졌다. 유럽 각국의 경제가 EU라는 커다란 우산 아래에서 보호받으며 그 속에서 경쟁한다는 구도를 갖게 된 셈이다. EU 각국은 하나의 대국이 된 것이나 마찬가지여서 그 비중이 커지고 있다.

EU의 성공을 보고 흡사한 조직으로 만들려는 구상에서 발족한 것이 AU이다. 아프리카 국가들 또한 나라 하나하나의 국가 규모를 보면 약소국이고 경제 상황이 나쁜 나라가 많은 것이 사실이다. 따라서 약소국끼리 하나로 뭉침으로써 아프리카라는 거대 국가르 성장하려는 목표를 세운 것이다. 다만 EU는 같은 그리스도교 문명 하에서 공통되는 문화적 배경을 갖고 있으며 모든 국가에 민주주의 제도가 뿌리를 단단히 내리고 있다. 이런 관점에서 볼 때, 아프리카는 지역에 따라 다양한 문화와 언어와 민족이 있으며 결코 민주주의적이라고 말할 수 없는 국가가 다수 있다. AU 결성의 목표는 이상적인 이념이지만 실현 과정에서는 수많은 어려움에 직면할 것이다.

ASEAN은 EU나 AU와는 달리 아시아를 하나의 국가로 건설하겠다는 목적을 갖고 있지 않다. 각각의 나라는 그대로 존재하며 경제면에서 협력할 수 있는 점부터 대처해 가고자 하는 조직이다. 가입국 내부에서 서로의 정치에 간섭하는 일 없이 협력할 수 있는 일만 추진하자는 현실주의 노선을 걸어왔다. 이 현실주의 노선이 효력을 발휘하여 고도의 경제 성장을 실현해 왔다.

그러나 앞으로 한층 더 경제 발전을 도모하고자 한다면 국경선을 조금씩 허무는 방향을 고려하지 않을 수 없다. EU 같은 형태는 목표로 하지 않는다 해도 아시아형 경제 발전의 새로운 모델 구축을 위한 모색이 계속될 것으로 예상된다.

그리고 ASEAN은 한국·중국·일본의 정상을 초청하여 ASEAN 10+3의 정상 회의를 열게 되었다. 동남아시아에 제한하지 않고 동아시아도 가담하여 무역 자유화를 추진해 가려는 움직임이다. 예전의 ASEAN 가입국들은 경제력이 나약해 일본과 한국에 맞설 수 없다는 위기감이 있었으나, 이 3개국을 참가시킬 정도로 힘을 키워 왔다.

세계 경제의 불안정화가 지역 분쟁을 불러일으킨다

▼ 1999년부터 유럽 통일 통화 유로가 도입되었다.

세계 경제 속에서 특이한 성격을 지닌 것이 석유수출국기구(OPEC)로, 자국에서 산출하는 석유를 얼마나 비싸게 파느냐를 서로 의논하는 국제적인 카르텔 조직이다. 때로 가입국의 정치적인 의도에 따라 보조가 깨지는 일이 있기는 하나, 많은 이익을 올려야 한다는 확고한 목적이 있는 만큼 석유에 의존하는 세계 경제에 대한 영향력은 막강하며 석유를 수입하는 입장에 서는 나라들은 항상 OPEC의 동향에 주의를 기

▶ 2001년 베트남의 하노이에서 열린 ASEAN 외무장관 회의.

울이지 않을 수 없다.

OPEC에 가입하고 있는 나라들은 원래 개발도상국이었으나, 석유 판매 대금이 유입되어 급격하게 부유한 나라가 되어 가고 있다. 한편 석유를 산출하지 못하는 개발도상국은 처지고 있다. 석유 가격이 상승하면 석유를 산출하지 못하는 개발도상국은 더욱 어려운 입장에 몰린다. 같은 개발도상국 중에서도 석유라는 에너지를 '가진 나라'와 '갖지 못한 나라' 사이의 격차가 벌어지고 있는 것이다.

세계 경제가 일체화하고 크게 탈전하고 있다고는 하지만, 세계에는 여전히 많은 가난한 나라가 존재한다. 이런 국가는 내전이 발생하고 있거나 지역 분쟁의 무대가 되고 있는 경우가 대부분이다. 즉 세계 경제를 안정시켜 가난한 국가를 조금이라도 발전시키는 것이 결국은 세계 평화로의 길을 조성하는 일이 된다. 하지만 석유 가격의 변동이나 외환 시장의 혼란 등은 늘 계속되고 있으며, 세계 경제를 안정시키기 위한 대책은 아직 발견되지 못하고 있다.

세계의 문화 · 사회 · 생활

종교 · 민족 · 환경에 의해

생활과 가치관은 다양해진다.

노벨상 수상자를

가장 많이 배출한 나라는 어디인가?

이혼율이 높고 낮은 데에는 종교가 관계 있다.

영국 · 프랑스 · 독일은 선진국에서도

높은 곡물 자급률을 유지하고 있다.

중국인은 세계에서 가장 자주 극장을 찾는다.

이 지구상에는 전혀 다른 365일이 있다.

한눈에 알 수 있는 요점

종교 인구 순위

1. 그리스도교 가톨릭
   10억 4000만 명
2. 이슬람교 수니파 9억 5200만 명
3. 힌두교 7억 4700만 명
4. 유교 · 도교 3억 6900만 명
5. 그리스도교 프로테스탄트
   3억 6100만 명
6. 그리스도교 동방정교회
   2억 2300만 명
7. 대승 불교 1억 9800만 명
8. 이슬람교 시아파 1억 8400만 명
9. 상좌부 불교 1억 3400만 명
10. 그리스도교 성공회 5500만 명
11. 시크교 2300만 명
12. 라마교(티베트 불교) 2100만 명
13. 유대교 1500만 명

국제 뉴스에 종교가 등장하는 경우가 잦아졌는데, 이 가운데에서 특히 빈번하게 등장하는 것이 이슬람교이다. 이슬람교 자체는 결코 전투적인 종교가 아니지만, 원리주의 과격파에 의한 테러 사건이나 중동에서의 전란 뉴스 속에서 주로 다루어진다. 이슬람교도의 수는 전 세계에서 10억 명을 훨씬 웃돌고 지금도 꾸준히 증가하고 있다.

세계에서 가장 신자 수가 많은 그리스도교는 가톨릭, 프로테스탄트, 동방정교회의 셋으로 크게 나뉜다. 이슬람교는 수니파와 시아파로 대별되지만, 시아파는 주로 이란과 그 주변 지역으로 한정되어 있다. 세 번째로 신자 수가 많은 힌두교는 신자가 인도와 그 주변으로 한정되어 있다. 특정한 국가에 한정되지 않고 국경을 넘어 많은 나라에 신자가 있는 종교를 '세계 종교'라고 일컫는데 기독교, 이슬람교, 불교가 여기에 해당한다. 불교 또한 한국 · 중국 · 일본 등의 대승 불교와 남아시아 각국에 퍼져 있는 상좌부 불교, 라마교 등 여러 개의 파로 나뉜다.

그럼 전 세계의 수많은 사람이 어떤 종교를 믿으며 어떤 여건 속에서 어떤 생활을 영위하고 있는지 다양한 지표를 이용해 살펴보자.

세계의 종교 분포

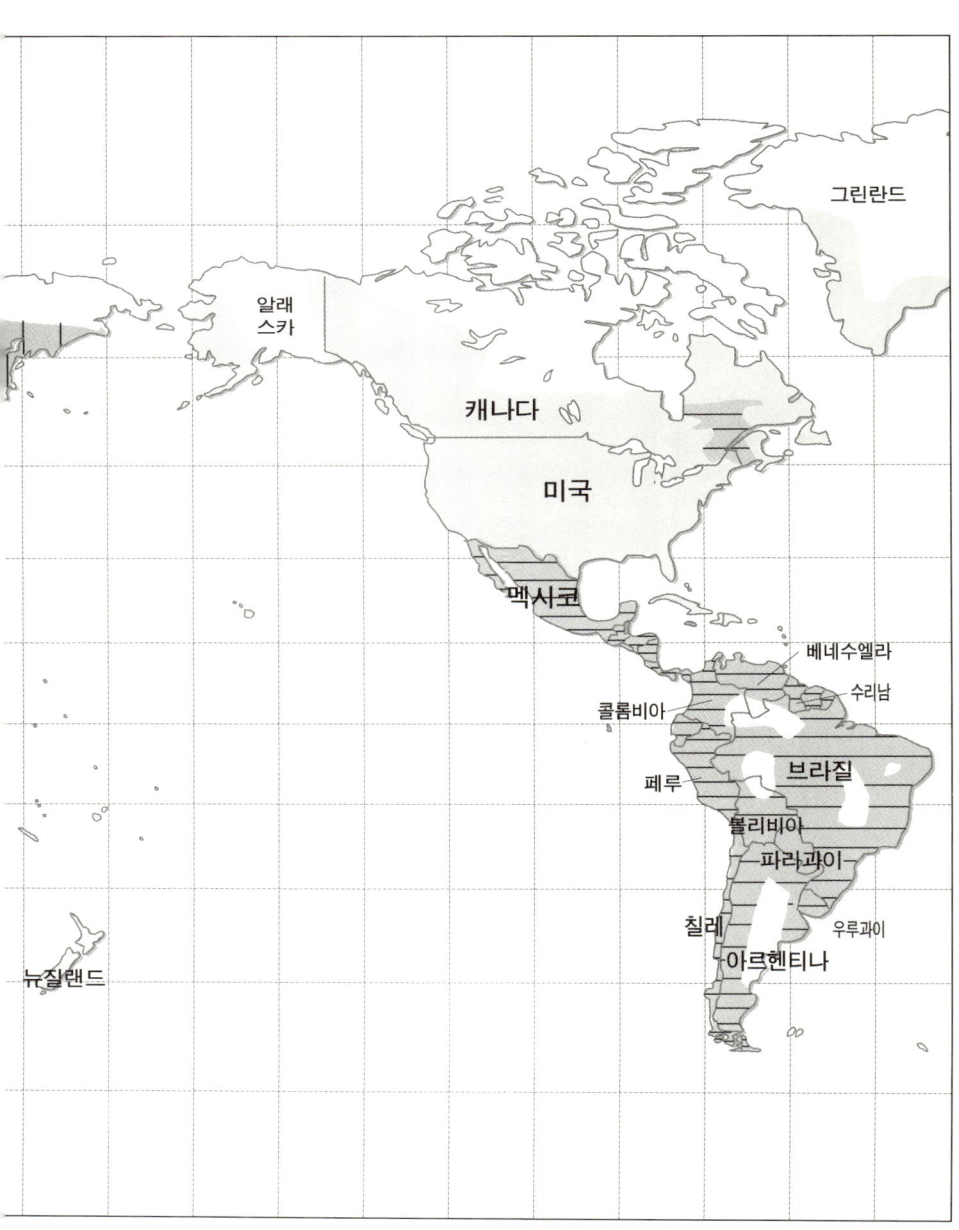

1. 그리스도교
불교 · 이슬람교와 더불어 세계 3대 종교 가운데 하나. 그리스도교의 기점과 근거는 예수 그리스도로서, 예수를 하느님의 아들이며 인류의 구원자로 믿는 것을 신앙의 근본 교의로 삼는다. 역사적으로 변천을 겪으며 가톨릭, 동방정교회, 프로테스탄트로 나뉘었다.

1) 가톨릭
단순히 가톨릭이라고 할 때는 동방정교회까지 포함하는 경우가 있어 최고의 직위가 로마 교황인 정통 가톨릭교회를 구별하기 위해 로마가톨릭교회라고 부르기도 한다. 가톨릭은 그리스어로 '보편적'이라는 뜻을 가졌으며, 2세기부터 교회를 가리키는 말로 쓰이기 시작했다.

2) 프로테스탄트
16세기 루터, 칼뱅 등의 종교 개혁의 결과로 로마가톨릭교회에서 분리하여 성립된 그리스도교의 분파. 프로테스탄트라는 말은 프로테스트에서 기원했는데, 1529년 루터계 제후들과 도시들이 황제 카를 5세 등 로마가톨릭교회 세력의 억압에 항거한 데에서 유래했다.

3) 동방정교회
사도 시대부터 예루살렘 · 알렉산드리아 · 이집트 · 인도 · 그리스 · 동유럽 · 러시아 방면으로 퍼져 나가며 발전하여 오리엔트의 헬라 문화권 안에서 성장한 그리스도교회의 총칭.

4) 성공회
영국국교회, 영국교회, 영국성공회, 잉글랜드교회, 앵글리컨처치라고 불리기도 한다. 영국에 가톨릭이 처음 전파된 것은 1세기 중엽이며 가톨릭은 교회는 물론 정치적으로 영국을 지배하는 교회 법정이 국가의 사법권을 대행했다. 성공회의 개혁은 헨리 8세(1491~1547)와 캐서린 왕비의 결혼 무효 소송으로 시작되었고 1536년 로마의 감독권을 폐지하는 법령이 발표되었다. 엘리자베스 1세(1558~1603) 즉위 후 종교 개혁의 정착기를 맞이하여 가톨릭적이며 개혁적인 성공회의 전통을 형성하게 되었다. 이에 교황 비오 5세가 엘리자베스 1세를 파문하자 성공회는 로마교회와 완전히 갈라섰다. 성공회는 북미 · 아프리카 · 아시아 · 오세아니아로 확대되었다.

2. 이슬람교
7세기 초 아라비아의 예언자 마호메트(이슬람어로는 무하마드)가 완성시킨 종교. 전지전능의 신 알라의 가르침이 대천사 가브리엘을 통해 마호메트에게 계시되었다고 하며, 유대교와 그리스도교 등 유대계의 여러 종교를 완성시킨 유일신 종교임을 자처한다. 유럽에서는 마호메트교라고 하고, 중국에서는 회회교 또는 청진교라고 하며, 한국에서는 이슬람교 또는 회교라고 한다. '알라 이외의 신은 없다'라는 것이 이슬람교의 신조이며, 알라의 가르침을 모은 것이 『코란』이다. 이슬람교도는 이슬람교 사원인 모스크를 중심으로 생활하고 이슬람법에 따라 규정된 생활을 영위한다.

1) 수니파
여러 분파의 총칭을 가리키는 시아파와 상대되는 이슬람교 종파. 수니파 혹은 정통파라고도 한다. 수나('관행'이라는 의미)를 지키는 사람들의 파를 말하는데, 이들의 형성에 칼리프('계승자' '대리자'라는 의미) 제도의 확립과 보유, 아랍 민족의 우월권 확보 같은 정치적 이유가 작용했다. 수니파 교도는 아랍과 이집트를 중심으로 이슬람권의 주요 부분을 형성하고 있다.

2) 시아파
수니파와 더불어 이슬람교의 2대 종파. 시아란 '분파'라는 뜻으로 수니파 이외의 분파를 총칭한다. 교조 마호메트에게 아들이 없어 후계를 둘러싸고 대립이 시작되면서 시아파가 생겨났다. 수니파는 마호메트의 후계자를 정통 칼리프 왕조와 역대 칼리프 왕조의 칼리프로 보는 데 반해, 시아파는 마호메트의 사위 알리만 정통 칼리프로 본다.

3. 힌두교
인도에서 고대로부터 전해 내려오는 바라문교가 복잡한 민간 신앙을 섭취하여 발전한 종교. 오랫동안 형성되어 온 탓에 특정한 교조와 체계를 갖고 있지 않다. 인도교라고도 하는데, 인도인의 종교 생활과 사회 생활은 밀접한 관계를 지니고 있으므로 인도인은 힌두교로 태어난다고 하며 카스트 제도에는 엄격하지만 신앙에는 상당히 관용적이다. 힌두교에서는 신전, 신상이 예배의 대상이 되고 인격신이 신앙된다. 또한 육식이 금지되고 근본 경전은 『베다』『우파니샤드』이다.

4. 유교
공자를 시조로 하는 중국의 대표적 사상. 공교 또는 공자교라고도 한다.

5. 도교
중국의 대표적인 민족 종교. 황제와 노자를 교조로 삼은 중국의 토착 종교로 노자와 장자를 중심으로 한 도가사상과 구별된다. 도교는 후한 시대에 장도릉이 세웠다고 전해지며 지금도 타이완 · 홍콩 등지에서 중국인 사회의 신앙이 되고 있다. 도교가 하나의 종교로서 이론 체계를 갖추기 시작한 것은 3~4세기였고 구겸지가 전래 종교인 불교의 자극을 받아 그 의례의 측면을 대폭 채택하고 도교를 천사도로 개칭함으로써 종교적인 교례와 조직이 비로소 정비되었다.

6. 불교
석가모니를 교조로 삼고 그가 설한 교법을 종지로 삼는 종교. 불교에는 '부처(석가모니)가 설한 교법'이라는 뜻과 '부처가 되기 위한 교법'이라는 뜻이 포함되어 있다. 불교는 석가 생전에 이미 교단이 조직되고 포교가 시작되어 인도 · 스리랑카 등지로 전파되었고 동남아시아와 서역을 거쳐 중국으로, 그리고 한국과 일본으로 교권이 확대되어 세계적 종교가 되었다. 여타 종교에 비해 신을 내세우지 않는 것이 특징이다.

1) 대승 불교
대승의 교리를 기본 이념으로 하는 종파의 총칭으로 삼론종, 법상종, 화엄종, 천태종, 진언종, 율종, 선종이 이에 속한다. 대승은 '많은 사람을 구제하여 태우는 큰 수레'라는 뜻으로, 인도에서 일어난 이 새로운 불교 운동은 기존의 불교를 소승이라고 폄하하며 이타적인 세계관을 바탕으로 활발하고 폭넓은 활동을 전개했다. 이 운동은 출가자, 즉 승려만의 종교였던 불교를 널리 민중에게까지 개방하려는 진보적 사상을 가진 사람들 사이에서 일어났다.

2) 상좌부 불교
대승 불교는 중앙아시아를 거쳐 중국 · 한국 · 일본 · 베트남 · 몽골 등지로 퍼진 한역 경전을 중심으로 하는 불교인 데 비해, 상좌부 불교는 스리랑카를 거쳐 미얀마 · 타이 · 라오스 · 캄보디아 등지로 퍼진 팔리어 성전을 중심으로 하는 불교이다. 그래서 팔리 불교 혹은 남방 불교라고도 부른다. 계율을 엄수하는 원시 불교 이래의 전통을 지니고 있다.

3) 라마교
티베트를 중심으로 발전한 불교로, 티베트 불교라고도 한다. 송첸감포왕 때 중국 당나라와 네팔 출신 두 왕비가 중국계와 인도계의 불교를 영입했고 이 왕비들은 티베트의 고유 신앙인 본교와 혼합된 형태로 토착화해 갔다. 8세기 중반 인도에서 밀교가 들어온 뒤 티베트에서 불교의 근본은 밀교가 되었다. 11세기에 총카파가 라마교의 기초를 확립했으며, 총카파의 제자 중 겐둔그룹이 초대 달라이라마, 즉 법왕이 되어 현재 14대에 이르고 있다. 달라이는 몽골어로 바다를, 라마는 상인(上人)을 뜻하는데, 덕이 높은 스승을 가리킨다. 티베트인은 자신들의 국가를 관음의 정토로 여기고, 통치자인 달라이라마를 관음의 화신으로 여긴다.

7. 시크교
힌두교도인 나나크가 창시한 종교. 힌두교의 신애 신앙과 이슬람교의 신비사상을 융합한 것으로, 인도의 펀자브 지방에 퍼졌다. 교조 나나크는 펀자브의 라호르 주변에서 태어나 인도를 여행했는데, 성자 카비르에서 큰 영향을 받았다. 나나크 사후 구루(법주) 밑에서 교단이 정비되어 오다가 암리차르에 본산이 건설되는 등 완성 단계에 이르렀다. 교단이 세력을 확대해 가자 무굴제국으로부터 박해를 받았고, 무굴제국과의 항쟁을 통해 교단은 전투 집단화했다.

8. 유대교
천지만물의 창조자인 유일신(야훼)을 신봉하면서 스스로 신의 선민임을 자처하며 구세주(메시아)의 도래 및 그의 지상 천국 건설을 믿는 유대인의 종교. 기원은 고대 이스라엘인의 종교로 거슬러 올라간다. 유대교 측은 예수가 일반 민중을 상대로 한 종교적 인격자라는 사실은 인정하지만, 그리스도교가 주장하듯 하느님의 아들, 즉 메시아로는 인정하지 않는다. 유대교 본래의 특색은 율법에 있는데, 율법의 기초는 계약의 개념이다. 이것은 원래 고대 메소포타미아의 경제적 · 사회적 통념이었으나, 신 대 인간의 관계 속에 끌어들인 점에 유대교의 특성이 있다.

9. 신도
일본의 고유 신앙. 선조나 자연을 숭배하는 토착 신앙이지만 종교라기보다는 조상의 유풍을 따라 신앙의 대상을 모시는 국민 신앙이라 할 수 있다. 1868년 메이지유신 이후 신도는 천황의 권위를 유지하기 위한 국가 종교가 되었다. 결국 국가와 종교의 합체는 국수주의적 기풍을 몰고 왔으며, 신사에서 참배하는 것을 모든 일본인의 애국적인 임무로 간주하기에 이르렀다. 그러나 제2차 세계대전 후 국가로부터 분리되고 새로이 출발하여 민간에 의한 종교 단체로 운영되며 현재에 이르고 있다.

현격한 차이를 보이는 세계의 평균 수명

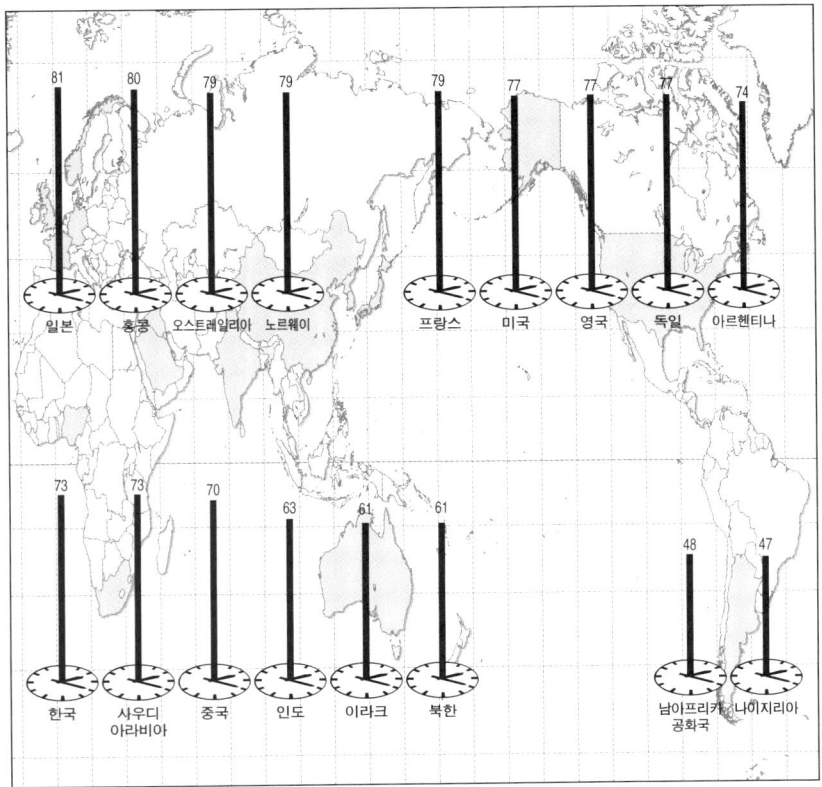

통계 숫자보다 더 낮을 북한의 평균 수명

평균 수명이란, 갓 태어난 아기가 평균하여 앞으로 몇 년 살 수 있느냐 하는 통계 숫자이다. 평균 수명과는 달리 각각의 연령으로 평균하여 앞으로 몇 년 살 수 있느냐 하는 평균 여명이 있는데, 0세 아기의 평균 여명은 평균 수명과 같다.

2000년 현재 일본의 평균 수명은 81세로 세계 최고이다. 식생활과 환경, 의료 제도 등 장수할 수 있는 조건이 우수하다는 의미가 된다. 일반적으로 평균 수명은 선진국에서는 길고 개발도상국에서는 짧다. 그렇다고 해서 개발도상국에 노인이 적다는 뜻은 결코 아니다. 개발도상국에서는 유 · 유아(乳幼兒)의 사망률이 높기 때문에 평균을 내면 수명이 짧아지는 것이다. 따라서 평균 수명을 늘리기 위해서는 유 · 유아의 사망률을 낮추어야 한다.

왼쪽의 그림에서 북한의 평균 수명은 추정일 뿐이다. 북한은 통계를 발표하지 않는 국가여서 자세한 것은 알 수 없다. 그러나 계속되는 식량 부족으로 최근 몇 년 간 인구의 약 10%에 해당하는 200만 명 가량이 굶어 죽었다는 주장도 있으므로 실제로는 평균 수명이 이보다 더욱 짧을 것으로 짐작해 볼 수 있다.

평균 수명(2000년)			
	(세)		(세)
일본	81	한국	73
홍콩	80	사우디아라비아	73
오스트레일리아	79	중국	70
노르웨이	79	인도	63
프랑스	79	이라크	61
미국	77	북한	61
영국	77	남아프리카공화국	48
독일	77	나이지리아	47
아르헨티나	74		

북한에서는 기아가 발생, 세계의 곡물 자급률

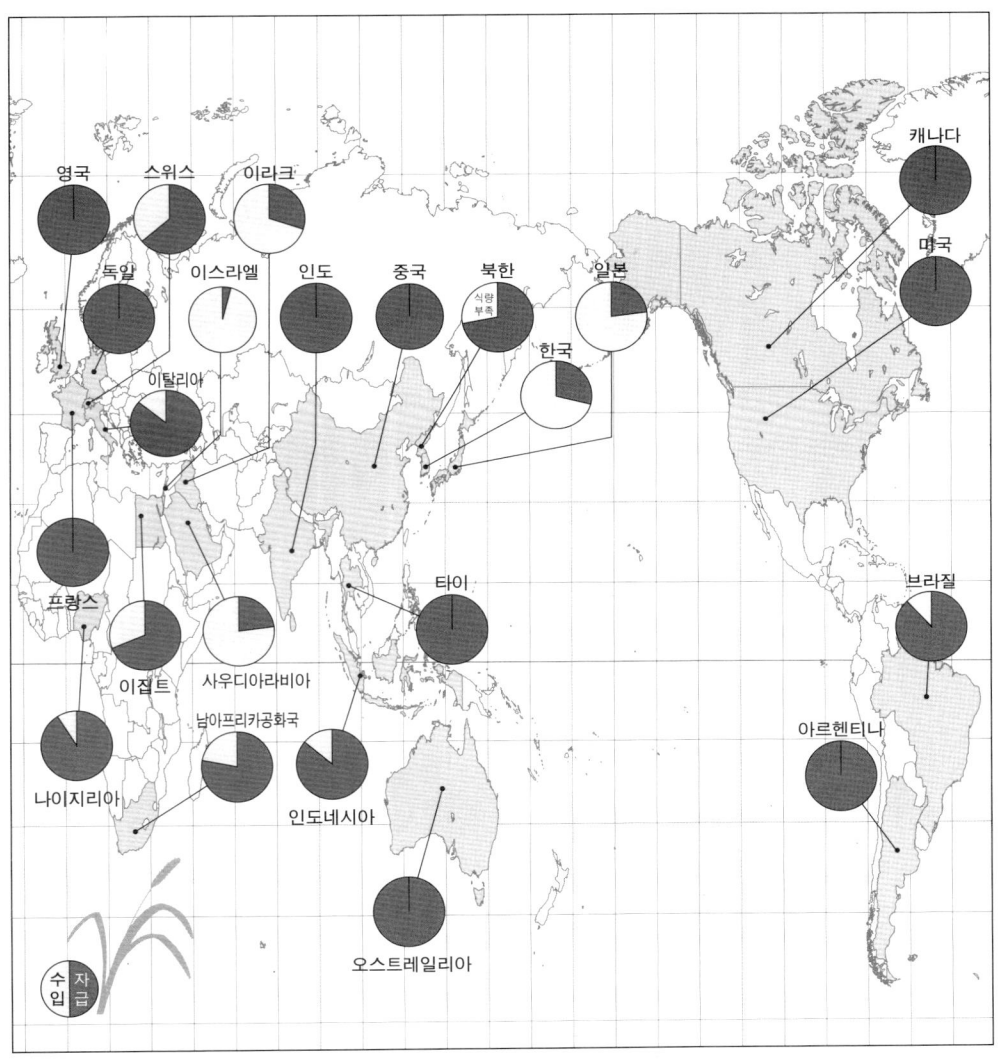

일본의 자급률 23%는 선진국 가운데 최저

곡물 자급률은 국민에게 공급된 쌀이나 보리, 옥수수 등의 곡물 가운데 자국에서 생산된 것의 비율이다. 식용뿐 아니라 가축의 사료용도 포함된다. 이 곡물 자급률 숫자가 100%를 넘어서는 나라는 자국에서 소비하는 양 이상의 곡물을 생산함으로써, 그것을 수출하여 외화를 벌어들이고 있는 나라이다. 미국이 대량의 밀 수출국으로 농업 대국이라는 사실이 약간은 의외이다. 유럽의 프랑스 · 독일 등 선진국에서는 대체로 높은 자급률을 유지하고 있다.

그러나 일본의 곡물 자급률은 선진국 가운데 최저를 기록하고 있다. 1961년의 곡물 자급률을 보면 일본 76%, 영국 53%로 일본이 높았으나, 영국은 자급률을 높이기 위한 노력을 기울여 계속 상승한 데 반해 일본은 계속 저하하고 있다. 결국 영국은 일본에 역전을 이루었고 자급률 100% 를 달성했다. 자급률이 낮더라도 해외에서 곡물을 구입할 수 있는 외화가 충분히 있으면 그나마 아무런 걱정이 없지만, 북한과 같은 경우에는 자급 률이 100%에 미치지 못하는 부분은 곧 굶주림으로 연결되어 심각한 우려 를 낳고 있다.

곡물 자급률(1999년)			
	(%)		(%)
오스트레일리아	344	인도네시아	86
아르헨티나	201	브라질	84
프랑스	194	남아프리카공화국	78
캐나다	163	북한	72
타이	144	이집트	69
미국	134	스위스	64
독일	123	이라크	30
인도	109	한국	29
중국	101	사우디아라비아	23
영국	100	일본	23
나이지리아	91	이스라엘	4
이탈리아	86		

2050년에는 지구의 인구 100억 명, 세계의 인구 증가율

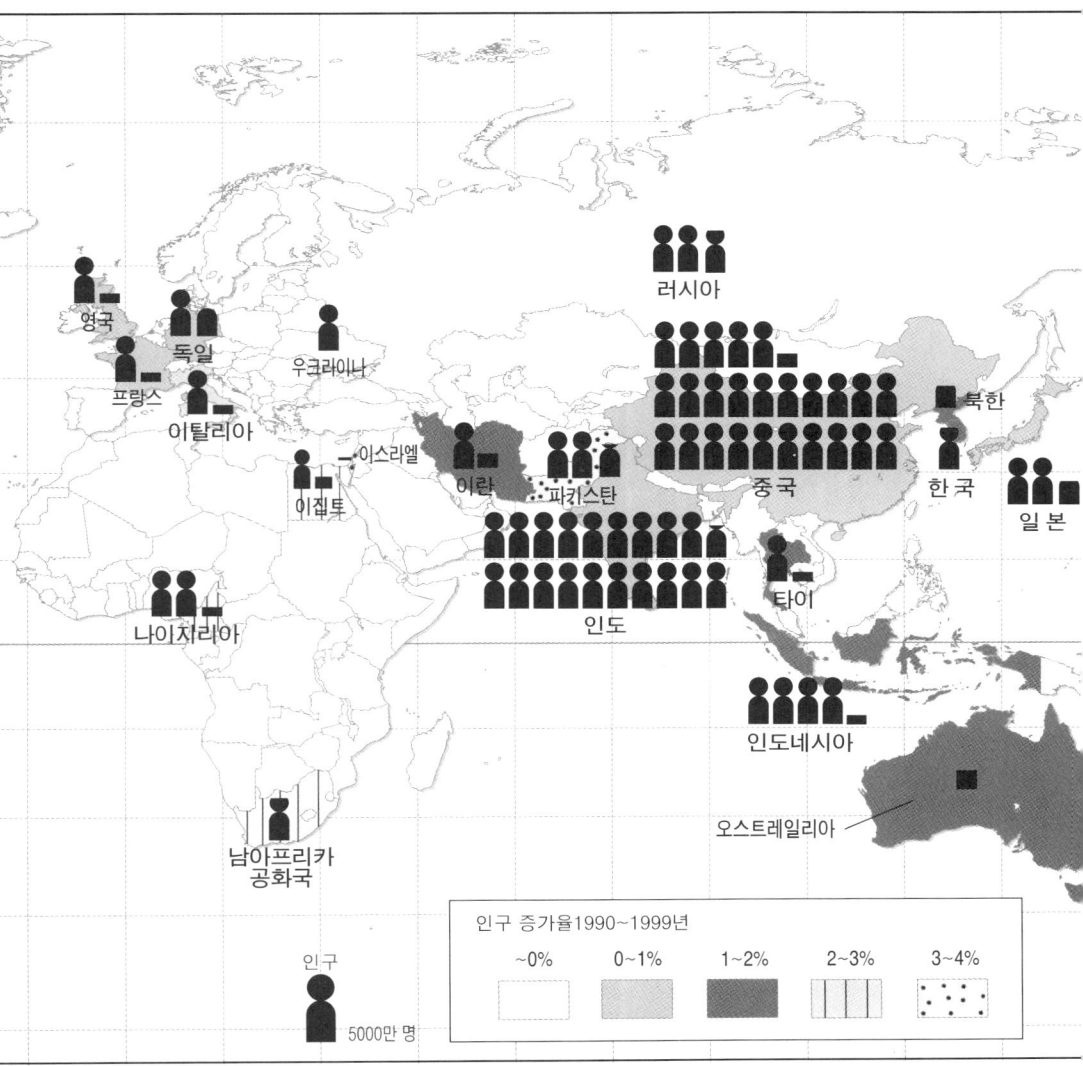

러시아와 우크라이나는 경제 혼란으로 인구가 감소

현재 세계에는 약 60억 명이 살고 있는데, 그중 중국과 인도 두 나라를 합한 인구가 무려 20억 이상이 된다. 이 나라들이 얼마나 커다란 국가인지를 말해 주는 단적인 사실이다.

유엔의 통계에 따르면 50년 후의 세계 인구는 최소 80억 명에서 최대 110억 명에 이를 것이라고 한다. 지구가 과연 그렇게 수많은 사람을 먹여 살릴 수 있을까?

일반적으로 인구 증가율은 개발도상국에서 높고 선진국으로 갈수록 낮아진다. 앞에서 설명했듯이 개발도상국은 유·유아 사망률이 높아 자손을 남기려는 인간의 본능으로 인해 여러 자녀를 낳게 된다. 일터 역시 제한되어 있어 여성은 가정에 머물며 출산과 육아에 전념한다. 그러나 경제 상황이 개선됨과 동시에 유·유아에 대한 의료가 보급되어 별탈 없이 성장하는 어린이가 증가하게 된 결과, 인구가 폭발적으로 증가하고 있는 것이다. 그리고 이윽고 경제가 성숙되면서 아이를 적게 낳아 잘 기르려는 경향이 나타나게 되었다. 여성의 사회 진출 또한 이런 현상에 박차를 가하고 있다. 일본이나 독일·프랑스·이탈리아 등이 이 같은 현상을 보여 주는 좋은 예이다.

인구 증가율이 마이너스를 기록하는 국가는 세계에서 38개국에 이르지만, 그 가운데 34개국이라는 대다수의 국가가 유럽 및 구소련에 위치한 국가들이다.

유럽의 인구 감소의 원인은 생활이 풍요로워지고 자녀를 적게 낳는 데에 있다. 하지만 러시아나 우크라이나를 비롯한 구소련에 위치한 국가들은 이와는 반대로 경제 혼란으로 인해 일반 국민의 생활 수준이 저하하여 평균 수명이 짧아지고 있다는 사실이 비참한 상황을 여실히 보여 주고 있다. 특히 인구 감소가 가장 심한 러시아는 이 상태로 가다가는 2000년의 인구 1억 5000만 명에서 2050년에는 약 1억으로 격감하리라는 예측이 나오고 있는 실정이다. 또한 아프리카 대륙에서는 에이즈가 맹위를 떨치고 있는데, 특히 나라에 따라서는 인구 감소로까지 이어질 정도로 심각하다.

앞의 지도에서 볼 때, 이스라엘의 인구 증가율이 높은 까닭은 세계 각지에 산재해 있는 유대인이 조국으로 전입해 오는 경향이 꾸준히 지속되고 있기 때문이다.

인구(1999년)			
	(명)		(명)
중국	12억 6683만 8000	이란	6274만 6000
인도	9억 8661만 1000	타이	6180만 6000
미국	2억 7313만 1000	프랑스	5909만 9000
인도네시아	2억 926만	영국	5874만 4000
브라질	1억 6537만 1000	이탈리아	5734만 3000
러시아	1억 4556만	우크라이나	5010만 6000
파키스탄	1억 3451만	한국	4685만 8000
일본	1억 2668만 6000	남아프리카공화국	4305만 4000
나이지리아	1억 894만 5000	북한	2370만 2000
멕시코	9736만 5000	오스트레일리아	1896만 7000
독일	8208만 7000	이스라엘	612만 5000
이집트	6722만 6000		

1. 유엔 UN : United Nations 89쪽 '국제연합(유엔)'에서 설명.
2. 에이즈 AIDS : Acquired Immune Deficiency Syndrome
후천성 면역 결핍증. 체내의 세포 면역 기능이 현저하게 떨어져서 희귀한 각종 감염증이 발생하고 이것이 전신에 퍼지는 질환. 성관계를 통해 전염되는 바이러스 감염증으로 세포성 면역 기능에 이상이 발생하여 감기와 비슷한 증세를 보이는 급성 감염기, 무증세 감염기, 발열, 오한, 설사, 심한 피로감 등 전신적 증세를 보이는 시기를 거쳐 피부 증세, 신경 증세, 악성 종양 등 다양한 증세가 나타난다. 에이즈는 1970년대 말 미국과 아프리카에서 발생했을 것으로 생각되고 있으나, 1950년대 말 중앙아프리카의 녹색 원숭이에서 유래되어 미국과 유럽 지역으로 전파되었을 것으로 추정된다. 에이즈 환자는 1981년 미국에서 처음으로 발견되었으며 2001년 현재 에이즈 보균자는 4000만 명이다. 대륙별로는 사하라사막 이남 아프리카가 2800만 명으로 가장 많고, 아시아태평양제도 710만 명, 동유럽 100만 명, 북미 9?만 명, 서유럽 56만 명, 남미 140만 명, 북아프리카 44만 명, 오스트레일리아 · 뉴질랜드 1만 5000명, 카리브해 42만 명 등이다.

독일은 원자력 폐쇄를 결정, 세계의 발전 에너지원

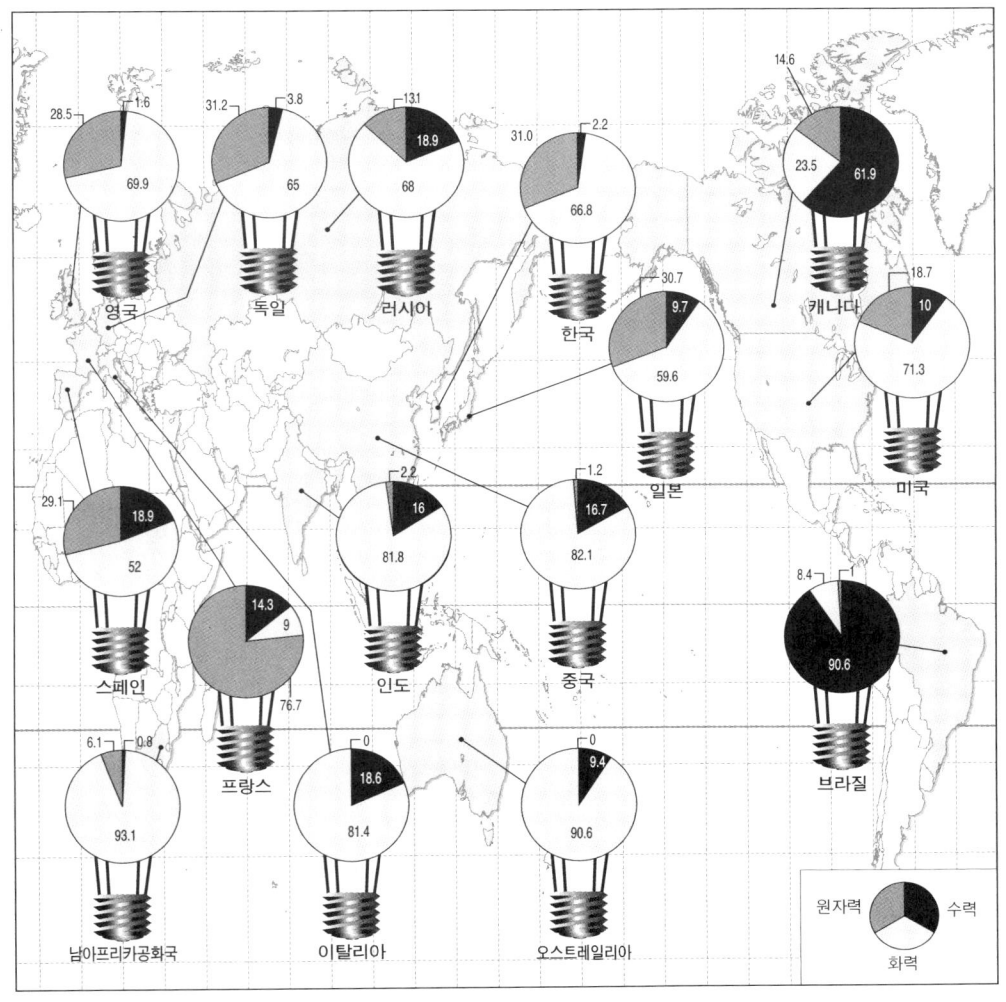

영국 28.5 / 1.6 / 69.9

독일 31.2 / 3.8 / 65

러시아 13.1 / 18.9 / 68

한국 31.0 / 2.2 / 66.8

캐나다 14.6 / 23.5 / 61.9

일본 30.7 / 9.7 / 59.6

미국 18.7 / 10 / 71.3

스페인 29.1 / 18.9 / 52

프랑스 14.3 / 9 / 76.7

인도 2.2 / 16 / 81.8

중국 1.2 / 16.7 / 82.1

브라질 8.4 / 90.6

남아프리카공화국 6.1 / 0.8 / 93.1

이탈리아 0 / 18.6 / 81.4

오스트레일리아 0 / 9.4 / 90.6

원자력 / 수력 / 화력

나라에 따라 평가가 엇갈리는 원자력 발전

발전 에너지원에는 수력, 화력, 원자력이 3대 요소가 된다. 최근에는 풍력 발전이나 조수의 간만을 이용한 조력 발전, 화산의 지열을 이용한 지열 발전 등이 시도되고 있으나, 아직 차세대 에너지원으로서 위치를 확립하지는 못하고 있다.

왼쪽의 지도를 보면, 캐나다나 브라질 등의 나라에서는 수력 발전의 비율이 월등하게 높다는 사실을 알 수 있다. 화력 발전에 의지하는 비율이 높은 나라는 미국 · 중국 · 인도 · 이탈리아 · 남아프리카공화국 · 오스트레일리아 등이다. 미국은 저렴한 석유를 대량으로 소비하는 나라이지만, 발전에서도 엄청난 양의 석유를 소비하고 있음을 알 수 있다. 원자력 발전의 비율이 높은 나라는 뭐니 뭐니 해도 프랑스가 압도적이다. 독일 역시 높기는 하지만, 환경을 중시하는 녹색당이 연립 정권에 들어감으로써 앞으로는 원자력 발전을 폐지하기 위해 의존도를 낮추어 가게 될 것이다.

이와는 반대로 원자력 발전의 비율이 꾸준히 상승하고 있는 나라가 일본이다. 하지만 건설 반대 운동 또한 한창 전개되고 있어 이 이상의 확대는 한계에 부딪히고 있다.

---

1. 녹색당

환경 보호와 반핵을 주장하는 독일의 정당. 1980년 시민 운동 단체를 모체로 기존의 생태계 · 환경 보호 단체들이 연합하여 창설했다. 1984년 총선에서 새로운 정치 세력으로 등장했고 1994년 총선에서는 7.3%의 지지율로 연방 수준의 정치에 적잖은 영향력을 행사하게 되었다. 지지 계층은 주로 젊은 층과 여성층이며 지도층은 중산 계급 출신의 지식인이다. 그리고 기본 이념은 '인간과 자연의 조화를 위한 성장제일주의 생산 구조의 변경' '공정한 재분배의 실현' '분권적 직접 민주제의 채택' '국가의 억압에 대한 저항권을 제외한 비폭력 수단을 통한 활동' 등의 4항으로 되어 있다. 녹색당은 사회민주당과 공동 정권을 창출하여 현재의 게르하르트 슈뢰더 내각에 참여함으로써 환경 부분과 사회 부분에 변화를 가져오고 있다. 이를테면 현재 가동중인 19기의 원자력 발전소 폐쇄 방침이나 독일에 거주하고 있는 750만 외국인이 국적을 취득할 수 있게 하는 정책 등이다. 현재는 독일의 녹색당을 모방한 정당들이 프랑스 · 영국 · 이탈리아 등 유럽 전역에 생겨 활발하게 활동하고 있다.

* 게르하르트 슈뢰더 Gerhard Schröder, 1944~

독일의 7번째 총리. 1963년 사회민주당에 입당했고 괴팅겐의 청년사회민주당 의장, 하노버 사회민주당 의장단 임원 등을 거쳤으며 1990년에는 니더작센주의 주 총리가 되었다. 1998년 연방 의회 총선에서 독일의 총리가 되었다. 그의 기본적인 정책 방향은 평등, 사회적 책임, 미래 형성을 위한 용기이다.

사우디아라비아에는 세금이 없다, 세계의 원유 매장량

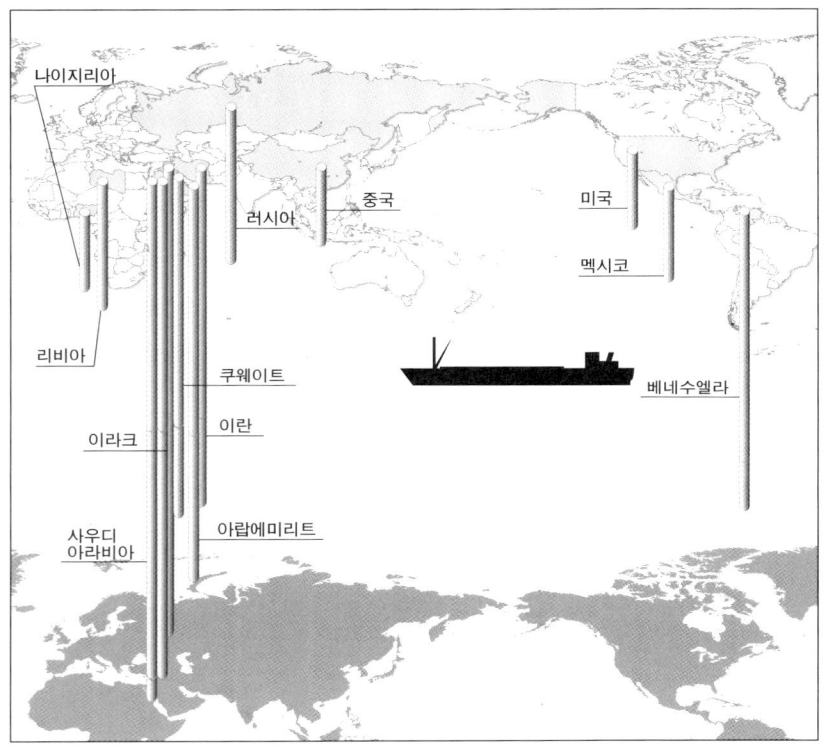

석유의 바다에 떠 있는 나라 사우디아라비아

'석유의 바다에 떠 있는 나라'라는 표현이 있는데, 사우디아라비아가 그 전형에 해당하는 나라이다. 사우디아라비아는 엄청난 양의 석유를 산출함으로써 풍요로운 사회를 형성해 왔다. 국민은 세금을 낼 필요가 없고 공공 요금이 저렴하며 사회 복지가 충실하게 갖추어져 있다. 그 때문에 출산 붐이 계속되어 최근에는 젊은 세대의 취직난이라는 달갑지 않은 사태에 직면하고 있다.

사우디아라비아에서는 왕정(王廷)이 계속되고 있고 여성의 사회 진출이 전혀 인정되지 않으며 여성은 운전 면허를 취득하는 것조차 금지되어 있는 등 서구의 가치관에서 보면 대단히 비민주적인 국가이다. 하지만 남의 나라의 정치에 이러쿵저러쿵 주문을 하는 미국마저 사우디아라비아에 대해서는 아무 말도 하지 않고 우호국으로서의 관계를 유지하고 있다. 이 역시 사우디아라비아가 지닌 원유의 매력으로 말미암은 것이다.

잘 알려져 있지 않은 사실이지만, 러시아와 미국 또한 상당량의 원유가 매장되어 있다. 미국은 가능한 한 수입에 의존하여 국내 원유는 소중하게 간직해 두려는 장기적인 전략을 취하고 있다.

원유 매장량(kl)			
사우디아라비아	412억 2100만	러시아	77억 2300만
이라크	178억 8800만	리비아	46억 9100만
아랍에미리트	155억 5000만	멕시코	42억 8400만
쿠웨이트	149억 4600만	중국	38억 1600만
이란	142억 6200관	나이지리아	38억 1600만
베네수엘라	123억 5200관	미국	35억 500만

교토의정서는 목표를 달성할까? 세계의 이산화탄소 배출량

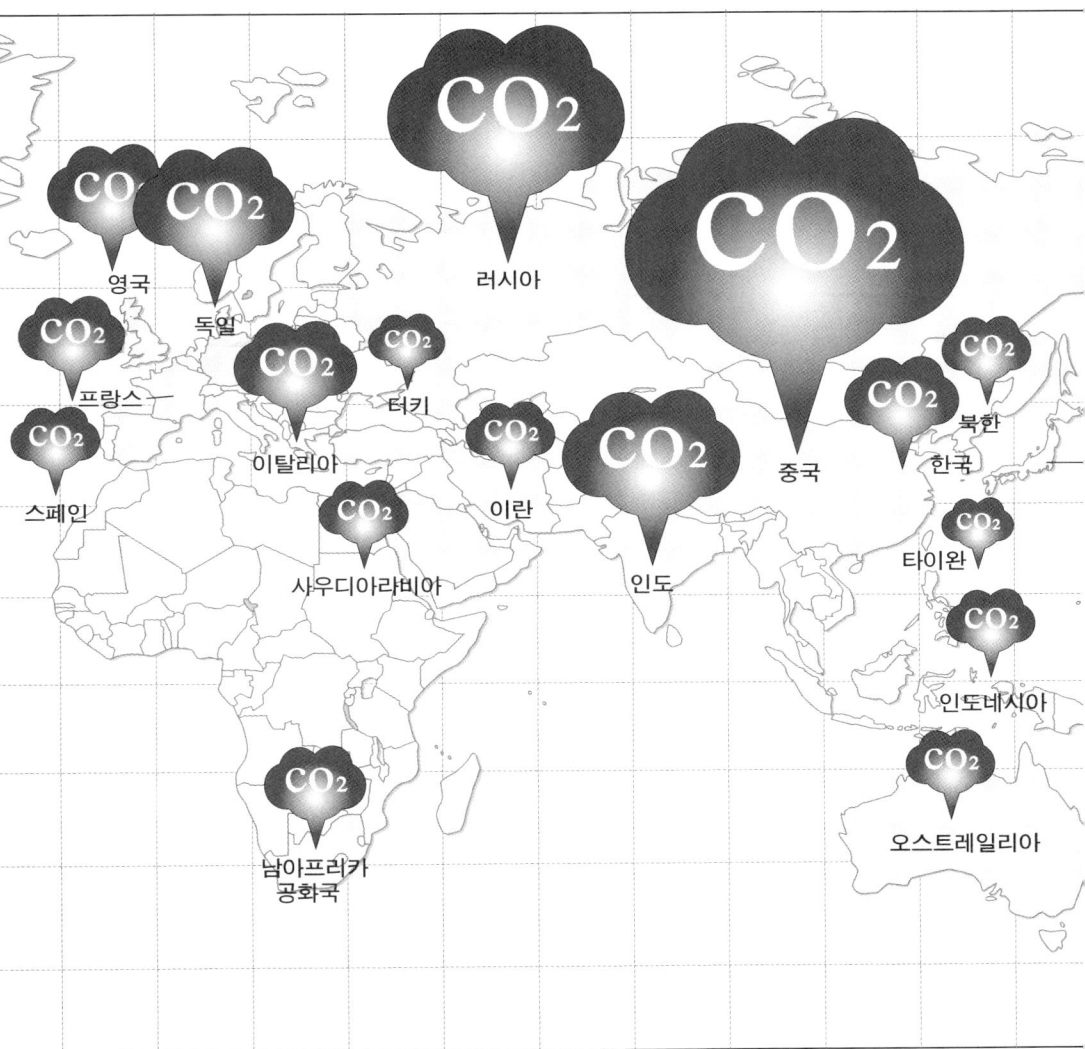

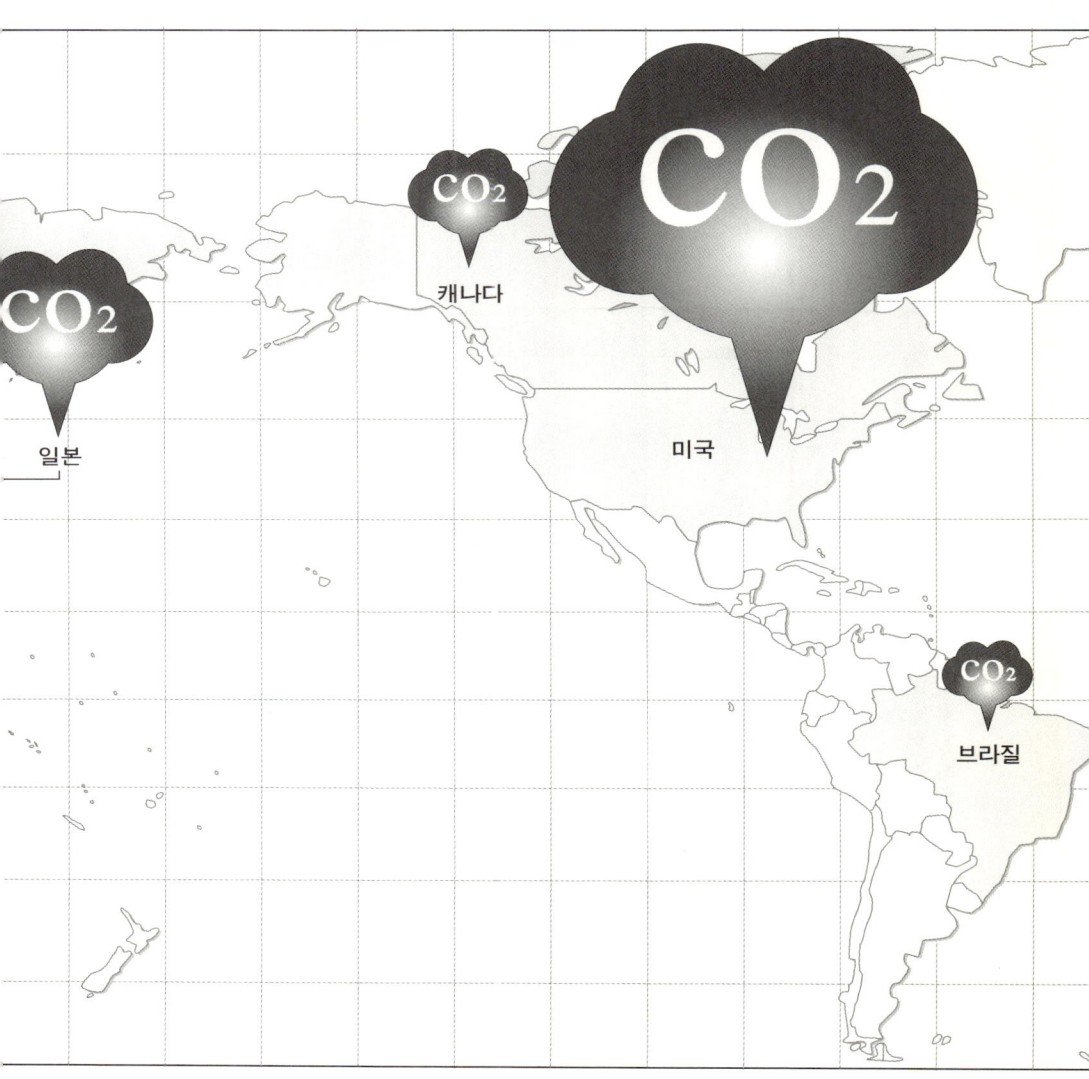

환경 오염을 외면하는 강대국의 이기주의

지구와 인류의 미래를 위협하고 있는 것이 온난화 문제이다. 지구의 표면에 많이 있는 이산화탄소는 태양으로부터 받은 열이 우주 공간으로 도망가는 것을 막는 작용을 하고 있다. 이 덕분에 현재 지구 표면의 평균 기온은 18도로 유지되고 있는데, 인간이 살아가는 데 적절한 기온이다. 그런데 이산화탄소가 지나치게 증가하면, 이산화탄소는 열을 지구 표면에 부지런히 모아 마치 온실과 같은 효과를 가져오게 되어 지구의 온도가 올라간다. 이것이 바로 '온실 효과'라고 부르는 것이다.

이산화탄소는 물건을 태울 때, 자동차가 휘발유를 연료로 사용하여 달릴 때, 그리고 화력 발전소에서 중유나 석탄을 태울 때 대량으로 배출된다. 이처럼 발전을 할 때 이산화탄소가 발생하므로 전기를 사용하는 것은 간접적으로 이산화탄소를 만들어 내는 일이 된다. 이렇게 보면 다양한 산업 활동에서 이산화탄소는 쉴 새 없이 발생한다.

앞의 지도를 보면 알 수 있듯이 산업 활동이 왕성한 선진국에서 대량의 이산화탄소가 발생한다는 것은 말할 나위 없는 사실이다. 중국이 많은 양의 이산화탄소를 발생시키는 것은 인구가 많기 때문이다. 또한 러시아는 구식 공장이 많고 질 나쁜 석탄을 대량으로 사용하는 공장이나 화력 발전소가 많기 때문이다. 일본은 국토 면적에 비해 이산화탄소를 대량으로 배출하고 있음을 알 수 있다.

이산화탄소 배출량을 조금이나마 감소시키기 위해 1997년 일본의 교토에서 열린 지구온난화방지회의에서 선진국의 삭감 목표가 결정되었는데, 이것이 교토의정서이다. 이 의정서에 따르면 이산화탄소의 배출량이 처음

---

1. 교토의정서 Kyoto Protocol to the United Nations Framework Convention on Climate Change
1992년 6월 유엔환경회의에서 채택된 기후변화협약을 이행하기 위해 1997년 만들어진 국가 간 이행 협약으로, 교토기후협약이라고도 한다. 1992년 지구 온난화가 국제적 문제임을 인식한 세계 각국의 정상들이 브라질의 리우데자네이루에 모여 지구 온난화를 야기하는 화석 연료의 사용을 제한한다는 원칙에 합의했다. 1997년 일본의 교토에서 열린 제3차 당사국 총회는 선진국으로 하여금 이산화탄소 배출량을 1990년 기준으로 5.2% 줄이기로 하는 교토의정서를 작성했다. 지구 온난화를 일으키는 온실 가스에는 이산화탄소, 메탄 등 여러 가지가 있으나, 이중 인위적 요인에 의해 배출량이 가장 많은 물질이 이산화탄소이기 때문에 이것의 구제에 초점에 맞추어 국가별 목표 수치를 제시하고 있다. 교토의정서에 따르면 온실 가스 배출량의 55%를 선진 38개국이 차지하므로 이를 EU는 8%, 미국은 7%, 일본은 6% 줄여야 한다. 한국과 멕시코는 개발도상국으로 분류되어 감축 의무가 면제되었다. 그러나 미국은 2001년 3월 교토의정서가 미국의 국익에 배치된다는 이유로 거부 의사를 밝혔으며, 러시아 · 일본 · 오스트레일리아 · 캐나다는 동의했다.
• 유엔 UN : United Nations 89쪽 '국제연합(유엔)'에서 설명.

계측된 1990년 수준을 기준으로 일본은 6%, 미국은 7%, EU는 8% 삭감
하게 되었다. 그러나 미국은 조지 부시 정권이 들어서고부터 이 삭감 목표
를 인정하지 않는 태도로 변화했다. 이산화탄소를 삭감하려면 무엇보다
먼저 종래와 같은 대량 소비 생활 패턴을 바꾸어야 한다. 미국은 '풍요로
운 소비 생활'이라는 현재의 생활을 바꾸고 싶지 않은 것이다. 아무튼 지
구 환경에 대해 책임 있는 태도라고는 할 수 없다.

이산화탄소 배출량(t)			
미국	14억 8960만	남아프리카공화국	8650만
중국	9억 1380만	오스트레일리아	8630만
러시아	3억 9060만	브라질	7870만
일본	3억 1620만	이란	7860만
인도	2억 7990만	사우디아라비아	7260만
독일	2억 2740만	북한	6880만
영국	1억 4210만	스페인	6660만
캐나다	1억 3350만	인도네시아	6510만
한국	1억 1670만	터키	5400만
이탈리아	1억 1130만	타이완	5350만
프랑스	9290만		

2. EU : European Union 15쪽 '유럽연합'에서 설명.
3. 조지 부시 George W. Bush, 1946~ 18쪽에서 설명.

미국은 대량 소비의 생활 패턴, 세계의 에너지 소비량

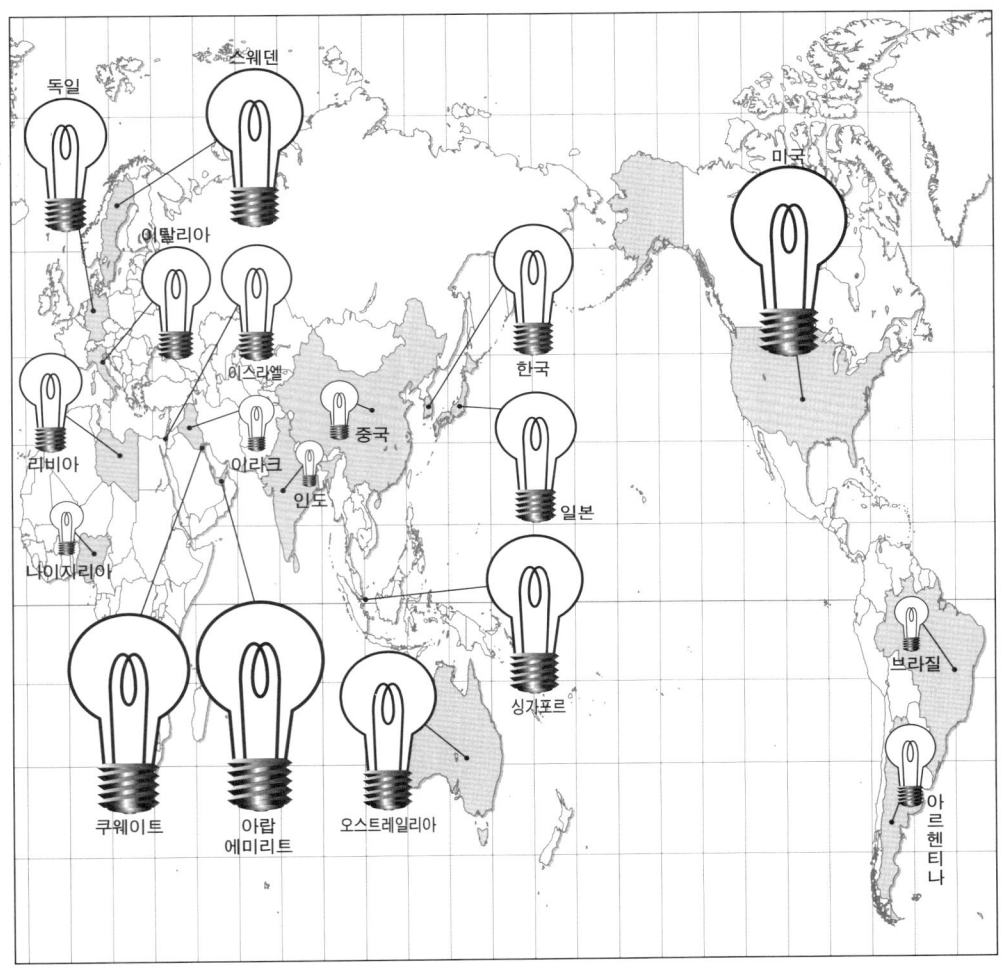

석유를 물로 바꾸는 중동의 에너지 사정

국민 1인당 에너지 소비량이 세계에서 가장 많은 나라는 중동의 아랍에 미리트, 2위는 쿠웨이트이다. 미국이 아닌 것을 뜻밖으로 생각할지 모르지만, 여기에는 그만한 이유가 있다.

사막이 많아 수자원에 혜택받지 못한 아랍 국가들은 바닷물을 단물로 만드는 정제 플랜트를 설치하여 대량의 물을 공급하고 있어 여기에 대량의 에너지가 소요된다. 엄청난 에너지를 필요로 하는 데다가 인구는 적어 국민 1인당 평균을 내면 막대한 양의 에너지를 소비하고 있는 셈이 된다. 이런 일이 가능한 것도 풍부한 석유 자원을 갖고 있기 때문이다.

이런 특수한 경우의 석유 생산국들을 제외하면 당연히 선진국의 소비량이 많으며, 그중에서도 미국의 에너지 소비량은 특히 많아 국민 1인당 소비량이 일본의 2배가 넘는다. 미국은 국내에서 석유를 생산하기도 하며 석유 가격이 저렴하여 국민이 절약 의식을 갖기 어려워 대량 소비가 아예 생활 스타일이 되었다.

1인당 에너지 소비량(석유 환산 kg)			
아랍에미리트	9977	이스라엘	3029
쿠웨이트	8984	이탈리아	2932
미국	8159	리비아	2370
스웨덴	5769	아르헨티나	1727
싱가포르	5742	이라크	1263
오스트레일리아	5690	브라질	1068
독일	4108	중국	868
일본	4070	나이지리아	705
한국	3871	인도	482

심각한 사회 문제가 되는 실업, 세계의 실업률

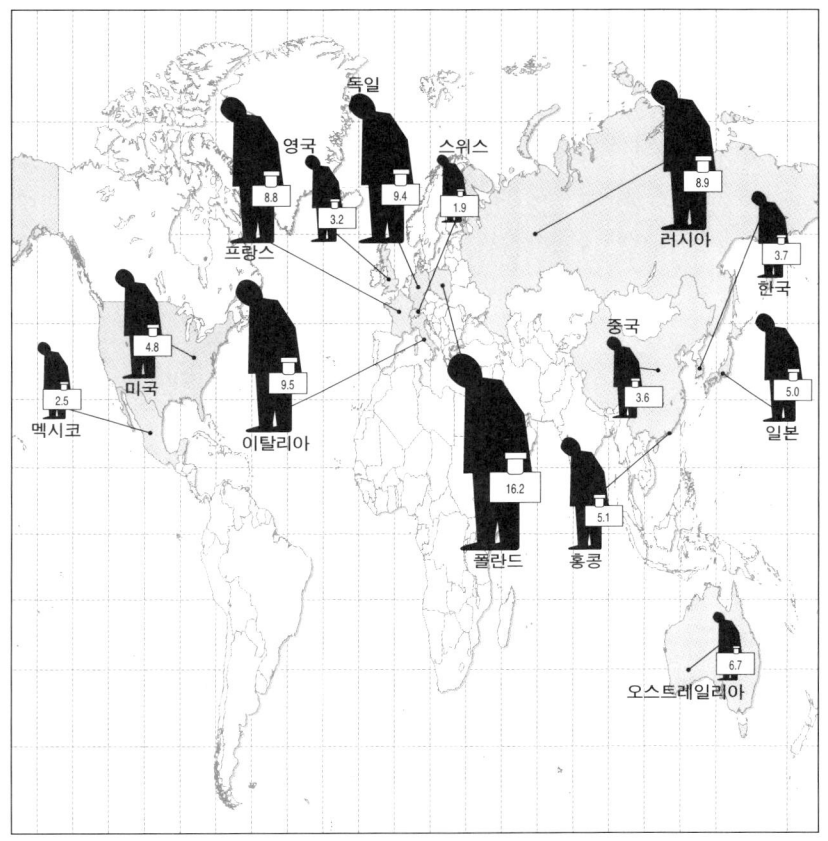

사회 불안으로 이어지는 실업률

전 세계적으로 불황이 계속되고 있어 실업이 사회 문제로 대두되고 있다. 한때 대단한 기세로 호황을 누리던 일본을 보아도 장기 불황에 시달리고 있어 전에 없을 정도로 높은 실업률이 커다란 문제가 되고 있다. 그런데 세계로 눈을 돌리면, 일본의 실업률은 그나마 낮은 수준이다.

사회주의 경제로부터 자본주의 경제로 전환하느라 고전을 면치 못하고 있는 폴란드의 실업률은 16%를 넘을 정도로 무척 높은 수준이다. 러시아역시 자본주의 경제로의 전환이 순조롭지 못해 실업률이 8.9%에 이른다.

유럽에서는 이탈리아 · 독일 · 프랑스의 숫자가 눈에 띈다. 높은 실업률은 곧 사회 불안과 결부된다. 단, 일본의 경우에는 실업률 통계를 내는 방법이 다른 나라와 조금 다르기 때문에 단순하게 비교하기는 어렵다. 일본은 실업자를 인정하는 것 자체가 상당히 까다로워 서양과 같은 기준에서보면 일본의 실업률은 좀 더 높게 나올 것이라는 견해가 있다.

실업률(2001년)			
	(%)		(%)
폴란드	16.2	일본	5.0
이탈리아	9.5	미국	4.8
독일	9.4	한국	3.7
러시아	8.9	중국	3.6
프랑스	8.8	영국	3.2
오스트레일리아	6.7	멕시코	2.5
홍콩	5.1	스위스	1.9

터키는 남녀 임금이 거의 동등, 세계의 남녀 임금 격차

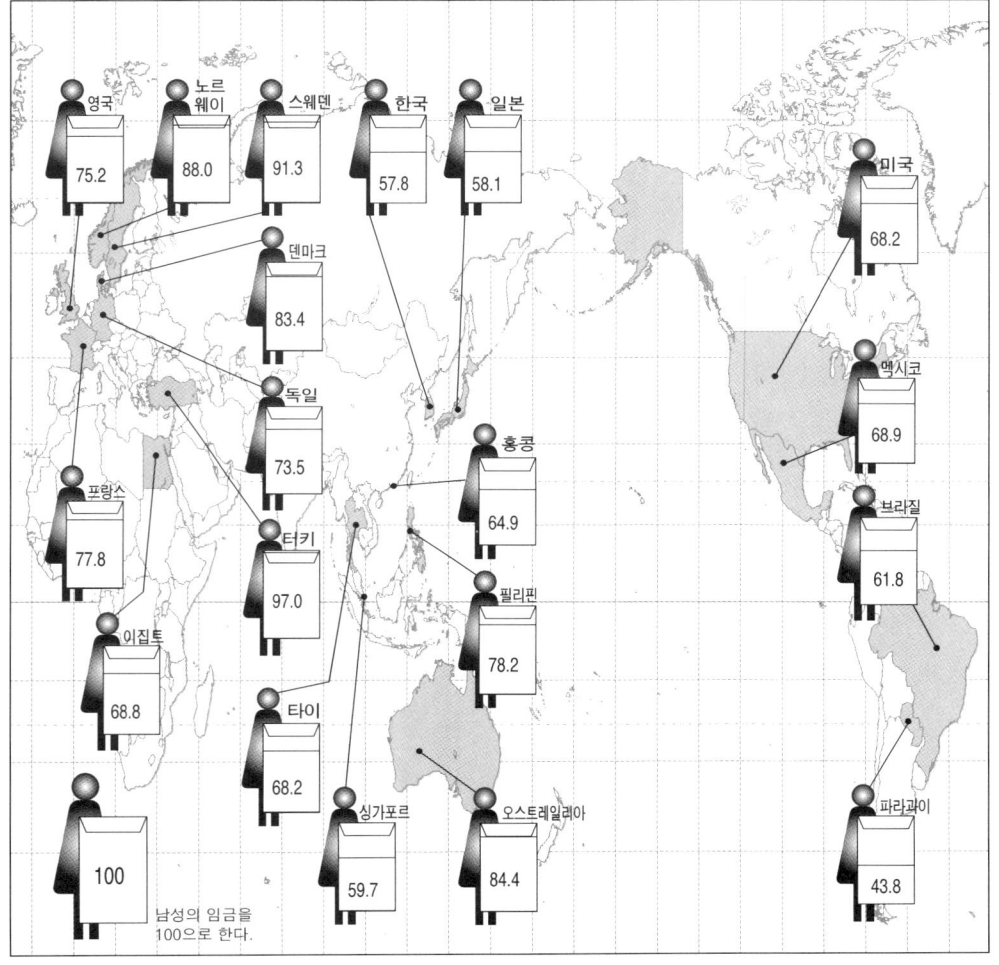

뜻밖에 남녀 임금 격차가 작은 동남아시아

남성과 여성이 받는 임금은 얼마나 다를까?

세계적으로 남녀 임금 사이에 가장 격차가 큰 나라는 파라과이로, 남성 임금을 100으로 볼 때 여성의 임금은 남성의 43.8%에 불과하다. 반에도 미치지 못하는 형편없는 수준이다. 일본의 남녀 임금의 격차 또한 눈에 띈다. 일본 여성의 임금은 남성의 58.1%인데, 일본과 어깨를 나란히 하는 미국은 물론 영국 · 독일과 같은 선진국들과 비교해 보면 이 숫자는 매우 낮은 수준이다. 그리고 이른바 개발도상국이나 동남아시아 · 남미 각국보다도 낮은 수치이다. 물론 일본의 임금 수준은 절대치로서는 세계 최고 수준이므로 여성의 임금이 국제적으로 볼 때 낮은 것은 아니지만, 남성에 비하면 낮은 것이다.

왼쪽의 지도를 보면 세계에서 가장 임금 격차가 작은 나라는 터키이다. 터키는 이슬람교도가 대부분을 차지하는 나라이며 일반적으로 이슬람교도가 많은 나라는 여성의 사회적 지위가 낮다고 일컬어지지만, 터키 여성은 남성의 임금과 거의 대등한 수준인 97%에 이르고 있다. 스웨덴이나 노르웨이 등 북유럽 국가들의 임금 격차가 작은 것은 당연하다고 생각하는 사람이 많을 테지만, 동남아시아의 나라들 역시 임금 격차가 작은 것은 의외이다.

남녀 임금 격차(제조업)			
	(%)		(%)
터키	97.0	이집트	68.8
스웨덴	91.3	미국	68.2
노르웨이	88.0	타이	68.2
오스트레일리아	84.4	홍콩	64.9
덴마크	83.4	브라질	61.8
필리핀	78.2	싱가포르	59.7
프랑스	77.8	일본	58.1
영국	75.2	한국	57.8
독일	73.5	파라과이	43.8
멕시코	68.9		

미국에서는 부부의 반이 이혼, 세계의 결혼율 · 이혼율

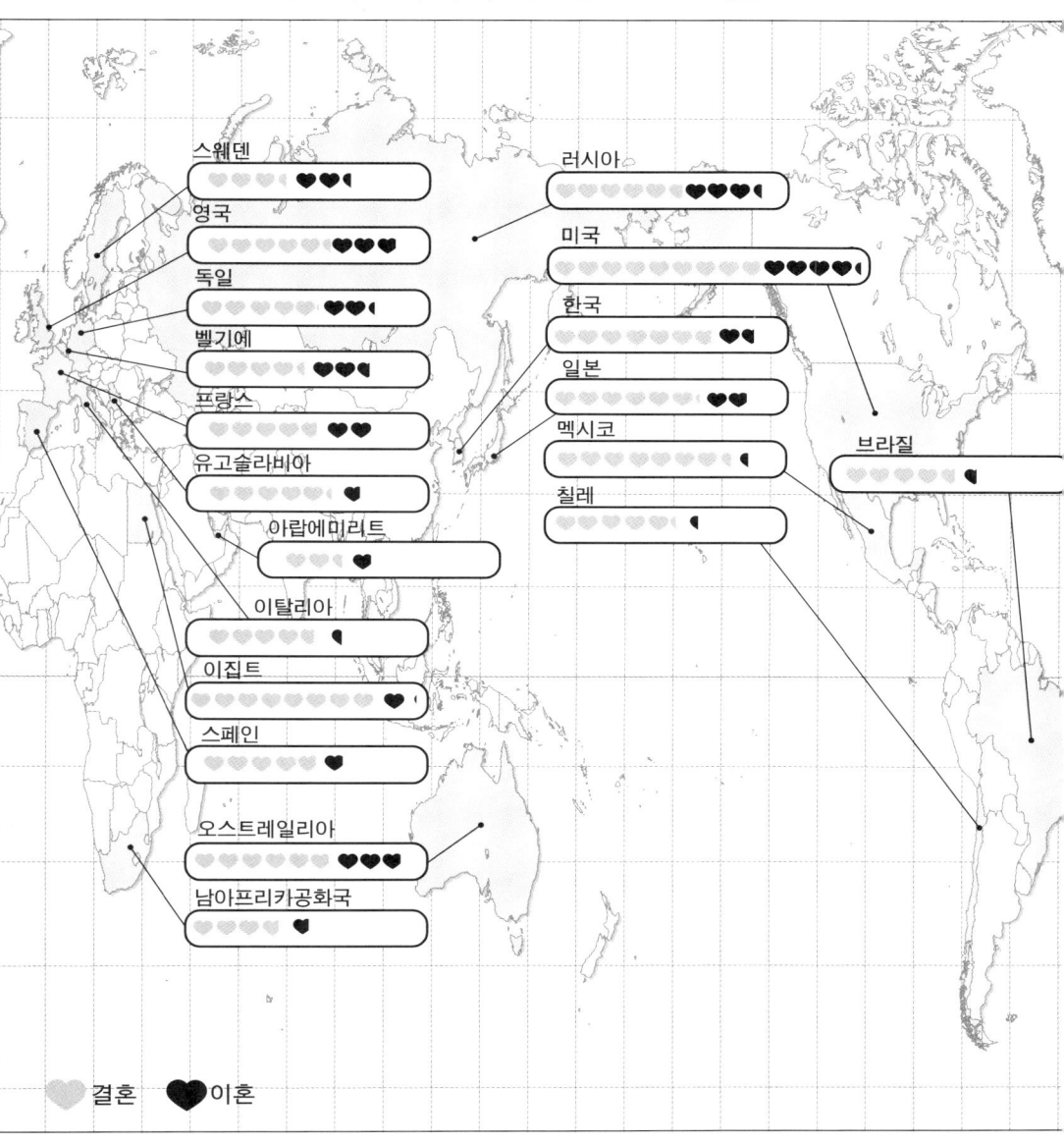

나라와 종교에 따라 좌우되는 이혼율

세계에서 결혼하는 사람의 비율이 가장 높은 나라는 미국이며 이혼하는 비율이 가장 높은 나라 역시 미국이라는 숫자가 나와 있다. 그리고 미국인은 결혼한 사람 가운데 반수가 이혼한다. 부모가 이혼하거나 재혼하여 가정 환경이 크게 변화하는 어린이가 많지만, 부모가 이혼했다고 해도 그리 특별한 일이 아니다.

미국에 이어 이혼율이 높은 나라가 러시아이고 영국 · 오스트레일리아가 그 뒤를 잇고 있다. 한편 미국 · 이집트 다음으로 결혼하는 비율이 높은 멕시코는 반대로 이혼하는 비율이 가장 낮다. 그 이유는 멕시코에는 이혼이 인정되지 않는 가톨릭을 믿는 사람이 다수를 점하기 때문이다. 마찬가지로 가톨릭 신자가 국민의 대다수를 차지하는 이탈리아 · 스페인 · 칠레 · 브라질 또한 이혼율이 낮다.

스웨덴 등 북유럽 국가들은 정식으로 결혼하기 전에 동거하는 사실혼이 많아 결혼율의 숫자가 반드시 실태 그대로를 보여 준다고는 할 수 없다.

결혼율 · 이혼율(1998년)					
	결혼율	이혼율		결혼율	이혼율
미국	8.9	4.3	독일	5.1	2.3
이집트	8.0	1.2	스페인	4.9	0.9
멕시코	7.5	0.4	프랑스	4.8	2.0
한국	6.8	1.6	이탈리아	4.7	0.5
일본	6.2	1.9	브라질	4.7	0.6
오스트레일리아	5.9	2.9	벨기에	4.4	2.6
러시아	5.7	3.4	남아프리카공화국	3.8	0.8
영국	5.4	2.9	스웨덴	3.5	2.4
칠레	5.3	0.4	아랍에미리트	2.5	0.9
유고슬라비아	5.3	0.8			

비율은 인구 1000명에 대한 숫자이다.

2002년에는 일본에서 2명이 수상, 세계의 노벨상 수상자

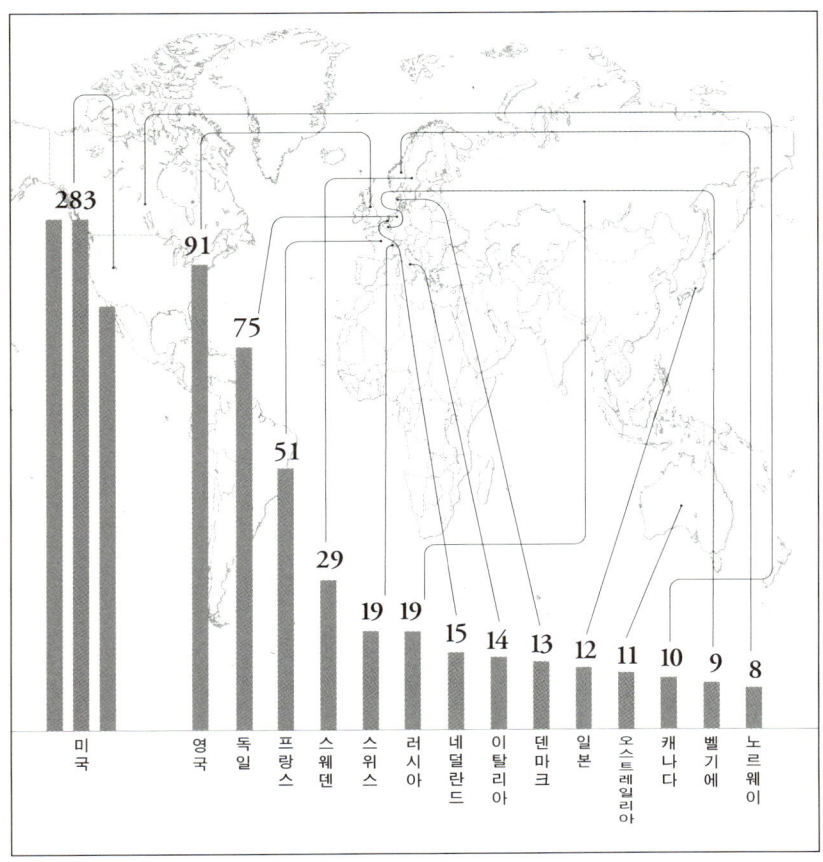

283	91	75	51
미국	영국	독일	프랑스

29 스웨덴
19 스위스
19 러시아
15 네덜란드
14 이탈리아
13 덴마크
12 일본
11 오스트레일리아
10 캐나다
9 벨기에
8 노르웨이

---

1. 노벨상 Nobel Prize
세계에서 가장 권위 있는 국제적인 문화상. 다이너마이트를 발명하고 이것을 기업화하여 거부가 된 노벨은 세상을 떠나기 1년
전 재산을 헌납한 후 문학, 화학, 물리학, 의학·생리학, 평화의 5개 부문에 걸쳐 전년도 인류에 가장 큰 공헌을 한 사람들에게
매년 상을 수여하라는 유언을 남겼다. 유언장에는 유산을 기금으로 하여 그 이자를 매년 상금으로 분배하도록 했다. 수상자 선
정은 평화상을 노르웨이의 노벨위원회가, 나머지 부문을 스웨덴의 3개 기관이 맡도록 지목했다. 이처럼 노벨상이 스웨덴과 노
르웨이 두 나라에서 시상하게 된 이유는 1900년 노벨재단이 설립될 당시에는 두 나라가 합병되어 있었기 때문이다. 1901년부
터 노벨상을 시상했으며, 경제학상은 스웨덴은행이 제정하여 1969년부터 수여하고 있다. 노벨상 수상자는 매년 10월에 발표되
고 시상식은 노벨이 사망한 날인 12월 10일 노르웨이의 수도 오슬로(평화상)와 스웨덴의 수도 스톡홀름(나머지 상)에서 열린다.
과거의 유명한 수상자로는 물리학상과 화학상의 두 부문을 수상한 퀴리, 부부가 함께 화학상을 수상한 퀴리 부처 및 졸리오 부
처(졸리오와 졸리오퀴리), 문학상의 헤밍웨이, 평화상의 슈바이처 등이 있는데, 퀴리와 졸리오퀴리는 모녀 간이다. 우리 나라에서는
김대중 전 대통령이 한국인 최초로 2000년에 노벨 평화상을 수상했다.

정치적 의도가 얽히는 노벨 평화상 선정

2002년 일본에서 고시바 마사토시, 다나카 고이치로 2명의 노벨상 수상자가 나와 커다란 뉴스가 되었다. 그래서 일본에서는 한때 '이것을 할 수 있다면 노벨상쯤이야' 하는 말이 유행했다고 한다.

다이너마이트를 발명하여 엄청난 부를 쌓은 스웨덴의 알프레드 노벨이 다이너마이트가 전쟁에 사용된 것을 안타깝게 생각해 노벨상을 제정하도록 유언했다는 사실은 잘 알려져 있다. 당초 노벨상은 물리학상, 화학상, 의학 · 생리학상, 문학상, 평화상의 5개 부분이었으나 그후 스웨덴은행이 자금을 내놓아 경제학상이 추가되었다. 노벨상의 수상자를 가장 많이 배출한 나라는 단연 미국이다. 미국의 노벨상 수상자는 무려 283명으로, 300명 가까이에 이르며 2위를 차지한 영국의 3배가 넘는 숫자이다.

매년 노벨상으로 가장 커다란 화제가 되는 것은 무엇보다 평화상 부문 수상자이다. 그런데 평화상 수상자 선정에는 정치적 의도가 다분히 느껴진다. 예를 들어 1975년 수상자로 소련의 안드레이 사하로프 박사가 선정된 경우가 그렇다. 물리학자인 사하로프 박사는 소련의 민주화 운동에 뛰어들어 당국으로부터 미움을 사 연금되어 있는 상태였는데, 그에게 노벨상을 수여하는 것 자체가 소련의 체제를 비판하는 일이었다. 마찬가지

---

2. 알프레드 노벨 Alfred Bernhard Nobel, 1833~1896
스웨덴의 발명가이자 화학자, 노벨상의 설정자. 노벨은 스톡홀름에서 태어나 러시아 · 프랑스 · 미국 등지에서 기초 공학과 화학을 공부한 후 스웨덴에 돌아와 폭발성이 강한 위험 물질인 니트로글리세린에 관한 실험 끝에 1867년 다이너마이트를 발명했다. 다이너마이트는 영국과 미국에서 특허를 받았고 노벨에게 세계적인 명성을 안겨 주었을 뿐만 아니라 굴착 공사, 수로 발파, 철도 및 도로 건설에 곧바로 사용되었다. 이후에도 노벨은 계속해서 다른 폭탄들을 개발해 전 세계에 판매하여 막대한 재산을 모으게 되었다. 1886년 세계 최초의 국제적인 기업 노벨 다이너마이트 트러스트를 세웠으며, 그가 1896년 사망할 당시 그의 사업체 수는 90여 개가 넘었다.
3. 안드레이 사하로프 Andrei Dimitrievich Sakharov, 1921~1989
러시아의 물리학자. 소련 핵물리학회의 중진으로서 구소련의 '수소 폭탄의 아버지'라 불리며 스탈린상과 레닌훈장 등을 수상했으나, 핵의 중대성을 자각하여 핵 실험을 반대했다. 그리고 스탈린주의적 독재 체제를 비판하는 등 반체제의 입장을 명백히 하여 당국의 반소 활동에 대한 비난과 탄압에도 굴복하지 않았다. 사하로프는 소련의 반체제 지식인의 대표적 존재가 되었으며, 1975년 노벨 평화상을 수상했고 1980년 1월 국내 추방되었다.
4. 레흐 바웬사 Lech Walesa, 1943~
폴란드의 노동 운동가이자 공산 최초의 자유 연대 노조의 의장, 초대 직선 대통령. 수백만 폴란드 노동자들의 카리스마적 지도자로 인정받은 그는 1983년 노벨 평화상을 받았다. 1980년 8월 4일 식료품 가격 인상과 자신과 다른 두 노조 활동가들의 해고로 인해 일어난 레닌조선소에서의 항의 도중 바웬사는 1만 7000명의 노동자들에게 파업을 호소했다. 1980년 8월 31일 바웬사와 폴란드 초대 부총리 야지엘스키는 임금 인상과 정치적 · 종교적 표현의 자유를 허용하는 것뿐 아니라 노동자들에게 자유롭고 독립적으로 조직을 결성할 수 있는 권리를 양보한다는 내용의 협정에 서명했다. 그러나 1981년 12월 13일 폴란드 정부는 계엄령을 발표하고 바웬사를 포함한 대부분의 노조 지도자들을 체포했다. 바웬사는 이때 거의 1년 동안 구금되었는데, 바웬사가 노벨 평화상 수상자로 결정되자 폴란드 정부는 이를 비판했다. 자신의 의사와 상관없이 망명객이 될까 우려한 바웬사를 대신하여 부인이 노벨상을 받았다. 1988~1989년 폴란드 정부와의 협상에 참여해 노조의 법적 지위 회복, 새로 부활된 폴란드 의회 구성을 위한 자유로운 의원 선거, 대통령 직의 설치, 일정한 경제적 변화 조치의 발표 등을 얻어냈다. 1990년 그는 압도적인 표 차로 폴란드의 초대 대통령에 선출되었다.

로 1983년에는 폴란드의 민주화 운동에 뛰어들어 있던 레흐 바웬사가, 다음해인 1984년에는 흑백 차별 철폐 운동을 하고 있던 남아프리카공화국의 데스몬드 투투 대주교가, 1989년에는 중국에서 망명한 티베트의 14대 달라이라마가, 1991년에는 미얀마의 민주화 지도자 아웅산 수치가, 1996년에는 인도네시아로부터의 독립 운동을 하고 있던 동티모르의 카를로스 필리페 시메네스 벨로 대주교와 호세 라모스오르타가 평화상을 수상했다.

2002년에는 미국의 지미 카터 전 대통령이 수상한 것도 그의 평화 외교를 높이 삼으로써 이라크에의 무력 공격을 추진하고 있는 부시 대통령의 전쟁 방침을 비판하려는 숨은 뜻을 느낄 수 있었던 경우이다.

노벨상 6개 부분 가운데 5개 부문은 스웨덴에서 수상식이 행해지지만, 평화상의 수상식만은 인근 국가인 노르웨이에서 열린다. 이 역시 알프레드 노벨의 유언에 의한 것이다. 노벨이 평화상을 이웃 나라에 넘긴 이유는 확실치 않다. 당시의 스웨덴과 노르웨이는 연합 왕국을 형성하고 있었으나, 점차 사이가 험악해지다가 1905년 이윽고 두 나라로 나뉘었다. 노벨은 양국의 사이가 악화되는 것을 슬퍼하여 평화상의 수상식을 노르웨이에 양보함으로써 양국의 관계 유지를 꾀했다는 의견이 있다.

---

5. 데스몬드 투투 대주교 Desmond Tutu, 1931~
남아프리카공화국 성공회 성직자. 남아프리카공화국의 인종 차별 반대 운동에 이바지한 공로로 1984년 노벨 평화상을 받았다. 1975~1976년 흑인으로서는 최초로 요하네스버그 대성당의 수석 사제가 되었고, 흑인의 권리를 옹호하는 대변인이 되었다. 비폭력 저항을 강조하고 남아프리카공화국의 교역국들에게 남아프리카공화국에 경제 압력을 가하도록 촉구했다. 그는 인종 차별 정책의 반대자들이 폭력을 사용하는 것을 비난하면서 흑인 및 백인 공동체 간의 평화로운 협상을 통한 화해를 모색했다.
6. 14대 달라이라마 Dalai Lama 14th, Tenzin Gyatso, 1935~ 65쪽에서 설명.
7. 아웅산 수치 Aung San Suu Kyi, 1945~
미얀마의 민주화 운동가. 군사 정권의 폭정 하에 있던 미얀마의 민주주의와 인간의 권리를 회복하기 위한 비폭력 투쟁을 전개한 공로로 노벨 평화상을 수상했다. 그녀는 미얀마 내 화합과 분열의 골이 깊은 소수 민족 집단 간 화합의 필요성을 강조했다. 그녀의 투쟁은 최근 수십 년 간 아시아에서 가장 뛰어난 용기를 보여 준 예가 되었고 탄압에 대항하는 투쟁의 상징이 되었다.
8. 동티모르 71쪽에서 설명.
9. 카를로스 필리페 시메네스 벨로 대주교 Carlos Filipe Ximenes Belo, 1948~
동티모르의 대주교로서 억압받는 소수 민족인 동티모르 분쟁에 대한 정의롭고 평화로운 해결을 위한 노력을 기울인 공을 인정받아 노벨 평화상을 수상했다. 1975년 인도네시아가 동티모르를 통치하기 시작하면서 탄압이 시작되어 이후 동티모르 전체 인구의 3분의 1이 기근과 전염병, 전쟁, 공포로 목숨을 잃은 것으로 추산된다. 벨로 대주교는 생명의 위협을 무릅쓰고 인도네시아 권력자들을 향해 비폭력과 대화를 추구했으며 동티모르 국민을 위한 대표자 역할을 수행했다.
10. 호세 라모스오르타 Jose Ramos-Horta, 1948~
동티모르의 정치 운동가. 1996년 벨로 대주교와 함께 노벨 평화상을 공동 수상했다. 1975년 이후 동티모르 사태 해결을 위해 라모스오르타는 동티모르의 대변인으로서 선도적 역할을 수행했으며, 평화안 마련을 통해서 분쟁 해결에 중대한 공헌을 했다.
11. 지미 카터 Jimmy Carter, 1924~
미국의 제39대 대통령이자 2002년 노벨 평화상 수상자. 미국 역사상 가장 인기 없는 대통령으로 꼽히던 지미 카터는 퇴임 후 세계 평화의 전도사로 국제 사회의 평화와 안정 회복에 크게 기여하는 등 가장 훌륭한 전직 대통령으로 평가받고 있다. 1982년

중요인물 고시바 마사토시

도쿄대학 명예 교수로 2002년 노벨 물리학상을 수상. 수상 이유는 '중성미자 천문학에의 공헌'이다. 우주에서 태양처럼 스스로 타는 별(항성)이 최후를 맞을 때 대폭발을 하는 경우가 있는데, 이것이 초신성 폭발이다. 이때 중성미자라고 불리는 극소의 입자가 발생할 것이라고 이론적으로는 생각되어 왔으나, 아무도 확인하지 못하고 있었다. 고시바 마사토시는 일본 기후현 가미오카의 폐광산 터에 거대한 수조를 설치하여 중성미자가 수조를 통과할 때 수소와 산소의 원자를 구성하는 전자와 충돌하여 발생하는 빛을 관측하는 데 성공하여 중성미자가 실재한다는 사실을 입증했다.

중요인물 다나카 고이치

한 회사의 일개 주임이었던 다나카 고이치의 노벨 화학상 수상은 커다란 충격을 불러일으켰다. 소박하고 꾸밈없는 성격의 다나카의 언동은 많은 사람의 호감을 사기에 충분했다. 다나카의 연구는 '생체고분자의 질량 분석'으로, 그는 인간의 체내에 암세포가 발생했을 때 혈액 속에 흐르는 특수한 단백질을 재빨리 분석할 수 있는 시스템을 개발했다. 이에 의해 암 조기 발견의 길이 열렸다. 실수로 시료를 흘려 금속 가루와 글리세린을 하나로 만들어 버린 일이 이 대단한 발견의 계기가 되었다고 한다. 아깝다고 생각한 다나카가 그대로 실험을 속행하여 대발견으로 이어졌다.

그가 설립한 카터센터는 분쟁 종식, 민주주의 실천, 인권 보호, 질병 및 기아 퇴치 등을 목적으로 각계의 후원과 자원 봉사로 운영되는데, 대표적인 비정부 기구(NGO)로 꼽힌다. 세계의 분쟁 지역에 직접 뛰어들어 평화 중재, 선거 감시 등의 활동을 해온 카터는 한반도 핵 위기가 최고조에 달했던 1994년 6월 평양과 서울을 오가며 남북 정상 회담을 주선하기도 했다. 또한 2001년에는 우리 나라를 방문하여 충청남도 아산 등에서 '사랑의 집짓기'에 참여했다. 노벨위원회는 지미 카터가 1981년 대통령직에서 물러난 뒤 수십 년 동안 국제 분쟁을 중재하고 인권을 신장시키며 경제 · 사회 개발을 위해 끊임없이 노력한 공로를 인정하여 평화상 수상자로 선정한다고 밝혔다.
*비정부 기구 NGO : Non-Governmental Organization 127쪽에서 설명.
12. 알프레드 노벨의 유언
"나의 전 재산을 아래와 같은 방식으로 처리할 것을 밝혀 둔다. 원금은 나의 집행인들에게 맡겨 안전한 곳에 투자해 기금을 조성케 하고, 거기에서 나오는 이자는 지난해 인류에 가장 큰 공헌을 한 사람들을 선정해 상을 주는 형태로 매년 지급하도록 한다. 앞서 언급한 이자는 5개 부문에서 공헌한 사람들에게 골고루 분배하도록 한다. 첫째, 물리학 분야에서 가장 중요한 발견이나 발명을 한 사람, 둘째 화학 분야에서 가장 중요한 발견이나 발명을 한 사람, 셋째 생리학이나 의학 분야에서 가장 중요한 발견이나 발명을 한 사람, 넷째 문학 분야에서 가장 탁월한 이상주의적인 경향의 작품을 쓴 사람, 다섯째 국가 간 우애를 돈독히 하거나 군대를 폐지 또는 축소시키거나 평화 회담을 주창 · 개최하는 데 가장 큰 공을 세운 사람이다. 물리학상과 화학상은 스웨덴 왕립과학아카데미에서 수여하도록 한다. 의학 · 생리학상은 스웨덴 스톡홀름의 캐롤라인연구소에서 수여하도록 한다. 평화상은 노르웨이 의회에서 선출된 5인위원회에서 수여하도록 한다. 상을 수여하는 데 있어 어떤 경우에도 후보자의 국적이 고려되어서는 안 된다는 것이 나의 바람이다. 따라서 상은 스칸디나비아 인이나 아니냐에 상관없이 수상할 가치가 있는 사람에게 수여되어야 한다." (유언의 일부)
13. 고시바 마사토시 小柴昌俊, 1926~
14. 다나카 고이치로 田中耕一, 1959~

노벨 평화상 주요 수상자

●1974년 사토 에이사쿠(1901~1975)

1964년부터 1972년까지 일본의 총리를 지내며 한일조약 체결, 미일안보조약 자동 연장, 오키나와 반환 실현 등을 이루어 냈다. 비핵 3원칙 제창 등을 높이 평가받아 평화상을 수상했으나 안팎으로 비판이 있었다.

●1978년 안와르 엘 사다트(1918~1981)

이집트의 대통령을 지내며 분쟁 해결을 위해 이스라엘 총리와 회견을 거듭하여 메 나헴 베긴과 함께 수상했다. 그러나 아랍의 정치가나 이슬람교도 과격파로부터 비 판을 받았고 카이로에서 암살되었다.

●1989년 14대 달라이라마(1935~)

티베트의 종교적 · 정치적 지도자. 1937년 14대 달라이라마로 지명되었으며 중국 의 탄압을 피해 인도에 망명하여 임시 정부를 수립했다. 비폭력에 의한 조국 독립 운동에 관계하고 있다.

●1990년 미하일 고르바초프(1931~)

소련 공산당 서기장으로서 경제 · 정치 조직의 페레스트로이카(개혁)와 언론, 보 도, 문화의 글라스노스티(자유화)를 추진했다. 외교 · 방위면에서는 군사비 삭감 등 서방 측과의 긴장 완화에 노력했다.

●1991년 아웅산 수치(1945~)

'조국의 아버지'라고 칭송되며 암살당한 아웅산 장군의 딸로서, 미얀마의 민주주 의 운동에 관계하여 전국민주연맹을 결성했다. 선거에서 대승리를 거두었으나, 오 랫동안 군사 독재 정권에 의해 자택 연금되고 있는 상태이다.

---

15. 사토 에이사쿠 佐藤榮作, 1901~1975
일본의 정치가. 제2차 세계대전 이후 일본이 세계 열강으로 재등장한 1964~1972년에 총리를 지내며 핵무기확산금지조약을 체결하는 등 핵무기 정책에 대한 공로를 인정받아 1974년 아시아인으로는 최초로 노벨 평화상을 받았다. 그러나 그의 노벨 평화상 수상은 로비설 등 논란을 일으켰으며, 노르웨이의 노벨상위원회는 노벨 평화상 창설 100주년을 기념해 출판한 책에서 사 토 에이사쿠의 평화상 수상에 의문을 제기하기도 했다.
16. 안와르 엘 사다트 Anwar el-sādāt, 1918~1981 38쪽에서 설명.
17. 메나헴 베긴 Menachem Begin, 1913~1992
폴란드에서 태어났으며 바르샤바대학교를 졸업했다. 1942년 영국 통치 하의 팔레스타인에 이주하여 대영(對英) 투쟁에서 테러 행동을 지휘했고 1949년 정계에 들어갔다. 1973년 우익 연합인 리쿠드를 결성하여 당수가 되었으며 1977년 총리로 취임했 다. 그는 1967년에 일어난 제3차 중동전쟁에서 이스라엘이 점령한 땅을 계속 보유하는 문제에 대해 비타협적인 입장을 취한 것으로 잘 알려졌다. 그러나 이집트의 사다트 대통령과 중동 평화 협상을 벌여 1979년 평화 조약을 맺어 이 공로로 사다트와 함께 1978년 노벨 평화상을 공동 수상했다. 1980년대 초 그는 팔레스타인인의 국가 수립을 단호하게 반대했다.
•중동전쟁 Arab-Israeli Wars 37쪽에서 설명.
18. 미하일 고르바초프 Mikhail Sergeyevich Gorbachyov, 1931~ 79쪽에서 설명.
19. 넬슨 만델라 Nelson Rolihlahla Mandela, 1918~
흑인 인권 운동가. 템부족 족장의 아들로 태어났으며 1952년 비백인(非白人)으로서는 처음으로 남아프리카공화국의 요하네스버 그에 법률 상담소를 열고 아파르트헤이트 반대 운동에 나서는 등 본격적으로 흑인 인권 운동에 참가했다. 1960년 3월 통행법 에 항의하는 시위를 벌이던 흑인들이 무차별 사살된 사건을 계기로 무장 투쟁에 나섰고 1962년 8월 체포되어 국가 전복 기도 죄로 종신형을 선고받았다. 옥중에서 1981년 브루노 크라이스키 인권상, 1983년 유네스코의 시몬 볼리바 국제상을 받았으며, 1990년 2월 석방될 때까지 30년 가까이 복역하면서 세계 인권 운동의 상징적 존재가 되었다. 석방된 후 만델라는 실용주의 노

● 1993년 넬슨 만델라 (1918~)

아프리카민족회의를 지도하며 아파르트헤이트 (인종 격리) 반대 운동에 참가했다. 후에 체포되어 종신형 판결을 받았다가 1989년 석방되었고 1994년 남아프리카공화국의 첫 번째 흑인 대통령이 되었다.

● 1994년 이츠아크 라빈 (1922~1995)

예루살렘에서 태어났고 이스라엘의 총리(1974~1977, 1992~1995)를 지냈다. 군인으로서 활약한 후 정치가로 변신하여 팔레스타인 난민과의 화해에 힘써 야세르 아라파트 의장과 함께 수상했다. 유대교 과격파에 암살당했다.

● 2000년 김대중(1925~)

군사 정권 하에서 탄압받으면서도 민주화 운동을 추진했으며 네 번의 도전 끝에 1997년 대통령 선거에서 승리했다. 북한과의 대화에 힘써 2000년 김정일 총서기와 역사적인 회담을 실현시켰다.

● 2001년 코피 아난 (1938~)

유엔 사무총장으로 아프리카의 가나 출신이다. 1997년 본토박이 유엔 출신으로서 첫 사무총장이 되었다. 유엔의 활성화, 에이즈, 인권 문제, 테러 방지책이 높이 평가되어 유엔과 함께 현역 사무총장으로서 최초로 수상했다.

● 2002년 지미 카터(1924~)

미국 제39대 대통령(1977~1981)을 역임했고 이집트와 이스라엘의 평화 조약 체결이나 국내외의 인권 문제에 공헌했다. 수십 년에 걸친 분쟁의 평화적 해결, 민주주의와 인권의 확대 등을 위한 노력을 인정받아 수상했다.

선으로 선회하여 백인 정부와 협상을 벌여 350여 년에 걸친 인종 분규를 종식시켰다. 이러한 공로로 1993년 노벨 평화상을 받았으며, 1994년 5월 남아프리카공화국 최초로 흑인이 참여한 총선거에 의해 구성된 다인종 의회에서 대통령에 선출되었다. 세계인의 우려와 달리 유혈 참극을 거치지 않고 남아프리카공화국을 소수 백인 지배에서 민주주의로 전환시킨 위대한 지도자라는 평가를 받고 있다.

20.아파르트헤이트 Apartheid
전 국민의 16%밖에 안 되는 백인이 흑인 등 토착민을 차별한 남아프리카공화국의 정책. 이 정책은 흑인과 토착민이 가질 수 있는 직업의 종류를 제한하고 노동 조합의 설립을 금지했으며, 도시 외곽 지역의 토지 소유와 백인과의 결혼을 금지했다. 또한 백인과 흑인이 같은 버스를 타지 못하며, 흑인의 공공 시설 사용을 제한하고 선거인 명부도 따로 작성하도록 했다. 이처럼 아파르트헤이트에 의해 흑인을 철저히 차별해 온 남아프리카공화국은 세계적으로 격렬한 비난을 받아 왔다. 마침내 1994년 5월에 처음으로 실시된 자유 총선거에서 만델라가 최초의 흑인 대통령으로 뽑히면서 아파르트헤이트는 철폐되었다.

21.이츠아크 라빈 Yitzhak Rabin, 1922~1955 38쪽에서 설명.
22.야세르 아라파트 Yāsir Arafāt, 1929~ 38쪽 중요 인물.
23.유대교 137쪽에서 설명.
24.코피 아난 Kofi Annan, 1938~
아프리카 가나 출신 유엔 사무총장. 2003년 현재 유엔 사무총장인 아난은 30여 년 간 유엔에서 잔뼈가 굵은 국제 행정 전문가로 냉전이 끝난 뒤 세계 각지에서 끊이지 않고 있는 각종 분쟁의 평화적 해결에 공헌해 왔다. 1962년 세계보건기구(WHO)의 행정 및 예산 담당 직원으로 유엔과 첫 인연을 맺은 뒤 요직을 두루 거쳤다. 1990년 이라크의 쿠웨이트 침공 당시 특사로 나서 이라크에 억류된 유엔 요원과 서방 인질 9000여 명의 석방을 이끌어 냈고 1997년 유엔 사무총장에 선출되었다. 1998년 제4회 서울평화상을 수상했고 2001년 노벨 평화상을 수상했다.

25.유엔 UN : United Nations 89쪽 '국제연합(유엔)'에서 설명.
26.에이즈 AIDS : Acquired Immune Deficiency Syndrome 145쪽에서 설명.

세계의 비식자자는 10억 명, 세계의 식자율

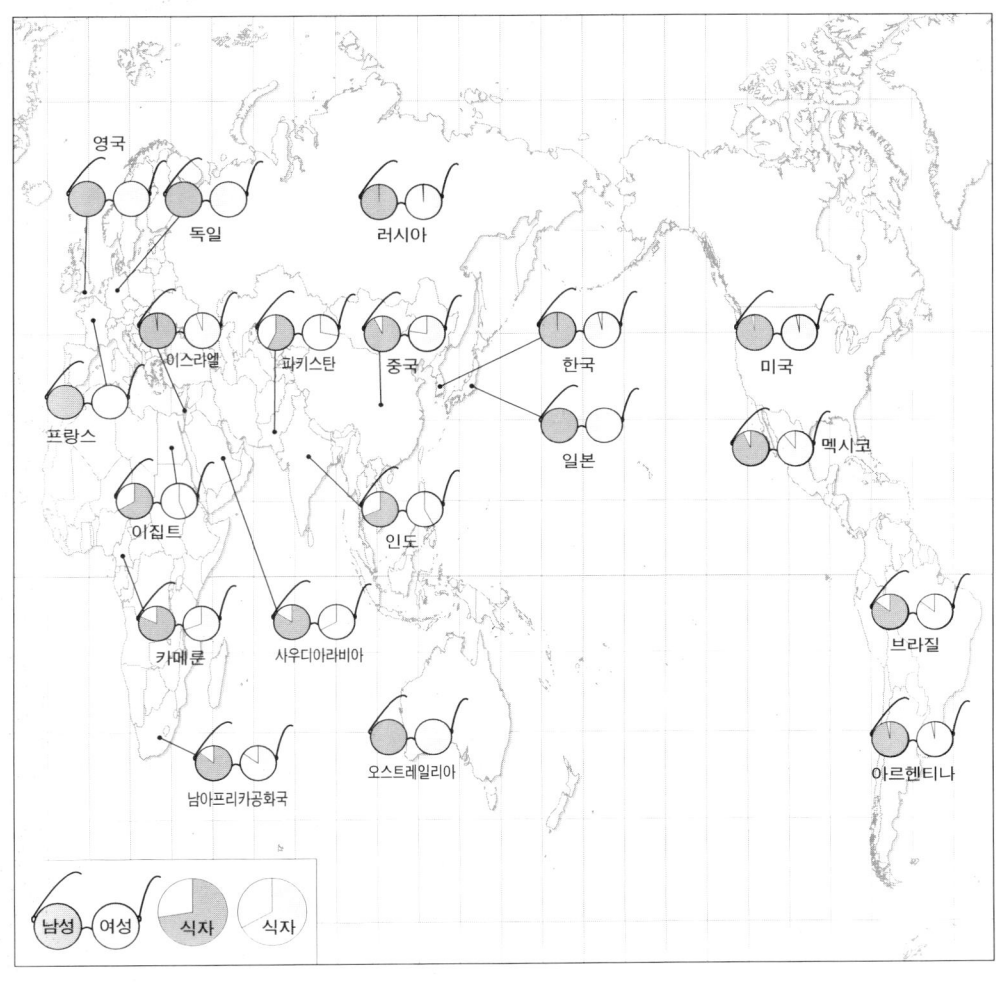

질병과 빈곤에 깊은 관계가 있는 읽고 쓰는 능력

세계에는 자기 나라의 글을 읽고 쓸 수 없는 사람이 10억 명이나 있다. 6명 가운데 1명은 자기 나라 말을 읽고 쓰지 못한다는 것으로, 이 가운데 3분의 2는 여성이다. 예전에는 읽고 쓸 수 없는 사람을 차별의 뉘앙스가 담긴 문맹이라고 불렀으나, 현재는 비식자자라고 표현한다. 이를테면 어떤 나라의 식자율이 80%라면 읽고 쓸 수 없는 사람이 20% 있다는 의미가 된다.

식자율은 간혹 '자신의 이름을 쓸 수 있습니까?'라고 묻거나 간단한 읽고 쓰기 테스트를 하는 방법으로 조사하고 있지만, 이 정도의 조사가 가능한 국가 조직이라면 당연히 식자율이 높을 것이므로 일부러 조사하는 경우는 드물다. 그리고 반대로 식자율이 낮은 나라에는 그만한 여력이 없다. 그러므로 식자율은 초등 교육을 받은 성인 세대의 비율로 추측하는 정도에 그치고 있다.

읽고 쓰기를 할 수 없으면 질병 예방 팸플릿도 읽지 못하고 자녀를 학교에 보내라는 통지서도 이해하지 못한다. 그래서 질병이나 빈곤으로부터의 탈출이 어려워지는 것이다.

식자율(2000년)					
	남(%)	여(%)		남(%)	여(%)
영국	100.0	100.0	멕시코	93.1	89.1
독일	100.0	100.0	중국	92.3	77.4
프랑스	100.0	100.0	남아프리카공화국	85.8	84.5
오스트레일리아	100.0	100.0	브라질	85.1	85.4
일본	100.0	100.0	사우디아라비아	84.1	67.2
러시아	99.8	99.2	카메룬	81.8	69.2
한국	99.2	96.4	인도	68.6	42.1
이스라엘	97.9	94.3	이집트	66.6	43.7
미국	97.0	97.0	파키스탄	57.6	27.8
아르헨티나	96.9	96.9			

일본은 하루에 180종이나 발행, 세계의 서적 보급률

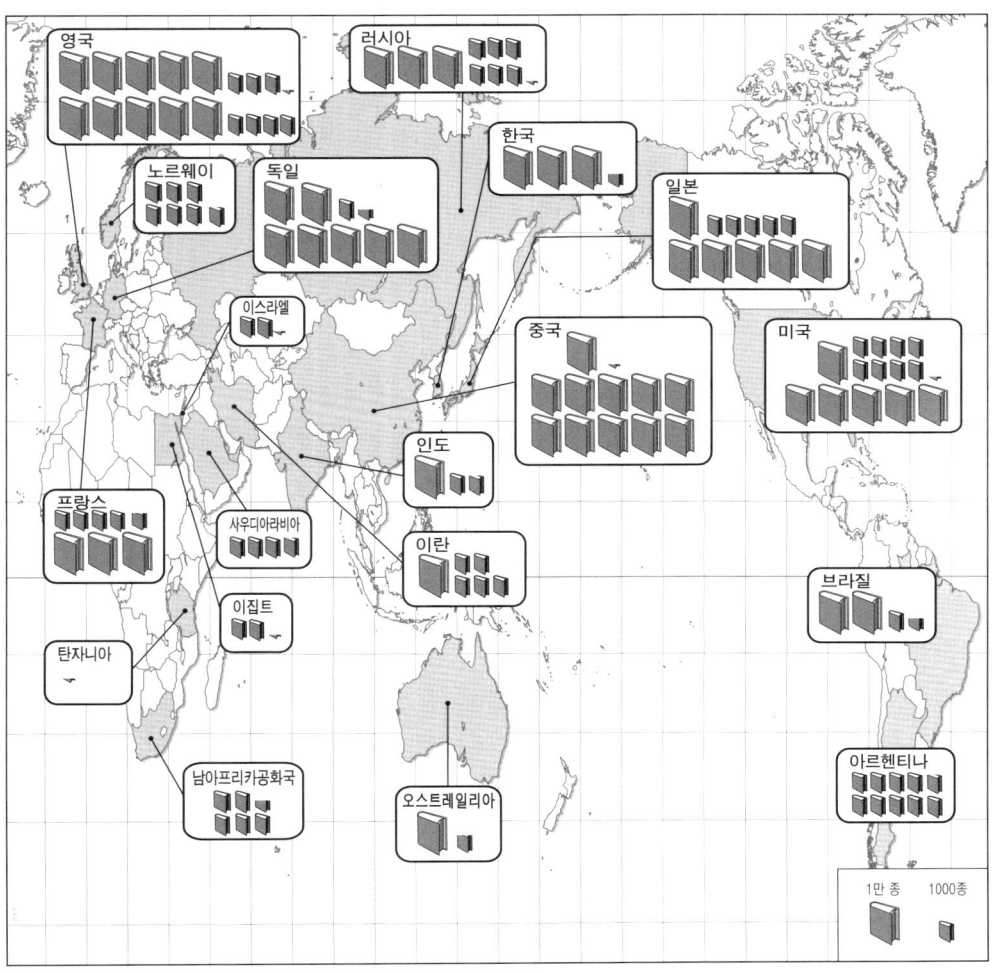

미국의 발행 종수는 인구비로 일본의 절반

숫자로 볼 때 일본은 출판 왕국으로, 연간 6만 5000종이 넘는 서적(잡지 이외의 책)이 발행되고 있다. 1일당으로 계산하면 약 180종의 책이 나오고 있다는 이야기가 된다. 내용은 제쳐 놓고 발행 종수로 본다면 그야말로 당당한 출판 대국이다. 하지만 그만큼 서점에 진열되어 보지도 못한 채 사라져 가는 책도 부지기수이다.

사실 서적의 발행 종수가 세계 최대인 나라는 중국이다. 13억이라는 인구를 생각해 보면 당연한 일이지만, 인구비로 따져 보면 오히려 적다고 해야 할 것이다. 인구를 고려해 보면 영국이 돋보이는데, 이 숫자는 영국인이 얼마나 독서를 즐기고 있는지를 보여 준다고 할 수 있다. 그와 반대로 미국의 발행 종수는 인구비로 생각해 볼 경우, 일본의 절반 수준이다. 어디에 가든 자동차를 이용하는 사람이 많아 전철 안에서 독서하는 사람이 한정되어 있기 때문일 것이다.

서적 발행 종수			
	(발행 종수)		(발행 종수)
중국	11만 283	인도	1만 1903
영국	10만 7263	오스트레일리아	10만 835
독일	7만 1515	아르헨티나	9850
미국	6만 8175	노르웨이	6900
일본	6만 5065	남아프리카공화국	5418
러시아	3만 6237	사우디아라비아	3900
프랑스	3만 4766	이스라엘	2310
한국	3만 487	이집트	2215
브라질	2만 1574	탄자니아	172
이란	1만 5073		

1년이면 극장에 몇 번 갈까? 세계의 영화 감상률

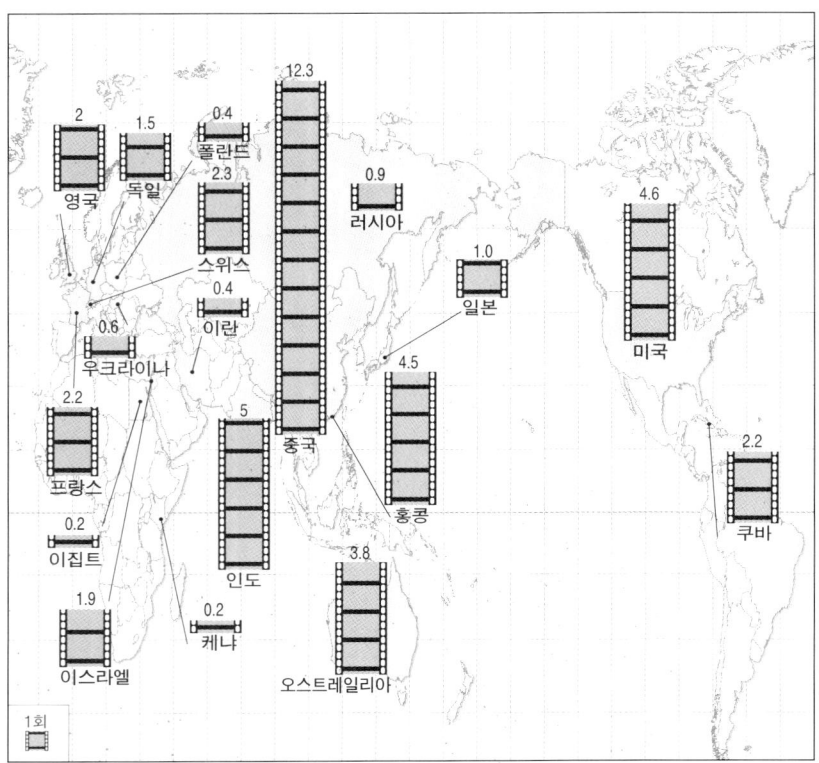

중국 · 인도의 영화 선호는 비디오가 없기 때문

지구에 사는 수많은 사람은 1년에 몇 번이나 영화를 보러 극장에 갈까? 가정에서 비디오나 DVD를 보는 편이 편리하지만, 아무래도 극장의 대형 화면의 스크린에는 미치지 못한다. 그러나 극장을 찾을 정도로 흥미 있는 영화가 아니면 극장까지 갈 마음이 생기지 않는다.

왼쪽의 지도를 보면 세계에서 가장 자주 극장을 찾는 사람들은 중국인 이라는 사실을 알 수 있다. 매달 1번은 보러 간다는 계산이다. 아직은 극 장이 가까이에 없는 지역도 있을 테니 실제로는 더욱 빈번하게 극장에 가 는 영화 팬에 의해 숫자가 높아지고 있는 것이다. 물론 영화 팬이 그만큼 많다고 생각할 수 있으나, 가정에 비디오가 없는 가정이 많기 때문이라는 해석이 가능하다.

다음으로 극장에 자주 가는 사람이 많은 나라는 인도이다. 인도는 영화 대국으로서 알려져 다수의 영화가 제작되고 있다. 미국은 비디오나 DVD 가 보급되어 있는 데 비해서는 극장을 찾는 사람이 많다는 의외의 결과가 나와 있다. 미국은 다른 선진국보다 입장료가 저렴한 편이기 때문이다.

영화 감상률(1995년)			
	연간 1인당 입장 횟수(번)		연간 1인당 입장 횟수(번)
중국	12.3	이스라엘	1.9
인도	5.0	독일	1.5
미국	4.6	일본	1.0
홍콩	4.5	러시아	0.9
오스트레일리아	3.8	우크라이나	0.6
스위스	2.3	이란	0.4
쿠바	2.2	폴란드	0.4
프랑스	2.2	이집트	0.2
영국	2.0	케냐	0.2

2002년은 브라질이 우승, FIFA 월드컵 개최국과 우승국

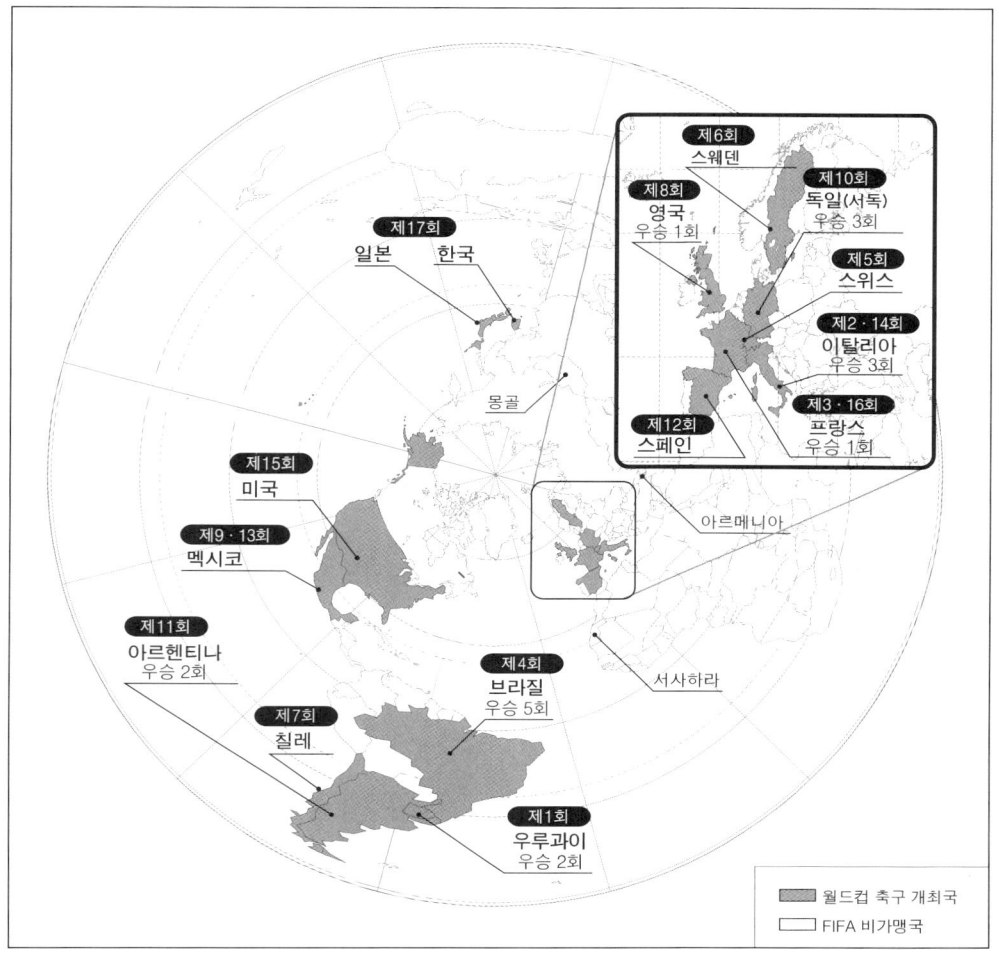

한국 4강, 일본 16강으로 개최국이 선전

2002년 일본과 한국을 흥분의 도가니로 몰아넣었던 월드컵 축구 대회는 축구의 참맛을 가르쳐 주었다. 한국과 일본이 공동 개최하는 형식으로 대회가 치러진 것이 처음이었으며, 한국과 일본 모두 선전하여 개최국의 체면을 살렸다.

월드컵은 FIFA에서 주최하는 것으로, 실력이 없으면 이길 수 없지만 실력이 있어도 이길 수 없는 경우가 있는 신기한 대회이다. 월드컵은 4년마다 열리는 하계 올림픽이 개최되는 해 중간에 역시 4년마다 개최되며 올림픽에 견줄 인기를 모으는 국제 대회이다. 유럽과 남미에 강호 팀이 많아 과거 17번의 대회가 치러지는 동안 브라질이 5번이나 우승을 거두어 정상의 자리에 있다.

월드컵 경기의 중계 방송을 너무 열중해서 들은 나머지 자동차 사고를 일으킨 사람, 자국 팀이 패배한 쇼크로 심장 마비를 일으켜 사망한 사람, 자국 팀이 이긴 것을 기뻐하여 스감자를 석방해 버린 형무소 소장이 있는 등 남미의 나라들에서는 월드컵에 관련된 수많은 일화가 있다.

---

1. FIFA: Federation Internationale de Football Association
국제축구연맹을 이르는 말. 세계 축구 경기를 통할하는 국제 단체. 1904년 프랑스의 제창으로 네덜란드 · 덴마크 · 벨기에 등 7개국이 모여 각국 축구 연맹을 국제적인 연합체로 조직했다. 목적은 경기 추진, 각국 협회 간 우호 증진, 경기 규칙의 준수 등이며, 4년마다 열리는 세계 선수권 대회를 주관한다. 2002년 현재 204개국이 가입되어 있으며 본부는 스위스 취리히에 있다. 한국은 1947년 6월에 가입했고, 2002년 6월 FIFA 월드컵 축구 대회가 한국과 일본에서 공동으로 개최되었다.

| 제4장 정리 |

▲사우디아라비아에서 열린 중동 각국의 정상 회담.

이슬람 세계에서는 정치와 종교가 결부되어 있다

세계의 많은 사람이 종교를 믿으며 생활하고 있다. 종교를 갖고 있는 사람은 자신의 종교 이외의 종교 행사에 참가하거나 다른 종교의 시설에서 의식에 참가하는 경우가 거의 없다. 그러나 일본인은 다르다. 똑같은 사람인데도 결혼식은 교회에서 올리고 자녀가 태어나면 아이를 신사에 데려가고 장례식은 절에서 치르는 식의 행동을 취한다. 일본인의 종교관은 대단히 독특하다고 할 수 있다. 많은 국가에는 정교 분리 원칙이 있어 특정한 종교 행사를 국비로 충당하거나 종교에 근거하여 국가의 정치를 행하는 것이 금지되어 있다. 우리는 이것을 상식이라고 믿고 있다.

그러나 어떤 나라에서는 이것은 더 이상 상식이 아니다. 이를테면 이슬람 국가들에서는 정치와 종교는 떼려야 뗄 수 없을 만큼 단단히 결합되어 있다. 정치는 이슬람의 가르침에 토대를 두고 행해져야 하는 것이다. 예를 들어 중동의 국가인 이란에서는 국민이 선출한 대통령이 정치를 하고 있지만, 최종적으로 나라의 방향을 결정하거나 판단하는 것은 대통령의 위에 있는 종교 지도자이다. 종교 지도자를 비판했다는 이유만으로 대학 교수가 재판소에서 사형 판결을 받는 사태가 아무렇지 않게 일어나고 있다. 사우디아라비아에서는 아예 선거를 통해 국민의 대표를 선출하는 제도 자체가 존재하지 않고 국왕이 이슬람의 가르침에 따라 정치를 한다. 물론 이슬람 세계에서도 터키처럼 정교 분리 원칙을 내세우고 있는 국가는 있다. 그러나 이런 나라의 정부에는 늘 정교 일치를 요구하는 이슬람 원리주의자들의 압력이 가해지고 있다.

이슬람 세계에서는 정치에서뿐 아니라 생활의 여러 면에서 종교가 머리를 디민다. 하루에 5번 지내야 하는 예배도 그렇고 1년에 1개월씩 해야 하는 단식도 그렇다. 어린이는 단식을 면제받지만, 어린이들은 오히려 빨리 어른이 되어 단식을 하고 싶다는 생각을 한다. '이제 너도 단식을 하거라' 하는 말을 들은 어린이는 어른들의 세계에 들어갔다는 자랑스러운 기분을 갖는다. 이것으로도 어린이에서 성인으로 성장하는 단계에서 종교가 중요한 역할을 해내고 있음을 알 수 있다. 종교에 의해 어린이들이 키워지고 있는 것이다.

미국에서는 그리스도교가 크게 영향을 미치고 있다

종교가 생활에 뿌리를 두고 있는 것은 이슬람 세계만이 아니다. 미국 또한 마찬가지이다. 미국에서는 대통령 취임식에서 새롭게 대통령에 취임하는 대통령 당선자는 성경에 한쪽 손을 얹고 선서를 한다. 이것은 미국이라는 나라가 영국에서 건너온 그리스도교도들에 의해 세워진 나라라는 흔적이다. 미국이라는 나라 자체가 그리스도교의 강한 영향력 밑에 태어났기에 국가 행사에서 그리스도교의 사고방식이 모습을 드러낸다.

미국 국민의 대다수가 일요일에는 교회에 가고, 어린이들이 성경을 배움으로써 국민 공통의

▼ 대통령 취임식에서 선서하는 클린턴 대통령.

상식이 형성되어 간다. 종교가 매우 중요한 역할을 해내고 있는 것이다. 그다지 특정한 종교에 얽매이지 않는 사람들에게는 좀처럼 이해가 가지 않는 일이지만, 종교와 생활이 불가분의 관계에 있는 나라가 많다는 사실은 알아 두어야 한다. 종교는 결혼 생활에도 영향을 미친다. 그리스도교 가운데 가톨릭은 이혼을 인정하기 않기 때문에 가톨릭 신자가 다수를 차지하는 나라에서는 이혼율이 대단히 낮은 숫자를 보인다.

세계의 불평등이 떠오른다

종교를 떠나 세계는 다양한 관점으로 볼 수 있다. 다양한 지표를 이용해 지도로 만들면 이 지구상에는 부조리가 충만해 있음을 알 수 있다.

우선 평균 수명은 선진국이냐 개발도상국이냐에 따라 상당한 차이가 있다. 곡물 자급률이 100%를 넘는 나라, 자급률이 낮아도 막대한 경제력으로 식료품을 수입할 수 있는 나라가 있는가 하면 자급률이 100%에 이르지 못한 수치가 곧 기아로 이어지는 나라가 있다. 석유 위에 떠 있음으로써 풍요로운 생활을 만끽하고 있는 사람들이 있는가 하면 바로 가까이에 있지만 석유가 나오지

▼검은 연기를 뿜어내는 사우디아라비아의 유전.

않아 빈곤한 생활을 해야 하는 사람들이 있다. 또 석유를 대량으로 소비하고 풍요로운 생활을 보냄으로써 이 지구에 이산화탄소를 대량으로 배출하는 나라가 있다. 세계는 얼마나 불평등한가?

생활이 힘겹고 발전할 계기를 좀처럼 발견하기 어려운 개발도상국에서 절실하게 요구되는 것은 교육이다. 식자율을 높이는 것은 세상을 알고 이해하는 것으로 이어진다. 읽고 쓸 수 있게 되면 다른 나라의 사정을 알게 된다. 그러면 많은 국민이 어떻게 하면 잘살 수 있을지를 생각하게 될 것이다. 발전은 거기에서 시작된다.

축구나 노벨상을 통해 국민성을 알 수 있다

2002년 한국 · 일본 공동 개최로 열린 월드컵 축구 대회에 전 세계로부터 수많은 축구 팬이 몰려와 브라질 · 독일과 같은 축구 강호 팀의 경기 모습에 열광했다. 팀의 경기 모습, 팬의 응원 모습에서도 국민성의 차이를 엿볼 수 있어 여기에서 문화 차이를 느낀 사람이 많았을 것이다. 2002년 일본은 동시에 두

▼월드컵 4강 진출에 기뻐하는 서울 시민.

사람의 노벨상 수상자를 냈다. 오랜만에 날아든 밝은 뉴스였으나, 일본이라는 경제 대국으로서는 노벨상 수상자가 적은 형편이다.

세계는 어느 측면에서 보느냐에 따라 전혀 다른 양상을 지니고 있음을 알 수 있다.

제 5 장

대역전의 세계 지도

전혀 다른 시각에서

세계를 보면 재미있는 발견이 있다.

우리가 알고 있는 상식적인 지도는

바다가 있고 육지가 있으며

나라의 이름과 도시의 이름이 있는 지형도이다.

그러나 경제력으로 세계 지도를 만들어 보자.

이 세상에서 처음 보는 지도가 탄생한다.

북반구 중심의 세계 지도가 아닌

남반구 중심의 세계 지도를 그려 보자.

교과서에서는 볼 수 없는 세계 지도가 있다.

국내총생산(GDP)비 변형 지도

일본은 조그만 섬나라이지만 GDP로 세계 지도를 그려 보면 미국에 이어 전세계에서 두 번째로 큰 대륙이 된다.

인구비 변형 지도

인구로 보면 인도와 중국이 압도적으로 크다. 하지만 GDP로 보면 대단히 작아진다는 것은 한 사람 한 사람의 생산력이 그만큼 낮다는 사실을 말해 준다.

남반구에서 본 세계 지도

지구에 정해진 상하좌우는 없다. 그러므로 오스트레일리아 사람들이 보는 지도와 우리가 흔히 보는 지도는 동서남북이 반대가 된다.

우리가 익숙하게 보아 온 세계 지도와는 완전히 다른 세계가 있다. 예를 들어 다음 페이지의 지도는 전 세계 나라들의 크기를 경제력으로 표현한 것이다. 이 경우의 경제력은 GDP의 크기이다.

세계 제일의 경제력은 역시 미국이다. 그리고 일본이 2위를 차지해 작은 섬나라이기는커녕 거대한 대륙이 되어 버린다. 물론 이것은 한 나라의 경제력을 나타낸 것으로, 국민 1인당 부의 크기를 본다면 일본은 인구가 많기 때문에 그 정도는 안 될 것이다. 그렇지만 경제력에서는 거대 대륙이 된 일본의 경제가 불경기에 빠지자, 미국과 아시아 나라들로부터 '일본 경제는 어떻게 되고 있는 걸까?' 하고 우려하는 목소리가 커지고 있다. 그러나 세계 경제에서 일본은 과연 그만한 역할을 해내고 있을까?

일반 지도에서는 무척 넓은 면적을 차지하는 중국과 러시아가 경제력 지도에서는 작아지고, 아프리카 대륙은 전부를 합해도 작은 섬나라가 되어 버린다. 여태까지 사용하던 세계 지도가 아닌 전혀 다른 시각으로 만들어진 세계 지도를 보자.

국내총생산(GDP)비 변형 지도

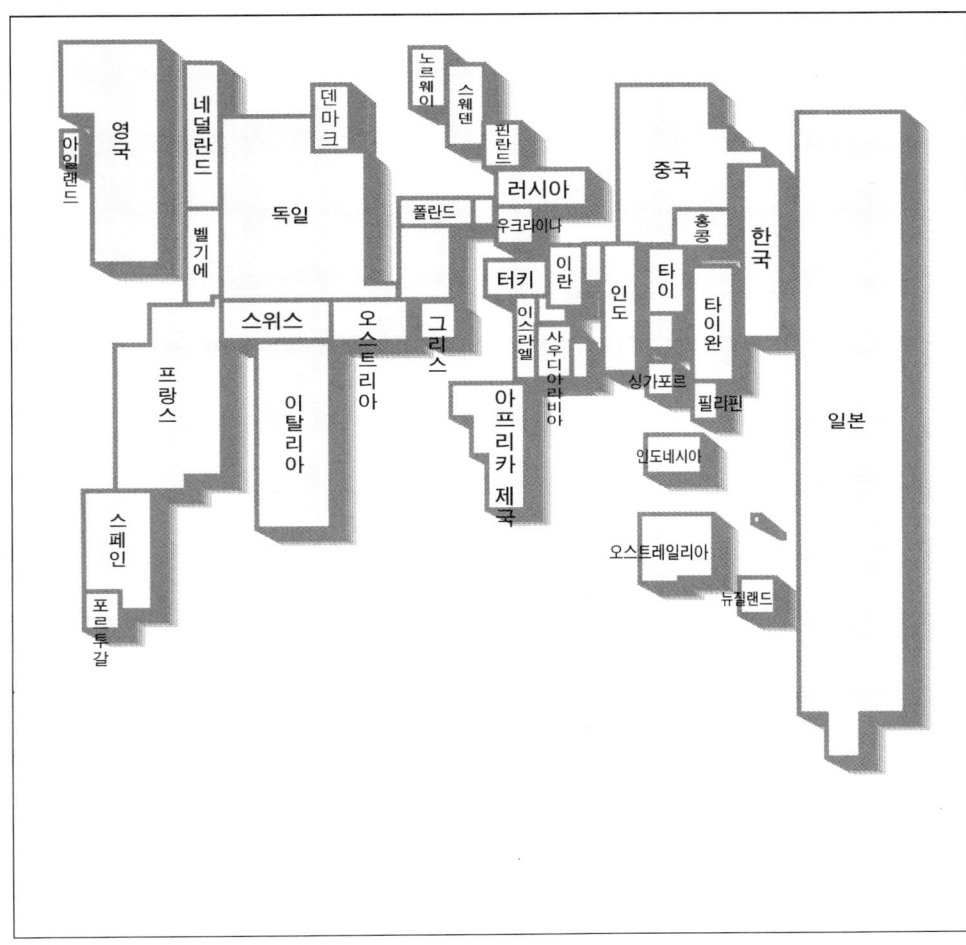

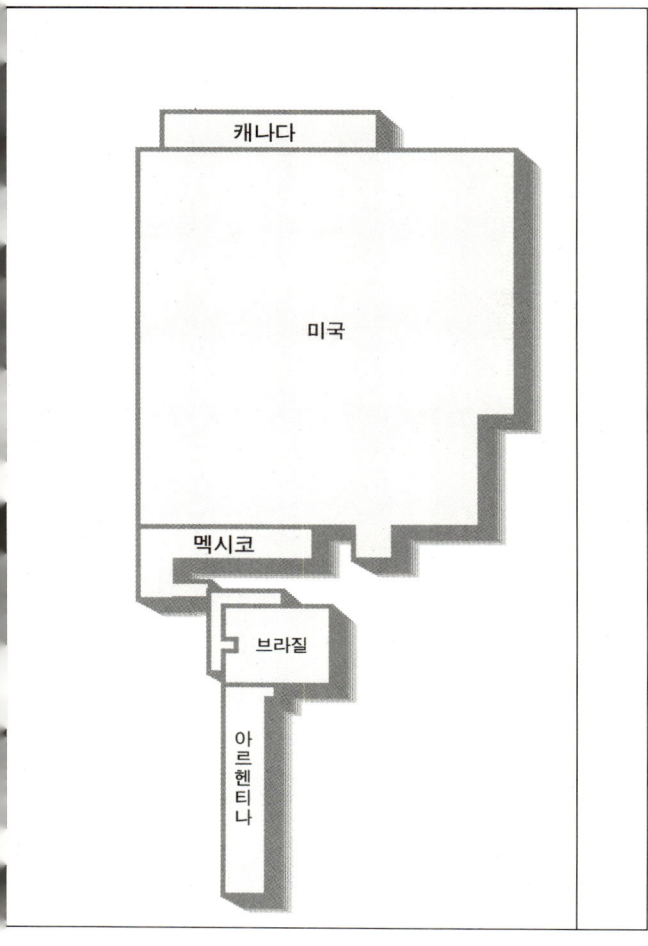

◀ 면적과 GDP는 반비례? 이 지도는 GDP의 크기를 면적에 비례하여 표시한 것이다. 경제력, 생산성으로 세계를 보면 미국·일본·유럽은 거대한 대륙이 된다.

중국과 인도가 거대해지는 세계의 인구비 변형 지도

▲ 인구가 많은 나라일수록 크다? 인구를 면적에 비례하여 표시한 지도이다. 중국과 인도가 3분의 1을 차지하고 있다.

중국 · 인도의 인구 폭발을 지구는 감당할 수 있을까?

경제력으로 본 세계 지도와는 전혀 다른 세계가 여기에 펼쳐진다. 이것은 인구로 각 나라의 크기를 표현한 것이다.

경제력 지도에서는 작은 국가였던 중국과 인도가 이번에는 거대한 대륙을 형성한다. 그 어마어마한 면적에 놀라울 따름이다. 러시아는 경제력 지도에서보다 조금 넓어진다. 중국과 인도의 인구 폭발이 어느 정도의 기세를 띠고 있는지 이 지도로 잘 알 수 있다. 양국의 인구는 한층 더 증가하고 있으므로 지구가 이 엄청난 수의 인구를 과연 먹여 살릴 수 있을까 하는 중대한 의문이 생긴다.

경제력으로는 작은 섬나라에 불과한 아프리카 국가들도 이 지도에서는 다시 커다란 대륙이 된다. 인구가 많다는 사실과 빈곤하다는 사실이 서로 맞닿아 있는 안타까운 현실을 극명하게 보여 준다. 미국이나 일본은 경제력 지도만큼은 아니지만 그럭저럭 넓은 면적을 확보하고 있고, 오스트레일리아는 어디에 있는지 찾아야 할 정도이다.

오스트레일리아가 중심이 되는 세계 지도

오스트레일리아

남태평양

인도양

남미 대륙

아프리카 대륙

북태평양

북미 대륙

유라시아 대륙

▲ 지구의 위는 어디? 남북을 역전시킨 지도이다. 남반구의 사람들은 북반구에 사는 우리와 반대의 세계 지도를 본다.

다른 나라의 지도를 보고 자국중심주의를 깨닫는다

세계 지도는 왜 위가 반드시 북쪽이어야 할까? 남쪽을 위로 하면 어떤 모양이 될까?

이런 발상에서 태어난 것이 왼쪽의 세계 지도이다. 오스트레일리아에 가면 이런 세계 지도가 관광 상품으로 팔리고 있다. 지구는 둥글기 때문에 평면의 세계 지도로 만드는 데에는 여러 가지 방법이 있으니 이런 시각도 있게 마련이다. 미국에서 사용되는 세계 지도는 미국이 중심이고, 인도에서 사용되는 세계 지도는 인도가 중심이다. 어느 나라든 자기 나라를 중심으로 하는 세계 지도를 사용하고 있으며 그것에 대해 이상하게 여기지 않는다. 그러나 다른 나라의 세계 지도를 봄으로써 자국중심주의에서 나온 발상이라는 점을 인식하는 것이 중요하다.

이 지도에서 영국, 일본, 사우디아라비아 등을 찾아보자. 이제껏 한 번도 본 적이 없는 모습으로 나타날 것이다. 세계를 이해하는 데 있어 이 같은 시각도 필요하다.

제6장

세계를 움직이는
주요 도시

9 · 11테러로 무너진

세계무역센터가 있었던 뉴욕,

눈부시게 변화하는

아시아 경제 성장의 상징 상하이,

이라크전쟁으로

미군의 공격 목표가 되었던 바그다드,

전 세계가 마른침을 삼키며 동향을 지켜보는

북한의 심장부 평양.

그곳에는 어떤 건물들이 있고 어떤 사람들이 살고 있을까?

세계의 중심은 여러 개의 표정을 갖고 있다.

한눈에 알 수 있는 요점

대도시 인구 톱 10

1. 서울(한국) : 1028만 명(2003년)
2. 뭄바이(인도) : 993만 명(1991년)
3. 카라치(파키스탄) : 937만 명(1997년)
4. 자카르타(인도네시아) : 927만 명 (1998년)
5. 모스크바(러시아) : 841만 명(1997년)
6. 이스탄불(터키) : 826만 명(1997년)
7. 멕시코시티(멕시코) : 824만 명 (1990년)
8. 상하이(중국) : 821만 명(1990년)
9. 도쿄(일본) : 814만 명(2000년)
10. 뉴욕(미국) : 738만 명(1996년)

뉴욕의 고층 빌딩가에서 조금 떨어진 곳에 하늘을 찌를 듯이 서 있던 두 건물 세계무역센터가 모습을 감춘 뉴욕의 거리는 쓸쓸해졌다. 그 자리에 무엇을 건설할지 논의가 계속되고 있다. 뉴욕의 중심부는 서쪽의 허드슨강과 동쪽의 이스트강 사이에 끼어 있는 맨해튼섬에 있다. 허드슨강 맞은편은 뉴저지주이다. 다음 페이지의 지도는 남북으로 긴 맨해튼섬을 좌우로 펼쳐 놓은 것으로, 지도의 오른쪽이 북쪽이 된다.

자유의 여신이 있는 리버티섬은 허드슨강 하구에 있고, 미국 경제의 중심부인 월가 근처의 배터리파크에서는 페리가 출발한다. 맨해튼은 숫자가 붙은 애비뉴라는 이름의 거리가 남북(이 지도에서는 좌우)으로 달리고 있는데, 동쪽에서 서쪽(이 지도에서는 아래에서 위)으로 순서대로 숫자가 붙어 있으며 피프스애비뉴(5번가)에는 고급 상점이 즐비하다. 동서(이 지도에서는 상하)로는 숫자가 붙은 스트리트가 달리고 있다. 남에서 북(이 지도에서는 왼쪽에서 오른쪽)으로 갈수록 숫자가 커진다.

세계를 뒤흔들고 세계인에게 놀라움을 안겨 주는 새로운 소식들을 끊임없이 전해 오는 세계의 주요 도시들을 살펴보자.

9 · 11테러로 세계무역센터가 사라진 뉴욕

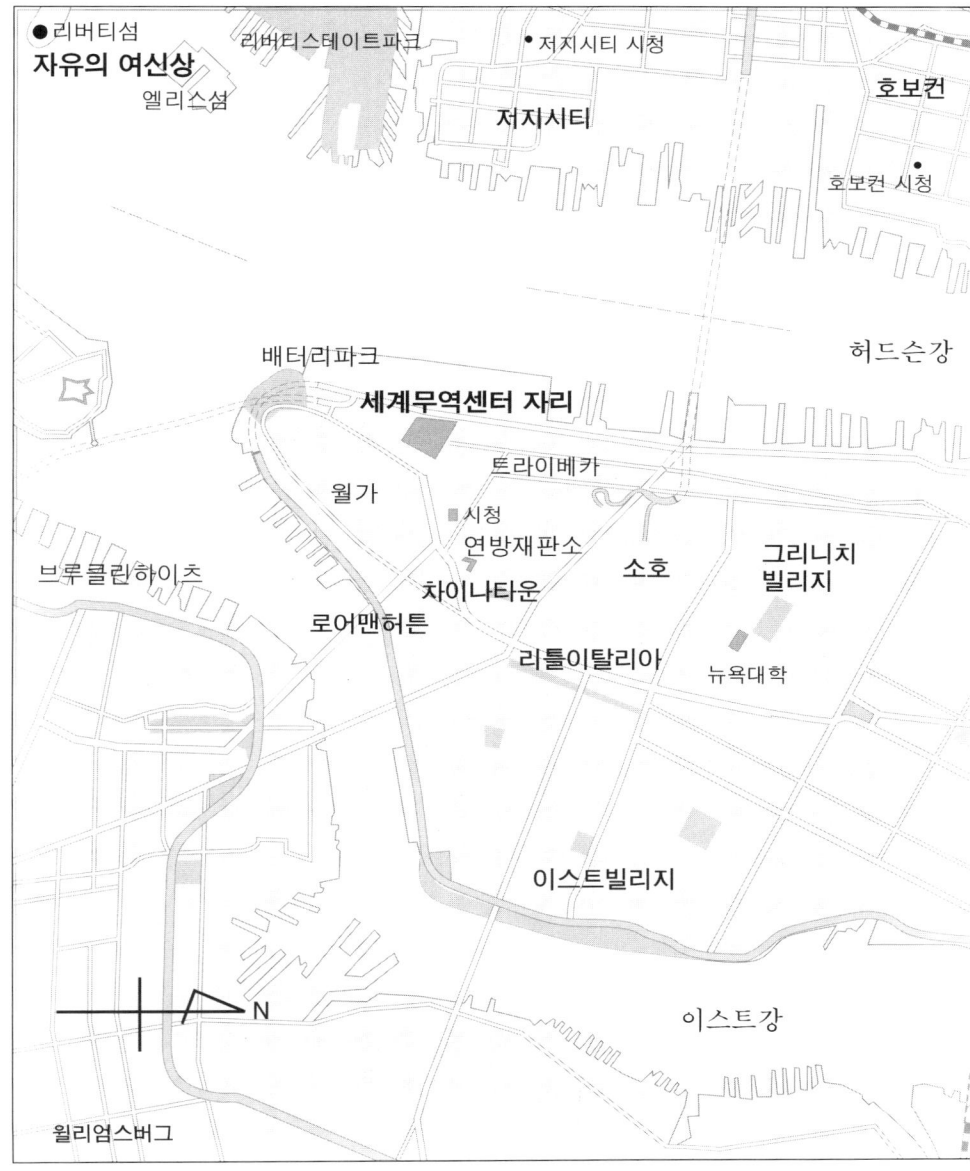

세계의 흐름이 여기에서 결정된다, 워싱턴DC

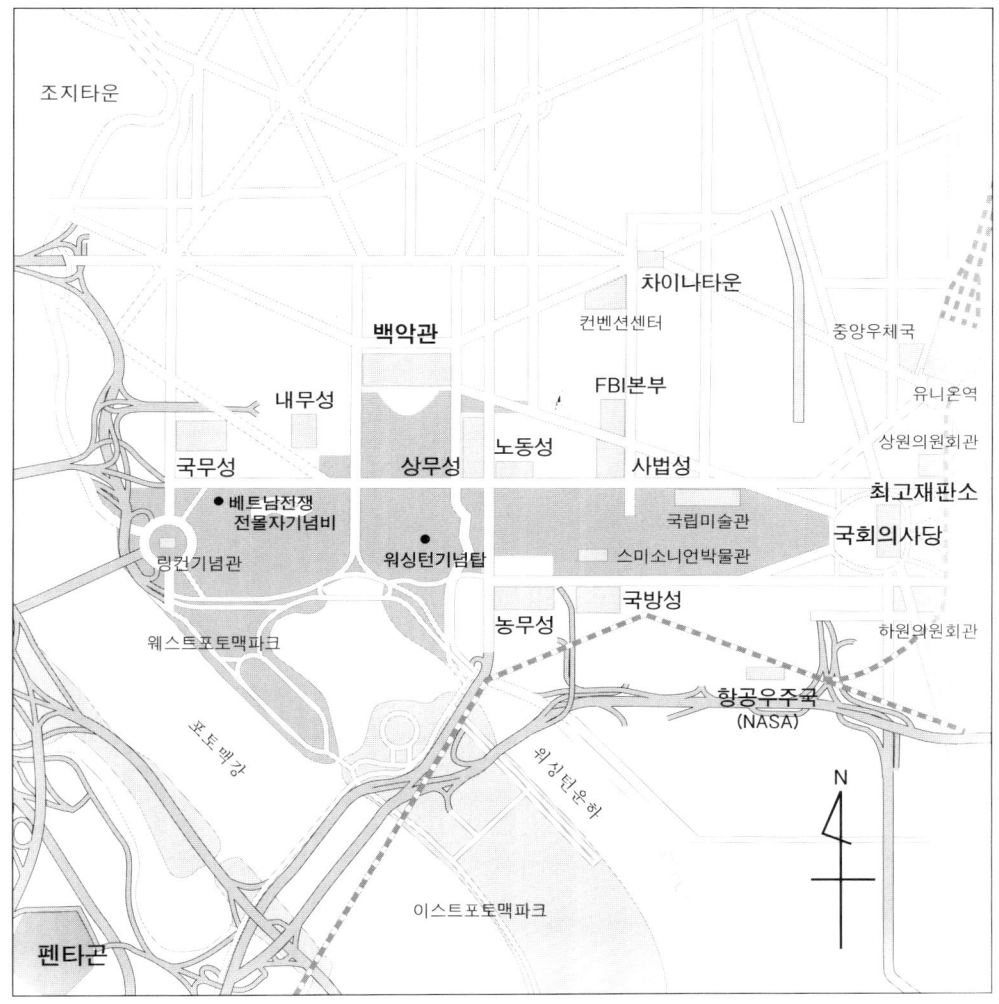

어느 주에도 속하지 않는 특별구 워싱턴

미국의 수도 워싱턴은 워싱턴DC로 표기되는데, DC란 District of Colombia(컬럼비아특별구)에서 거리글자를 따온 것이다. 이 도시만은 미국의 어느 주에도 속하지 않는 특별한 지역인 것이다.

미국이 13개의 주를 거느리고 영국으로부터 독립을 성취했을 때 수도를 어디로 정하느냐를 놓고 고심했다. 각 주 하나하나가 강력한 힘을 가진 미국은 정부에 대한 불신감이 뿌리 깊어, 결국 습지대이어서 사람이 살기 어려운 이곳에 정부를 두게 되었다고 한다. 인공적으로 만들어진 도시여서 도로는 바둑판처럼 잘 정비되어 있다. 남북으로는 숫자가 붙은 스트리트가, 동서로는 미국 각 주의 이름이 붙은 애비뉴가 뻗어 있다.

도시의 중심은 대통령 관저인 백악관이다. 일본에서 증정받은 벚나무 가로수가 있는 포토맥강을 건너면 펜타곤이라는 통칭으로 알려진 미국 국방성이 있다. 9 · 11 동시 다발 테러 당시 항공기가 충돌한 건물이다.

---

1. 9 · 11 동시 다발 테러 18쪽 '2002년 9월 11일에 발생한 동시 다발 테러'에서 설명.

중국의 정치 중심지 베이징

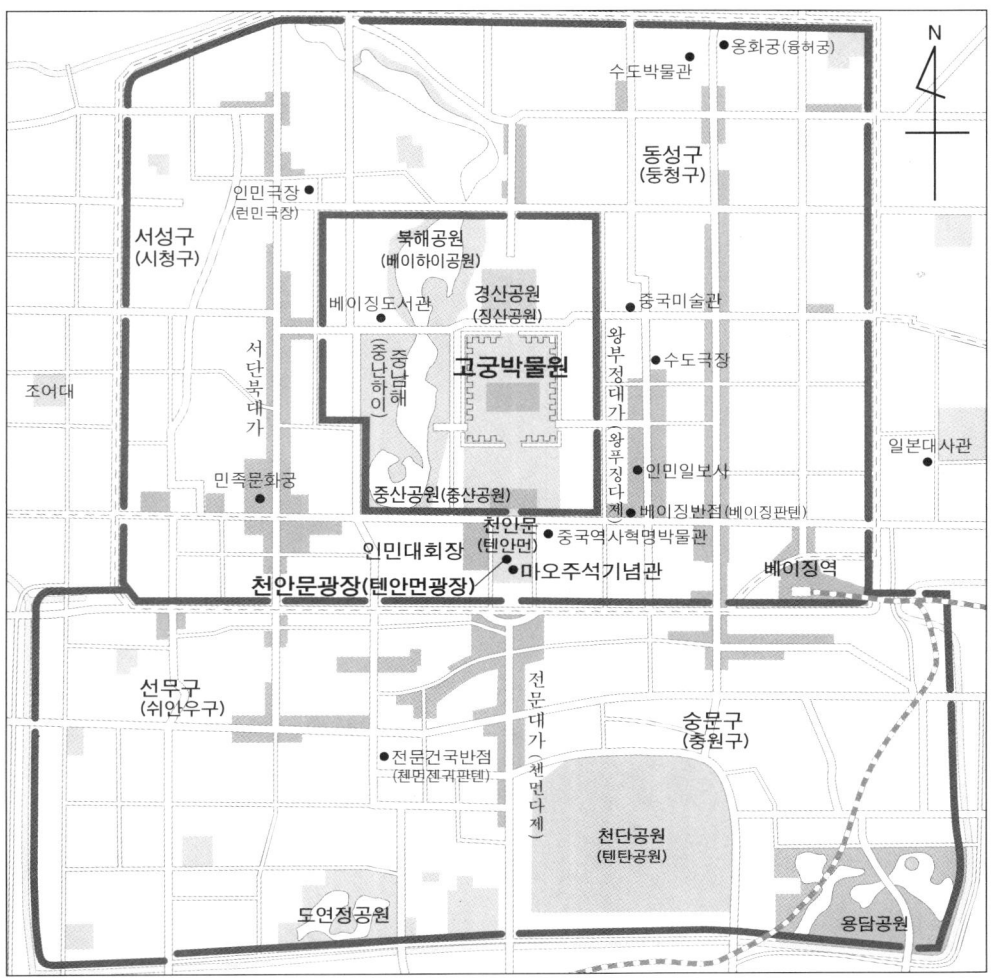

천안문광장에서는 경찰관이 반정부 운동을 경계하는 베이징

중국의 베이징이라고 하면 누구나 가장 먼저 천안문광장(톈안먼광장)을 떠올릴 것이다. 인민대회당에는 마오쩌둥의 거대한 초상화가 걸려 있고, 그 앞에 펼쳐지는 광장은 매우 광대하여 사람의 모습이 몹시 작아 보일 정도이다. 정부에 항의하는 학생들이 광장을 점거하자 이를 군이 탄압하여 유혈 참사가 빚어진 톈안먼 사태(천안문 사태)가 일어났던 장소이다. 지금도 반정부 행동을 하기에는 절호의 장소이므로 항상 사복 경찰이 경계하고 있다.

천안문(톈안먼) 북측에는 고궁박물원이 있고, 그 서쪽에 중남해(중난하이)라고 부르는 지역이 있다. 녹색으로 뒤덮여 밖에서는 내부를 볼 수 없는데, 여기에 중국 정부와 중국 공산당 간부의 주거지가 있다. 이 때문에 중국 정부의 간부를 중남해라고 부르기도 하며, 주위는 엄중하게 경계되고 있다. 폭이 넓은 도로가 아침저녁의 러시아워 시간에는 자전거 물결로 가득 메워지지만, 최근에는 자동차의 숫자가 늘었다. 오래된 거리는 점차 헐리고 베이징은 매일 모습을 바꾸어 가고 있다.

---

1. 마오쩌둥 毛澤東, 1893~1976

중국 공산당을 창설한 정치가이자 공산주의 이론가. 능민의 아들로 태어난 마오쩌둥은 13세 때 학업을 중단하고 아버지의 농사일을 도왔다. 1922년 7월 상하이의 중국 공산당 창립 대회에 참가하여 후난성 대표로 중국 공산당 제1차 전국 대표 대회에 출석했다. 이후 중국 공산당 중앙농민부장, 중국농공혁명위원회 주석, 중화소비에트정부 중앙집행위원회 주석 등을 거쳤다. 1934년 대장정을 시작하여 도중에 당 지도권을 장악했다. 국공 합작에 성공하자 항일 민족 통일 전선을 수립하고 홍군을 국민혁명 제8군으로 개편하여 일본군에 대항했다. 1945년 제7차 전국 대표 회의에서 중앙위원회 주석이 되었다. 1946~1948년 내전에 승리를 거둔 후 1949년 10월 중화인민공화국 정부를 베이징에 세우고 국가 주석 및 혁명군사위원회 주석으로 뽑혔다. 1954년 4월 국가 주석을 사임하고 죽을 때까지 당 주석으로만 있었다. 1965년 10월 이후 당 내에서 완전 고립되어 연금 상태에 있었으나, 문화대혁명을 지휘하며 마오쩌둥 사상을 높이 내걸었다. 1970년 1인 체제를 확립하고 마침내 중국 최고 지도자로 군림했으며, 1976년 톈안먼 사태가 일어나 위대한 영웅이자 독재자인 마오쩌둥은 고립된 채 죽음을 맞이했다. 그는 중국의 독립과 주권을 회복했고 관료 제도를 견제했으며 대중의 정치 참여를 유지하는 등 많은 업적을 쌓았다. 그러나 말년에 펼친 대약진 운동과 문화대혁명은 최대 실수로 평가받는다. 그는 1953~1957년에 전개한 제1차 5개년 계획이 큰 성과를 거두지 못하자 대약진 운동을 통해 중국을 공산주의 단계로 곧바로 진입시키고자 했는데, 이는 인민의 정치적 의식을 개조함으로써 생산력을 증대하려는 것이었다. 하지만 경제적인 실패와 대기근으로 1959~1961년 사이에 4500만 명이 죽었다. 또 1966년부터는 사회 제도를 사회주의화한 데에서 나아가 인간 자체를 사회주의화하기 위한 문화대혁명을 전개하여 수백만 명의 희생자를 냈으며 이는 그가 사망함으로써 막을 내렸다.

2. 톈안먼 사태

1989년 6월 4일 중국 정부가 베이징 톈안먼광장에서 민주화를 요구하던 학생, 노동자, 시민을 무차별 발포로 진압한 사건. 사실 톈안먼 사태에는 1976년과 1989년에 일어난 두 사건이 있다. 1976년 사건은 중국 문화대혁명 이후의 마오쩌둥사상 절대화 풍조와 마오쩌둥 가부장 체제에 민중이 저항하며 반란을 일으킨 사건이다. 1989년 사건은 민주화를 요구하며 연좌 시위를 벌이던 학생, 노동자, 시민을 계엄군을 동원하여 해산하는 과정에서 사상자를 발생시킨 사건으로 흔히 이때의 사건을 말한다. 1976년의 톈안먼 사태로 실각했던 덩샤오핑은 1977년 복권하면서 개혁·개방 노선을 실행했다. 그러나 경제적 개혁에 비해 정치 개혁이 이루어지지 않아 기득권을 가진 공산당의 부정부패가 만연하고 인플레이션, 소득 격차의 확대 등으로 일반 민중의 불만이 팽배해져 갔다. 1989년 급진개혁주의자로 학생들의 추앙을 받던 후야오방 전 당 총서기가 사망하여 그 장례식을 계기로 전국의 대학, 시민층의 민주화 운동이 확산되었다. 보수파 덩샤오핑은 이를 체제에 대한 도전으로 간주하고 개혁파를 축출했고 강경파 장쩌민, 리펑이 정권을 장악했다. 리펑은 베이징 일원에 계엄령을 선포하고 시위 군중을 무력으로 진압했다. 이 과정에서 1만 5000명 이상의 사상자가 발생했고 인권 탄압으로 규정하여 비난하는 서방과의 관계가 악화되었다.

• 덩샤오핑 鄧小平, 1904~1997 79쪽에서 설명.
• 장쩌민 江澤民, 1926~ 8쪽에서 설명.
• 리펑 李鵬, 1928~ 9쪽에서 설명.

중국 경제의 상징 상하이

국제 금융 센터의 건설이 진행되고 있는 상하이

급격하게 변화해 가는 중국 발전의 상징은 상하이이다. 굽이굽이 흐르는 황포강(황푸강)을 따라 발전한 이 도시는 지금 폭발적인 성장을 하고 있다. 동방명주탑(텔레비전 수신탑)은 상하이의 새로운 심벌이 되었다. 신축 고층 빌딩이 늘어서고 거리는 사람들로 넘쳐 나고 있다.

1인당 국내총생산(GDP)는 중국에서 정상의 자리를 차지하고 있으며, 수도 베이징의 1.5배나 된다. 평균 소득으로 보면 중국에서 가장 가난한 구이저우성의 20배를 뛰어넘는 숫자를 기록하고 있다. 상하이 시민은 중국에서 가장 부유하다는 이야기이다.

현재 중국은 중국 공산당의 지배 하에 시장 경제가 추진되고 있다. 요컨대 공산당 지배 하의 자본주의 경제이다. 그 상징이 다름 아닌 상하이의 황포강 동쪽의 포동신구(푸둥신구)인데, 1990년부터 국가적인 프로젝트로 개발이 추진되어 왔다. 중국을 대표하는 국제 금융 · 무역 센터가 되어 가고 있다. 한편 발전하는 연안 지역과 뒤늦게 일어서기 시작하는 내륙 사이의 경제적 격차는 심각해지고 있으며, 상하이는 그 현상을 여실히 보여 주는 좋은 예이기도 하다.

---

1. 국내총생산 GDP : Gross Domestic Product 124쪽에서 설명.

북한 · 중국 · 일본에 둘러싸인 서울

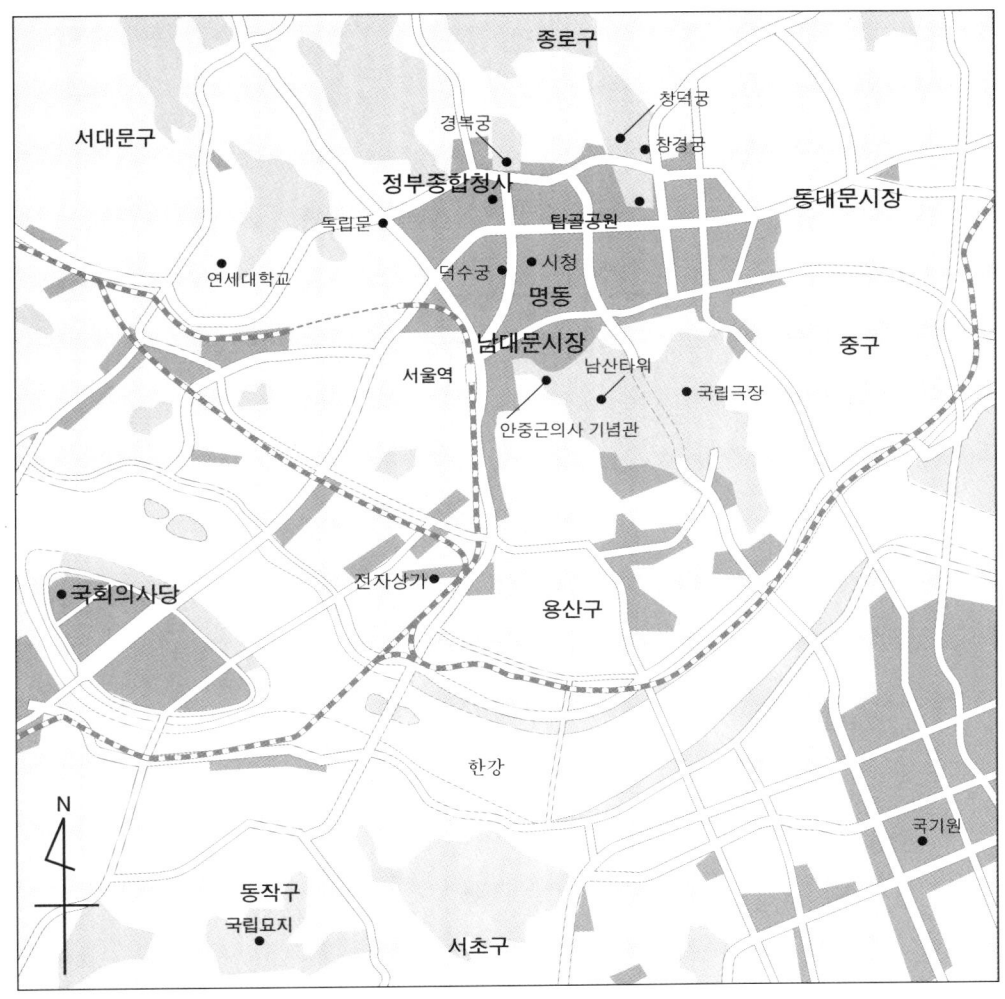

발전을 멈추지 않는 인구 세계 최대의 도시 서울

월드컵 대회 개최로 한층 현대화된 서울은 고층 빌딩이 늘어서 있고 발전을 멈추지 않고 있다. 이 발전상이 '한강의 기적'이라고 불리던 시절이 있었다. 한강은 서울의 중심부에서 약간 남쪽을 동서로 흐르는 강으로, 서울의 대명사로서의 역할을 톡톡히 하고 있다.

활기 넘치는 서울의 상징으로는 남대문시장과 동대문시장을 꼽을 수 있다. 서민적인 이 시장들은 심야까지 쇼핑객과 포장마차에서 식사를 하는 사람들로 혼잡을 이루고 있다. 특히 동대문시장에는 새로운 쇼핑 빌딩들이 차례로 건설되어 젊은 사람들로 새벽까지 번잡하다. 또한 명동은 서울의 번화가로 명성이 자자하며 고급 상품을 판매하는 상점들이 있다.

서울의 북부는 북한과 마주하고 있는 휴전선에 가깝기 때문에 예전에는 전쟁이 시작되면 곧바로 포탄이 떨어진다고 하여 주택 건설이 추진하지 않았으나, 현재는 고층 아파트가 즐비하다.

주체사상탑이 치솟아 있는 평양

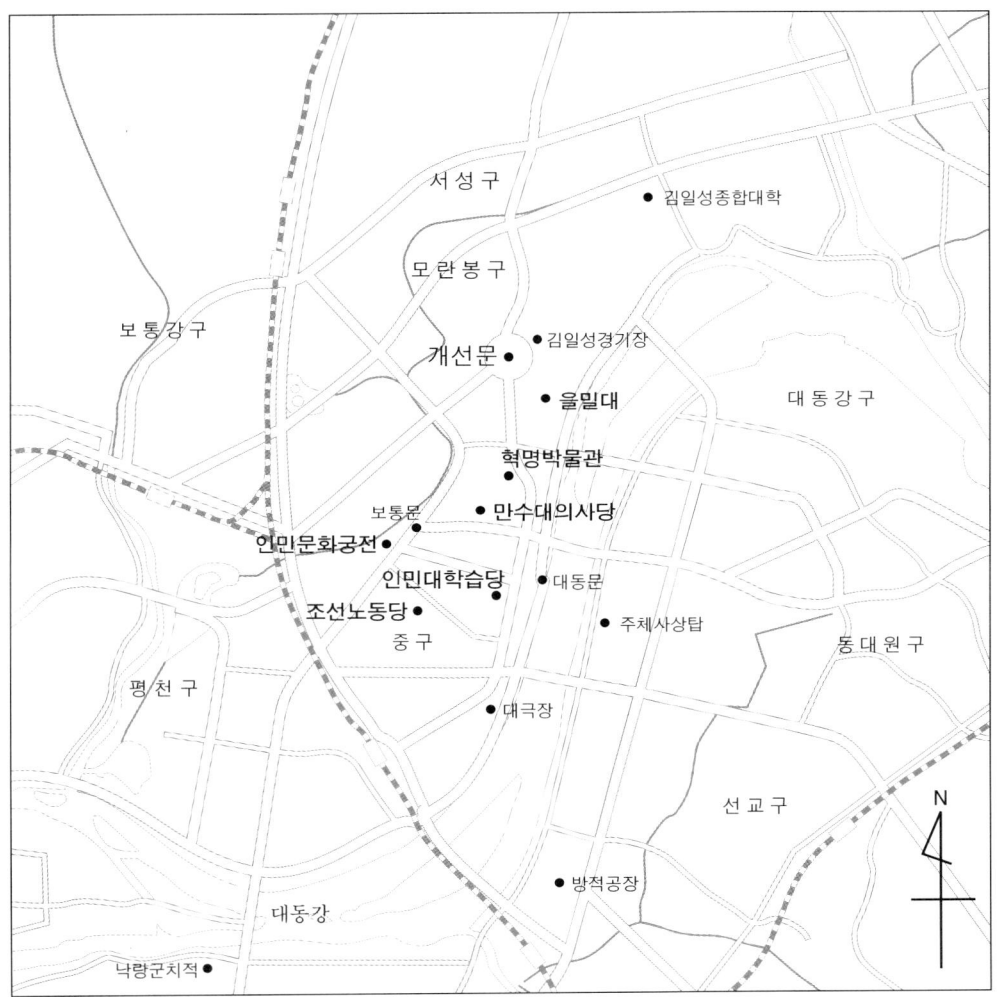

서 성 구

● 김일성종합대학

모 란 봉 구

보 통 강 구

개선문 ●

● 김일성경기장

● 을밀대

대 동 강 구

혁명박물관
●

보통문 ● **만수대의사당**

인민문화궁전 ●

인민대학습당

● 대동문

조선노동당 ●

● 주체사상탑

중 구

동 대 원 구

평 천 구

● 대극장

선 교 구

N

● 방적공장

대동강

낙랑군치적 ●

거대한 영화 촬영장 같은 평양

북한에 관한 뉴스를 볼 때 영상으로 흐르는 평양 거리는 매우 질서정연하지만, 도무지 사람의 체취가 느껴지지 않는다. 포장마차도 없고 노점상도 없다. 자전거 페달을 밟는 사람의 모습도 거리를 오가는 사람의 모습도 드물다. 교차로에서는 여성 경찰관이 교통 신호 대신 수신호로 자전거의 흐름을 처리한다. 그러나 자전거 역시 좀처럼 다니지 않는다.

'평양은 거대한 영화 촬영장이다'라고 평한 사람이 있다. 북한이 발전한 나라임을 보여 주는 쇼윈도 역할을 해내고 있다고 말할 수 있을 것이다.

북한을 방문한 외국인은 우선 김일성의 거대한 동상에 화환을 바쳐야 한다. 개선문에서는 본고장 프랑스의 개선문보다 크다는 자랑을 듣게 되고 하늘 높이 치솟은 주체사상탑을 견학해야 하며, 인민대학습당에서는 인민이 얼마나 혜택받은 환경에서 김일성 사상을 학습하고 있는가 하는 설명을 들어야 하는 정해진 견학 코스를 돈다. 개인의 자유 행동은 허용되지 않는다. 평양 거리는 김일성의 사상을 퍼뜨리기 위한 하나의 테마 파크인 것이다.

이라크전쟁의 표적이 된 바그다드

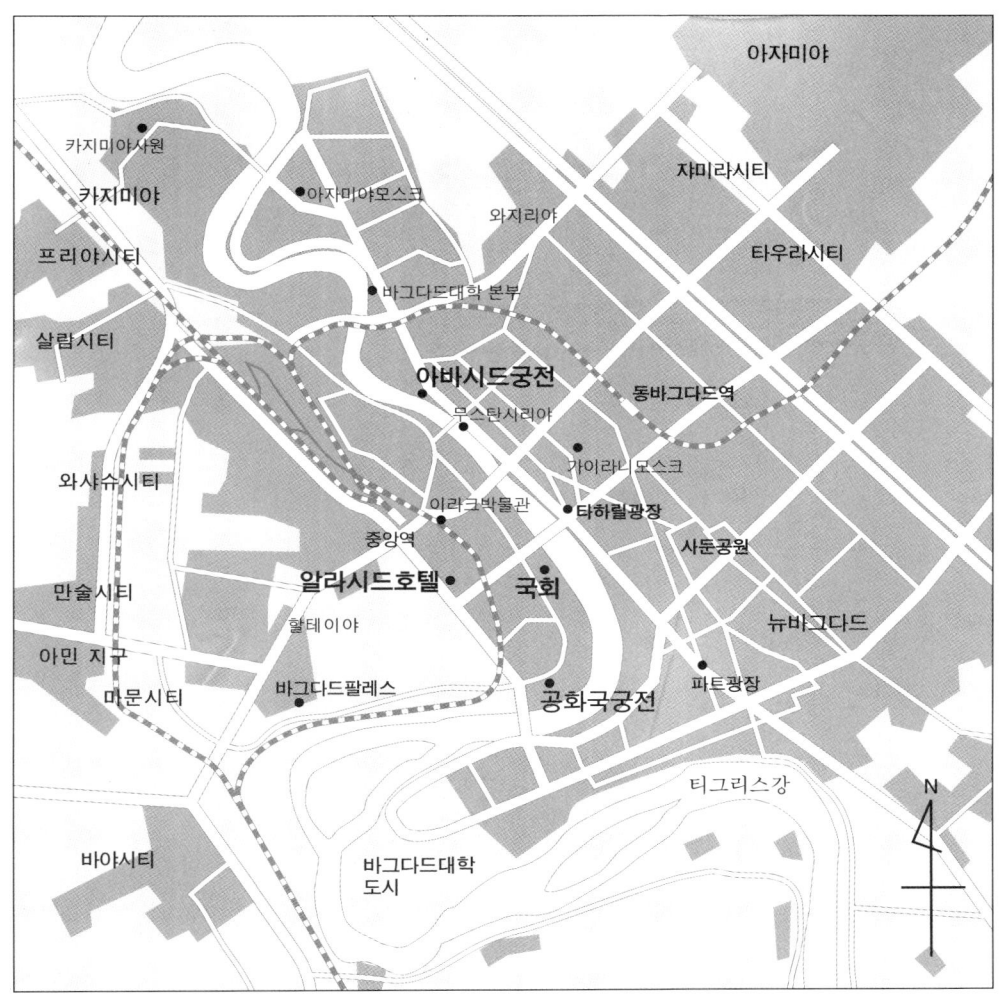

폭격으로 잿더미가 된 바그다드

이라크의 수도 바그다드가 걸프전쟁에 이어 이라크전쟁에서도 미군에게 폭격받는 생생한 영상이 텔레비전 중계를 통해 전 세계에 방영되었다. 다만 방송한 텔레비전 방송국은 달랐다. 걸프전쟁 때에는 미국의 케이블 텔레비전 방송국인 CNN이 중계를 했으나, 이라크전쟁에서는 이라크와 마찬가지로 아랍 국가인 카타르에 본부를 둔 텔레비전 방송국 알자지라(아랍어로 '반도'라는 의미)가 중계를 했다. 미군의 공격에 의해 방송국 직원 1명이 사망하는 희생까지 치르면서 감행한 중계였다. 중동의 방송국은 국가의 엄격한 통제를 받고 있어 체제를 비판하는 경우가 없는데, 알자지라는 일체의 제약을 받지 않으며 방송을 하고 있다.

이라크전쟁에서는 미국의 공격에 의한 이라크 일반 국민의 피해를 있는 그대로 여과 없이 보도했다. 한편 이라크 정부의 통제에 따르지 않았다는 이유로 방송국 직원이 국외 추방을 명령받은 일도 있었다.

---

1. 걸프전쟁 Gulf War 46쪽에서 설명.
2. 이라크전쟁 Iraq War 21쪽에서 설명.

냉전 종식 후 동서가 합쳐진 베를린

프리츠성 공원

자연사박물관

구동베를린

박물관섬

벨레뷰궁전
(대통령 관저)

슈프레강

모리 오가이 기념관

페르가몬
박물관

브란덴부르크문

미테

승리의 탑

국립오페라극장

티어가르텐

운터덴린덴

공과대학

예술대학

베를린필하모니

조역

연방 정부 빌딩

포츠담광장

바우하우스
박물관

오이로파센터

신국립미술관

벽박물관

빌헬름황제 기념교회

베를린장벽터

중앙우체국

연방의사당

구서베를린

N

크로이츠베르크

빅토리아공원

셰네베르크

베를린
템펠호프공항

하젠하이티
시민공원

지금도 동서의 격차가 있는 베를린

베를린이 동서 냉전을 단적으로 상징하던 시절이 있었다. 불과 10여 년 전까지 독일은 동서로 나뉘어 동독은 소련 진영, 서독은 미군 진영에 속해 있었다.

베를린 시내에 있던 베를린장벽은 동독 정부에 의해 쌓여져 베를린을 동서로 나누고 있었다. 베를린이라는 도시는 동독 내에 있었으나 서쪽 반은 서독에 속하는 도시였다. 서베를린은 이를테면 동독이라는 바다에 떠있는 고도였던 셈이다. 이 때문에 서독에서 서베를린으로 가려면 비행기나 동독 국내를 논스톱으로 통과하는 열차 혹은 아우토반(요금은 무료이고 제한 속도가 없는 고속도로)을 이용해야 했다.

동·서독이 통일되어 베를린은 통일 독일의 수도가 되었다. 베를린장벽은 베를린장벽터와 벽박물관에 그 자취를 남기고 있을 뿐이다. 하지만 예전의 동베를린 지구에는 가난한 사람들이 많고 치안 상태가 좋지 않다. 냉전의 흔적이 남아 있는 것이다.

| 옮긴이의 글 |

신문 읽기가 즐거워졌다

우선 내 이야기로 시작해야 할 것 같다. 나는 아침에 눈을 뜨고 제일 먼저 하는 일이 많은 사람이 그렇듯 현관에서 신문을 들고 들어와 읽는 일이다. 텔레비전 뉴스는 잘 안 보지만 신문은 1면부터 시작해 국내 정치와 사건·사고, 국제 정치, 해외의 사건·사고, 문화, 스포츠, 경제까지 한 면도 빠뜨리지 않고 보기는 한다. 그런데 이 '빠뜨리지 않고 보기는 한다'에 문제가 있다. 국내 정치는 허구한 날 같은 타령 같아 헤드라인만 보고 기사 내용은 거의 안 읽고, 국제 정치와 해외의 사건·사고는 도무지 왜 그런 일들이 벌어지는지 제대로 이해가 안 가 읽다 마는 경우가 허다하다. 그래서 가끔 기획 기사로 이슬람권에 관한 자세한 내용이 실리거나 할 때면 열심히 보는데 이게 또 읽을 때뿐이다. 왜 그리 무슨 단체, 기구, 민족은 많은지……

우리는 중고등학교를 다니면서 역사, 세계사 교육을 받고 시험을 위해 열심히 외운다. 하나 근대까지의 이야기가 거의 전부를 차지한다(요즘도 그런 것 같다). 그러나 우리는 현대를 살고 있다. 우리가 발 딛고 숨쉬며 살아가고 있는 지금, 현대를 이해하는 법을 배울 기회가 없었던 것은 아닐까. 그래서 나는 신문에서 보는 그것들을, 지금 이 세계를 이해할 안내서가 있으면 했다.

이 책은 이런 갈증을 시원하고 쉽게 풀어 준다. 지구상 곳곳에서 일어나고 있는 민족 갈등, 종교 갈등으로부터 시작해 경제 분야, 문화 분야, 각종 지표에 이르기까지 모든 분야를 아우르며 신문지상에 빈번하게 오르내리는 쟁점들을 간략하게 요점을 짚어 설명해 주고 있다.

책을 번역하다 보면 늘 뭔가를 배운다는 느낌이 든다. 이 책 역시 예외가 아니다. 여기에 등장하는 수많은 나라, 도시, 단체, 기구, 인물 등의 이름을 찾느라 아닌 게 아니라 공부를 하긴 했지만 말이다. 이라크 파병 문제로 다시 한 번 어수선한 지금, 이라크전쟁이 끝나지 않았음을, 전쟁이 누굴 위한 것이었는지를, 과연 평화는 올 것인지를 생각해 보게 된다. 이제 나는 신문에서 국제 정치와 해외 소식을 건너뛰지 않고 읽는다. 뉴스에 등장하는 어지간한 무장 단체나 민족, 기구를 알게 되었으니까. 아무튼 나의 신문 읽기는 한층 즐거워졌다.

2003년 9월 민성원

세계는 지금 어디로 가고 있나
IRASUTO ZUKAI NYUUSU NO CHIZUCHOU

| 초판 1쇄 2003년 10월 20일 | 초판 13쇄 2007년5월 15일 | 지은이 이케가미 아키라 | 옮긴이 민성원 | 펴낸이 임용호 | 펴낸곳 도서출판 종문화사 | 편집 임윤빈 | 영업 이동호 | 인쇄 삼신문화사 | 제본 우성제본 | 출판 등록 1997년 4월 1일 제22-392 | 주소 서울시 종로구 통의동 35-24 광업회관 3층 | 전화 (02) 735-6893 팩스 (02) 735-6892 | E-mail jongmhs@unitel.co.kr | 값 11,000원 | ⓒ 2003, Jong Munhwasa printed in Korea | ISBN 89-87444-42-2 03300   잘못된 책은 바꾸어 드립니다.

새로운 편집과 새로운 번역의 헤세 선집

사랑할 수 있는 사람은 행복하다

폴커 미헬스 엮음 | 임용호(문학박사) 옮김 | 320쪽 | 값 9,800원

소년기의 열정적인 사랑, 중년기의 욕정에 굶주린 사랑, 노년의 만인과 자연에 바치는 사랑 등 헤르만 헤세가 체험한 사랑의 여러 모습을 음미할 수 있는 글모음.

헤르만 헤세 환상단편집 1

헤르만 헤세 지음 | 피종호(한양대교수 · 문학박사) 옮김 | 368쪽 | 값 9,800원

상상 속 세계를 유려하게 펼치는 타고난 이야기꾼으로서의 헤세를 확인할 수 있는 성자 전설과 동화 들을 묶은 단편집.

헤르만 헤세 환상단편집 2

헤르만 헤세 지음 | 김양훈(인하대교수 · 문학박사) 옮김 | 356쪽 | 값 9,800원

어둠 속에서 진정한 자아를 발견하려는 작가로서의 고독과 방랑, 그리움 그리고 향수가 잘 묘사된 작품들을 모은 단편집.

종문화사의 세계문학시리즈

01 괴테의 여우 라이네케(문화관광부 청소년책읽기운동 · 한국간행물윤리위원회 추천 도서)

볼프강 폰 괴테 지음 | 윤용호(고려대교수 · 문학박사) 옮김 | 256쪽 | 값 8,800원

02 샘솟는 분수(독일평화상 수상 작품)

마틴 발저 지음 | 구승모(경동대교수 · 문학박사) 옮김 | 512쪽 | 값 20,000원

03 유년 시절의 정체성(제8회 한 · 독문학번역상 수상)

마틴 발저 지음 | 권선형(문학박사) 옮김 | 640쪽 | 값 20,000원

04 어머니와 아들

마리안네 프레드릭쏜 지음 | 공경희 옮김 | 520쪽 | 값 15,000원

05 헤세의 이야기꾼

헤르만 헤세 지음 | 피종호(한양대교수 · 문학박사) 옮김 | 336쪽 | 값 9,800원

06 동방박사와 헤로데 대왕

미셸 뚜르니에 지음 | 이원복 (원광대교수 · 문학박사) 옮김 | 312쪽 | 값 9,800원

07 니벨룽의 대서사시(문화관광부 교양 부문 추천 도서)

임용호(문학박사)옮김 | 416쪽 | 값 15,000원

08 마왕과 황금별

미셸 뚜르니에 지음 | 이원복 (원광대교수 · 문학박사) 옮김 | 496쪽 | 값 20,000원

09 시와 진실(문화관광부 학술 부문 추천 도서)

볼프강 폰 괴테 지음 | 윤용호(고려대교수 · 문학박사) 옮김 | 830쪽 | 값 56,000원